Stefanie Schröder

Im Bann des Blauen Reiters

Magdalena

HERDER spektrum

Band 5063

Das Buch

April 1902. „Welche Kreativität in Münters Zeichnungen!" lobt der Lehrer Wassily Kandinsky gleich zu Beginn der Stunde in der neu gegründeten Münchener Malschule. Die viel jüngere Gabriele Münter wird Gefährtin, Muse, Seelendoktorin des russischen Malers, der 1911 zusammen mit Franz Marc die Künstlervereinigung „Der Blaue Reiter" gründete. Fünfzehn Jahre lang begleitet Gabriele den unruhigen und sensiblen Maler auf seinen Reisen, bei seinen Umzügen und Ausstellungen – gegen den Willen ihrer bürgerlichen Familie, die ihr Zusammenleben mit dem verheirateten Kandinsky nicht billigt. Der vielbeachtete Kandinsky läßt Gabriele als kongeniale Malerin neben sich gelten. Doch einen Wunsch erfüllt Kandinsky ihr nicht: Sie zu heiraten. Er zögert seine Scheidung hinaus, vertröstet sie immer wieder. Während des Ersten Weltkrieges kehrt Kandinsky nach Rußland zurück – und heiratet dort eine andere. Gabriele wird lange brauchen, um über die Trennung hinwegzukommen. Erst 1927 kann sie wieder richtig malen: ausdrucksstark und expressiv. Sie rettet Kandinskys Frühwerk in Murnau über die Zeit des Nationalsozialismus und kann nach dem Krieg ihre große Stiftung in München gründen.
Der spannend geschriebene Lebensbericht einer ungewöhnlichen, einer starken Frau im Zwiespalt zwischen Selbstverwirklichung und Konvention.

Die Autorin

Stefanie Schröder hat Germanistik und Geschichte studiert. Zahlreiche Veröffentlichungen. Bei Herder Spektrum schon in mehreren Auflagen: Paula Modersohn-Becker – Auf einem ganz eigenen Weg. Roman; Ein starkes, verwundetes Herz – Niki de Saint Phalle.

Stefanie Schröder

Im Bann des Blauen Reiters

Das Leben der Gabriele Münter – Romanbiografie

HERDER

FREIBURG · BASEL · WIEN

Originalausgabe

10. Auflage 2009

www.herder.de

Umschlagkonzeption und -gestaltung:
R·M·E München / Roland Eschlbeck, Liana Tuchel
Umschlagmotiv: Gabriele Münter, an der Staffelei /

Herstellung: fgb · freiburger graphische betriebe
www.fgb.de

Gedruckt auf umweltfreundlichem, chlorfrei gebleichtem Papier
Printed in Germany

ISBN 978-3-451-05063-3

„Du mußt was sagen, weil es Dir gegeben ist. Lege nur Dein Ohr an Dein Herz und horche."

(3.12.1910)

„Gottes Funke steckt in Dir, was so selten bei den Malern zu finden ist."

(6.1.1915)

Wassily Kandinsky an Gabriele Münter

I

Immer noch ein wenig Kribbeln in den Füßen, wenn der Zug von weither in den Bahnhof einrollt. Und allemal ein hastiger Blick den Bahnsteig entlang, ehe die Türen zufallen. Der Bahnhof, ein Ort, wo Ankunft und Abfahrt, Abschied und Wiedersehen auf die Minute geregelt werden. Auf Bahnhöfen kennt sie sich aus. In München, in Bonn, in Berlin, in Paris, Kopenhagen, Stockholm. Das Bangen, das Hoffen, Verzweifeln, eine traurige Bilanz. Nicht zu vergessen der Bahnhof in Murnau.

Murnau, das wäre ein Anfang. Sie schließt für einen Moment die Augen, sieht ihren neuen Freund, den Kunsthistoriker Johannes Eichner, aufmunternd nicken zu seinem Vorschlag. Das Haus wieder in Besitz nehmen, den vielgerühmten Garten.

Das Haus.

Am 21. August 1909 an sie, Gabriele Münter, ins Grundbuch überschrieben. Ihr Haus in der Kottmüllerallee 33. *„Dies soll ein Ruhesitz für unsere alten Tage sein"*, hatte Wassily Kandinsky damals ausgerufen.

Sie haben sich seit Jahren nicht mehr geschrieben. Sie hat ihn seit jenem Märztag auf dem Bahnsteig von Stockholm niemals mehr gesprochen.

Letzte Station jetzt vor Murnau. Diese Alpenvorlandschaft. Auf die Innenseite ihrer Augenlider war sie eingelassen, ihr Bild für immer in den starken Farben ihrer Palette.

Sie erhebt sich von der Holzbank, nimmt die Reisetasche aus dem Gepäcknetz. Sie muß gleich aussteigen.

Das Haus liegt allein, außerhalb des Ortes. Leute, die zur Ramsachkapelle hinunterwollen, blicken auf eine klar gegliederte Front, ein Haus unter Eichen, ein Mansardenhaus, im Giebel verbrettert, zweistöckig mit Walmdach und offenen Fensterläden im ersten Stockwerk. Solide und geschmackvoll stellt es sich dar, aber niemand kann direkt Einblick nehmen, es verbietet sich von selbst, den großen Wiesenteppich davor zu betreten.

Hier hat sie gezeichnet, gemalt, Glasbilder und Holzschnitte angefertigt. Hier hat sie mit Kandinsky gelebt, dann ohne ihn, ohne die Freunde, ganz und gar allein, zurückgelassen hinter den Mauern des Hauses. Hat gewartet, Briefe geschrieben, viele Briefe, die sich auf den Tischen stapelten, solche, die sie abschickte und solche, die in Kartons zustaubten.

Das Haus steht verlassen, das Haus ist leer. Eines Morgens vor etlichen Jahren hatte sie aus einem Schrank sämtliche Kleidungsstücke von Kandinsky hinausgeworfen, seine Westen, Hemden, Hosen, Jacketts. Verblaßte Lavendelsträuße zutage gefördert. Nein, von Motten zerfressen war nichts. Eine Motte hatten August Macke und seine Frau Lisbeth sie geschimpft, als ob sie, Gabriele Münter, sich in Kandinskys Herz eingeschlichen hätte. Das konnte man ihr niemals vorwerfen, wohl aber, daß sie geglaubt hatte, nicht ohne ihn leben zu können.

Aus dieser Schublade, die nicht mehr ordentlich schloß, hatte sie sein Werkzeug für Holzschnitt und für Radierung, seine Paletten für Öl und Tempera herausgeholt, verpackt und ihm durch seinen Anwalt zugeschickt.

Wäre er zu ihr gekommen, gleich nach seiner Rückkehr aus Rußland, um ihr persönlich zu sagen, daß er sich dort mit einer anderen verheiratet hatte, so wäre das für sie ein einmaliger Stoß in die Tiefe gewesen. Aber da sie nun so ganz und gar nicht mehr für ihn existieren sollte, blieb sie, gehalten von einer unbeschreiblichen Kraft, über diesem Abgrund schweben, und sie war lange Zeit unfähig, ihre Persönlichkeit, ihr Talent dagegen einzusetzen.

Weg mit diesem Haus, diesem Besitz. Weg mit dieser Liebe, mit diesem Haß.

Unverkäuflich, sagte der Makler, ein Ferienhaus, nicht für dauernden Aufenthalt geeignet, ohne Zentralheizung, ohne elektrisches Licht, mit einem einzigen Wasseranschluß nur in der Küche.

Welch ein Glück, meinte ihr neuer Freund, ihr kleiner Philosoph, es behalten zu müssen, und wenn ihr unbedingt an seinem Rat gelegen sei, sollte sie innerlich einen Anlauf nehmen und alle Erinnerungspapiere bündeln und mit großem Schwung in ihrer Malerei gerade an diesem Ort weitermachen.

Ich habe doch immer einen Anlauf genommen, ich bin wohl ein wenig aus dem Schwung gekommen, hatte sie gedacht. Mein Handikap war jahrelang die Unfähigkeit, ein übles Spiel zu durchschauen. Jetzt kenne ich die Gründe für meine Neurosen. Der Zwiespalt in meinen Gefühlen ist mir klar geworden. Ich leide nicht mehr darunter. Ich habe ihn überwunden.

Sie reißt die Gardinen auseinander. Ein Lichtstrahl zittert über das geschwungene Treppengeländer in der Diele, beleuchtet den Treppenfries: die hellen und dunklen Reiter auf ihren vorwärtsstürmenden Pferden zwischen Sonnen und wuchernden Pflanzen, eine Bilderfolge in Öl, mit viel Enthusiasmus von Kandinsky gemalt.

Wo sind ihre Malgeräte? Sie hat sie neben der Truhe abgestellt. Sie will sich an ihres neuen Freundes Rat halten und sofort anfangen. Sie stellt ihre Staffelei im Garten auf, oben nahe am Grundstücksende. Hier hat sie vor beinah zwanzig Jahren oft gestanden. Sie dreht eine Tube auf und dreht sie wieder zu, fährt mit trockenem Pinsel ziellos über die Leinwand. Sie schaut sich um. Dahinten dengelt ein Mann die Sense. Sie kann das nicht malen. Ratschläge machen es ihr unmöglich, sich frei und locker von irgendeinem Motiv überhaupt inspirieren zu lassen. Eine leichte Verärgerung steigt in ihr hoch. Mit einundfünfzig Jahren soll man seine Zeit nicht vertun. Sie trägt ihr Malzeug ins Haus zurück.

Jahrelang, weit über ein Jahrzehnt, hat sie, so gut es ging, in allen Räumen gewohnt, nie aber den Wunsch verspürt, den Speicher zu betreten. Jetzt an diesem Augusttag 1928, nachdem sie vor knapp einem Dreivierteljahr Johannes Eichner kennengelernt hat, geht sie, halb von ihm dazu gedrängt, halb aus innerem Antrieb daran, die Kartons, die Koffer und Kisten durchzusehen. Natürlich hat sie zunächst befürchtet, daß Narben aufplatzen könnten, und Eichner hat sie beschworen, nichts zu vernichten, ihm die Dokumente später zu überlassen, hat gemahnt: „*Hier zuzugreifen und die gewonnenen Kenntnisse und Einsichten allgemein zugänglich zu machen, ist wissenschaftliche Pflicht!*“

Sie greift aus dem Haufen der Briefe einen heraus. Als Briefkopf ein Holzschnitt ‚Der Blaue Reiter', Kandinskys Werk. Und für Gabriele nicht nur ein Handsiegel. Nicht nur ein Buchtitel. Der „Blaue Reiter“ ist für Gabriele untrennbar mit der Person Wassily Kandinskys verbunden. Ohne Schwierigkeiten, sofort, so, als sei es gestern gewesen, findet sie sich wieder in der Malklasse von K. ein.

2

Sie hörte, daß eine Stimme Ella sagte, Ellchen, und sie wußte, daß dies die Stimme von Kandinsky war, ihrem Lehrer, der wohl zum Bahnhof gekommen war, um ihr noch einmal ausführlich zu erklären, weshalb er seine Schülerin Gabriele Münter fortschickte.

Aber eigentlich wollte sie nicht mehr hören, daß er seine Frau Anja in den nächsten Tagen erwarte, daß es ihm unmöglich sei, mit ihnen beiden unter einem Dach zu wohnen. Und sie drehte sich nicht um.

Gestern abend im Biergarten des alten Gasthofs in Kochel. Kandinsky verbeugte sich formvollendet: „Alles Gute und gute Heimreise.“ „Ebenso.“ Du liebe Zeit, was hatte sie da erwidert. Die Mitschülerinnen aus ihrer Malgruppe am Nebentisch schauten einander an, sichtlich bemüht, nicht loszuprusten. Abbruch jetzt mitten im Kurs – jetzt, wo das Sommerhoch standhaft und das Malen draußen erst richtig losging. Verrückt. Ein bißchen schon. Sie hatte verlegen die Schultern gezuckt, den Blick aufs Bierglas und im Kopf ganz andere Bilder. Kleine Szenen, an die sie eigentlich gern dachte, obwohl sie es sich nicht eingestehen wollte, und vielleicht hatten sie auch nichts Weiteres zu bedeuten.

Da gab es die Fahrt zum Walchensee. Schwüler Mittag. Die anderen in einem Wirtshaus. Sie als einzige zurückgeblieben im Schatten einer Birke. Plötzliches Erschrecken, K. steht hinter ihr mit merkwürdigem Blick, lädt sie ein zu einer Radtour.

Gabriele Münter und Wassily Kandinsky, die einzigen im Kurs, die ein Fahrrad besitzen. Und nun mit ihren Rädern auf und ab in der Umgebung von Kochel. Sie legen sich in die Kurven, schneiden sie in einem eleganten Bogen, weichen geschickt den Kuhfladen und Heubüscheln aus, die auf die schmalen Wege gefallen sind. Jeden Tag, wenn Kandinsky die Malschülerinnen an ihren verschiedenen Standorten kontrolliert, taucht er bei ihr zuletzt auf. Sie kennt schon den Klang seiner Trillerpfeife.

Dann die Bergtour zu zweit auf den Herzogenstand. Wieder herrliches Wetter. Gabrieles Übermut. Sie tanzt, lacht, wirft die Arme hoch, läuft einen Abhang hinunter mit aufgelösten Haaren. Kandinsky unten, verstellt ihr den Weg, nimmt sie in seinen Arm. Sie fühlt sich überrumpelt. Sie widersetzt sich der Annäherung. Ella nennt er sie plötzlich, Ellchen, so wie es nur ihre besten Freundinnen tun, wie sie es seit Kindertagen von zu Haus gewöhnt ist. Und dann hat er sich einen eigenen Namen für sie ausgedacht. *Liebes Füchschen.* Er streicht ihr übers Haar. Sie muß lachen. Vermutlich ist es nur ein Spaß von ihm. Wenn es möglich gewesen wäre, hätte sie sich am Abend im Biergarten an einen anderen Tisch gesetzt und so getan, als sähe sie ihn nicht. Aber er steht schon wartend da und rückt ihr den Stuhl zurecht. Die Malkolleginnen lachen, als sie ihre Verlegenheit sehen.

„Nett von Ihnen, Herr Kandinsky, daß Sie noch einmal gekommen sind." Gabriele auf dem Bahnsteig von Kochel drehte sich doch zu ihm um. Ja, sie wollte von München aus gleich weiter nach Bonn zu ihren Geschwistern reisen. Noch hätte sie den Fahrschein zurückgeben können. Sich Kandinskys Bitte widersetzen. Er verabschiedete sie mit einem formvollendeten Handkuß. Benommen stieg sie in den Zug. Es war ihr ein Rätsel, weshalb sie sich so von ihm bedrängen ließ.

Sooft sie sich später dieser Sommerwochen 1902 in Kochel erinnerte – und sie leiteten eine Wende in ihrem Leben ein –, war es ihr, als hätten die schlimmen Ereignisse, die später über sie hereinbrachen, schon dort ihre Schatten vorausgeworfen.

3

Erster Abend in Bonn in der Dechenstraße 5 mit dem Bruder, der Schwester und dem Schwager Georg. Emmy, Ellas ältere Schwester, hatte ihre Ankunft ohne viel zu fragen hingenommen. Wie üblich. Emmy war es ein Rätsel, was die Kleine am Malen und Zeichnen derart faszinierte, daß sie immer wieder einen neuen Anlauf nahm. Trotzdem schien sie sich nicht besonders wohl zu fühlen. Lief ruhelos durchs Haus, die schmalen Lippen noch schmaler, scharf zusammengekniffen im runden Gesicht.

Als die Geschwister mit der Mutter noch in Koblenz lebten und die zwanzigjährige Ella im Mai 1897 nach Düsseldorf fuhr, sich in der Pension eines norwegischen Malers einquartierte, war es Carl, ihr älterer Bruder gewesen, der die Schwester darin unterstützte, eine Sache intensiv zu betreiben. Emmy hatte man seinerzeit nicht bewegen können, sich als Lehrerin ausbilden zu lassen. Nach der Selecta war sie von der Schule abgegangen.

Schwägerin Mary, Carls Frau, war heute daheimgeblieben im Bonner Talweg 16. Sie mußte sich erholen vom Gesangsunterricht, den sie den ganzen Nachmittag über erteilt hatte. Ja, wenn man eine berühmte Konzertsängerin heiratet! Carl, der Charly, klopfte seiner Schwester Ella auf die Schulter. Charly, Fabrikant und Kaufmann, besaß eine Kieselquarzwäscherei mit Dampfbetrieb und eine Kalksandziegelfabrik in Duisdorf bei Bonn und hatte seine beiden Schwestern nach dem Tod der Mutter nach Bonn geholt. Emmy verheiratete er bald mit dem Privatdozenten Dr. habil. Georg Schroeter. Aber was macht unsere Ella? Er hob der Kleinen das Kinn hoch, gab seiner Stimme einen wohlwollend herablassenden Ton, kein Kandidat in Aussicht, kein Bewerber um Ellas Hand? Natürlich nicht, Ella liebt nur ihre Malerei. Emmy lachte. Habe ich etwas verpaßt? hätte Ella jetzt erwidern sollen, doch sie schoß los: „Pah, *wenn ich den Passenden nicht finde, ich bin so auch sehr zufrieden und glücklich.*“ Einen Druckschmerz spürte sie hinter der Schläfe. Hielten die großen Geschwister wieder zusammen? Bildeten sie eine Phalanx, eine geschlossene feindliche Linie? Sie hatten ja immer soviel zu bereden gehabt, was die Kleine nicht mitbekommen sollte. Und dann platzte Ella plötzlich herein und schoß los.

Wie Großvater Friedrich! Unsere Ella kann die Verwandtschaft nicht leugnen. Alle wußten, daß der Großvater einem wütend ins Wort fallen konnte, daß er denjenigen kurzerhand rauswarf, der nicht das vertrat, was er für richtig hielt.

War Gabriele so? Doch wie war sie wirklich? Im Grunde ängstlich, unsicher. Viel zu sehr alleingelassen als jüngstes Kind in dieser erwachsenen Familie. Darauf allerdings, daß sie immer die Wahrheit sagte, konnten die anderen felsenfest vertrauen. *Ella Münter lügt nicht,* hieß es. Nur, daß sie dabei unerbittlich war, machte sie unbequem. Wie soll man die Kleine nur aushalten, stöhnte Emmy, wenn Gabriele auf schonungslose Offenheit drang.

Georg lenkte Gabriele von ihren Gedanken ab. Was hatte die kleine Schwägerin in München erlebt? War nicht gerade das Prinzregententheater eröffnet worden? Ella liebte doch Theater und Opern über alles, und München wollte Richard-Wagner-Stadt werden. Richtig, und im April hatten die ‚Elf Scharfrichter', das satirische Kabarett, einjähriges Bestehen gefeiert. Scharfrichternamen gaben sich die elf Begründer, und um der Zensur zu entgehen, ließen sie ihr Kabarett als Verein eintragen. Man brauchte deswegen keinen Eintritt zu bezahlen, nur eine Gebühr für Garderobe, raffiniert, was! Ja, fuhr Gabriele fort, die Plakate mit den Holzschnitten wären ihr sofort aufgefallen. Der Bildhauer Robert Hüsgen, ein Kabarettmitglied, hatte sie angefertigt, und sofort hätte sie einen Holzschnittkurs bei ihm belegt.

Es war gut, daß eine Kunststudentin aus Düsseldorf ihr München schmackhaft gemacht hatte. Mai 1901 war Gabriele in die Pension Bellevue in die Theresienstraße 30 gezogen. Aber so einfach, wie sich manch einer das vorstellte, war es nicht für eine Frau, etwas lernen zu wollen. Welch ein Glück, daß im Jahr 1882 mutige und finanzkräftige Frauen eine private Damenakademie gegründet hatten, den ‚Künstlerinnenverein', an dem sich auch Gabriele ausbilden lassen wollte. Und daß man sich in München neuerdings öffentlich für die Belange von Frauen einsetzte, hatte sie erst vor kurzem erlebt. Sie erzählte von der großen Demonstration, wie die Frauenrechtlerinnen in einem langen Zug mit Pferdekutschen am Siegestor vorbeizogen.

Die Zustände in den Malateliers hatte sie den Geschwistern bereits in langen Briefen beschrieben. Vor allem die Säle. Jeder Saal mit Fensterwand zur Nordseite, mit einem eisernern Ofen, mit einem Podium davor, auf dem das Modell in Stellung geht, aber kein Wandschirm, hinter dem es sich entkleidet, denn nur in der Herrenakademie durfte Akt gezeichnet werden. Grau waren die Wände im Saal, grau der Fußboden, grau das Licht bei Regenwetter. Auf grauem Packpapier wurde mit schwarzer Kohle gezeichnet. Man hockte hinter der Staffelei, man stand auf, streckte den rechten Arm waagerecht aus, hielt den Kohlestift senkrecht, um mit dem Daumen die Proportionen des Modells nachzumessen. Sollte Gabriele nun dankbar sein, daß sie dort hocken durfte in Tuchfühlung mit emsig strichelnden Malschülerinnen? Wochenlang an derselben lebensgroßen Zeichnung! Millimetergenau. Fleißarbeit. Solchen Stumpfsinn konnte sie nicht verstehen. Wer wirklich Talent hatte, mußte bedauern, kein Mann zu sein. Das hatte auch Hedwig Dohm geschrieben in ihren Artikeln zur Frauenfrage. Wenn es nicht so ernst wäre, sagte Gabriele, müßte man darüber lachen, und beschrieb, wie die Schriftstellerin ein Gesetz aus dem alten Ägypten zitierte:

Erster Artikel. Die Frau ist berechtigt, zu gehen und zu kommen, wohin sie will. Zweiter Artikel. Ohne Schuhwerk darf sie aber nicht ausgehen. Dritter Artikel. Jedwedem Schuhmacher wird verboten, Schuhwerk an eine Frau zu verkaufen. Das hieße heutzutage dann: *Erster Artikel. Frauen dürfen studieren, was sie wollen und soviel sie wollen. Zweiter Artikel. Die Universitätspedelle aber sind angehalten, sie von den Türen der Universitäten und Akademien fortzujagen. Dritter Artikel. Auf eine ihren Kenntnissen entsprechende Anstellung im Staate haben sie keinen Anspruch. Sie dürfen sich aber in ihren Muße-*

stunden durch Nähen, Frisieren undsoweiter die Mittel zu ihrer Existenz verschaffen.

Keine staatliche Damenakademie für Kunst gab es, wohl eine staatliche Akademie für Musik, die den Frauen offenstand. Dienende Aufgaben waren es, für die sie sich ausbilden lassen konnten, wie zur Konzert- und Opernsängerin. Schwägerin Mary Münter-Quint war ein gutes Beispiel. Als Tochter des Tenors Hans Quint von der deutschen und italienischen Oper in New York hatte sie Gesang in Karlsruhe studiert und sofort ein Engagement an der Oper in Köln bekommen. Nach der Verheiratung trat sie als Konzertsängerin auf, gab Gesangsunterricht.

Immerhin, Gabriele hatte schon Glück gehabt, das tun zu dürfen, wozu sie die größte Lust hatte, wovon sie glaubte, es gut zu können. Und nun in München das Glück, einen Lehrer zu finden, der ihre Begabung förderte. Der nicht nur Frauen in seine Kurse aufnahm, sondern sie sogar Akt zeichnen ließ. Aber darüber wollte sie heute nicht sprechen.

Gabriele erinnerte anderes. Weißt du noch, Emmy, wie das war in New York! Frei und gar nicht schüchtern waren die Schwestern durch Manhattan spaziert, hatten sich nicht wie Heimchen am Herd gefühlt.

Sie geht in Gedanken wieder den Broadway entlang – eine Europäerin in New York, das verglichen mit Düsseldorf, Koblenz, Bonn riesengroß wirkt. Sie erlebt den ungeheuren Verkehr auf den schnurgeraden Avenues, auf den querverlaufenden Streets. Eine nie gesehene Palette von sagenhaften, bunten Angeboten in den Warenhäusern. Welch ein Luxus! Gabrieles Reise nach Amerika, das war eine lange Geschichte. Das war ein Abenteuer! Angefangen beim Einschiffen der beiden Schwestern in Rotterdam am 27. September 1898. Erste Sicht auf Manhattan im Nebeldunst des 9. Oktober. Die vielen langen Bahnfahrten durch die Staaten. Ankunft und Abfahrt, Umarmungen, letztes Winken auf den Bahnhöfen: in St. Louis am Mississippi, in Moorfield in Arkansas, in Plainview in Texas. Die Schwestern besuchten in Amerika den Onkel, der es zum Bankier gebracht hatte, sie waren bei Tanten und Vettern, sie verbrachten eine lange Zeit auf eines Onkels Farm in Texas. Und Gabriele schreibt von da aus ihrem Bruder Charly: *„Keine Eisenbahn, keine Straße; man reitet Stunden über Land, um einen Sack Mehl zu holen.“* In Texas feiern sie den Beginn des neuen Jahrhunderts. Und immer wieder diese Szene: Gabriele mit ihrem Skizzenblock, die Unterlippe vorgeschoben, in die Gesichter ihrer amerikanischen Verwandtschaft vertieft. Sie zeichnet auch dann noch, nachdem sie zum 22. Geburtstag 1899 eine Kodak Kamera geschenkt bekommen hat. Sie zeichnet in Texas Onkel Nude Joe, wie er auf dem Stuhl sitzt mit Hosenträgern und derben Schuhen, die Beine auf einen Hocker gelegt. Sie zeichnet Tante Lou in der Hängematte und die kleine Kusine mit dem Bund Möhren im Arm, ‚Carrots for dinner‘.

Jede Menge Ansichtskarten, Fotos, Skizzenblöcke mit Zeichnungen von Landschaften, Pflanzen und immer wieder von Menschen bringt sie aus Amerika mit heim. Gabriele behält für sich, daß Amerika sie umformte, daß sie die monumentale Größe New Yorks und die Weite des Landes in sich aufnahm wie ein Bergsteiger den Berg, der ihn dann nicht mehr losläßt. Tief in ihrem Inneren wurden die Strukturen angelegt, nach denen sie später Bilder malen wird, großzügig, ohne Schnickschnack, am liebsten klar abgegrenzt in den Farben.

Fast auf den Tag genau zwei Jahre bis zum 6. Oktober 1900 waren die beiden Schwestern in Gods own country, eingeladen von den Geschwistern der Mutter.

Ja, ja, die Scheubers, sagte Gabriele voller Stolz, wenn sie an die Nachkommen ihrer Großeltern mütterlicherseits dachte, die 1844 mit einer Schreinerwerkstatt aus Siglingen an der Jagst nach New York ausgewandert waren. Und weiterwanderten, um Holzhandel in Jackson zu betreiben im Staate Tennessee. Minna, Gabrieles Mutter, war damals gerade neun Jahre alt.

Zuweilen ertappt sich Gabriele, daß sie Redewendungen gebraucht, die sie in Amerika hörte, und dann ersteht vor ihren Augen wieder die unendliche Flußlandschaft des Mississippi. Trotz aller Großartigkeit New Yorks bleibt der Mississippi, bleibt die Prärie für sie schönstes Erlebnis.

4

An diesem Septembertag 1902 radelte Gabriele auf dem Leinpfad unten am Rhein. Sie trat mit Schwung in die Pedale. Diese Freiheit auf ihrem Fahrrad! Sie machte sich nichts draus, wenn man hinter ihr herpfiff, wenn ältere Frauen die Stirn krausten, wenn es hieß, jungen Frauen sollte man das Velozipedfahren verbieten, sie würden nie Kinder gebären können. Lieber Himmel. Gabriele schüttelte den Kopf.

Ein Windstoß trieb sie voran. Schiffe auf dem Rhein stromauf- und stromabwärts. Schlepper unter dicken schwarzen Rauchwolken. Der flache Wiesenstrand bei Rheindorf. Leuchtende Wäschestücke zum Bleichen auf dem Grün. Sie holte tief Luft. Ihr Blick war geübt, hinter ihrer Stirn zeichneten sich die Konturen der Frauen ab, die jetzt ihre Wäsche mit Wasser besprengten. Sie sah das Blatt vor sich, auf dem sie mit ein paar Strichen die Szene festhalten würde. Das Zeichentalent war ihr angeboren. Dies Talent hatte ihr ein Fachmann bestätigt. Wassily Kandinsky.

In München, in einem Atelierraum der neu gegründeten Phalanx-Schule war es, in der Hohenzollernstraße 6a im Rückgebäude, April 1902. Bei ihrem Lehrer Wilhelm Hüsgen in der Holzschnitt- und Bildhauerklasse war der Ofen ausgegangen, es war kalt, und Hüsgen wollte den Unterricht ausfallen lassen. Aber weil die fünf Studenten, Emmy Dresler, Helene Fröhner, Maria Giesler, Gabriele Münter und Carl Palme, der Schwede, nun schon mal da wären, könnten sie anderweitig, eine Etage höher, am Unterricht in der Malklasse teilnehmen. Gabriele wußte es noch genau. Sie saß auf einem Hocker, die Arme um die Knie, während die anderen Teilnehmer schon das Zeichenblatt aufspannten, Stifte zurechtlegten, auf den Lehrer warteten. Es war der Russe Wassily Kandinsky. Jetzt schaute er zu, wie sie zu zeichnen anfing, mutwillig in der Art, wie sie das am liebsten tat, schwungvoll und mit festem Umriß, und dann wich er einen Schritt zurück. Welche Kreativität in Münters Zeichnung! Er anerkannte laut lobend. Er hatte verstanden, wie Gabriele das

Wesentliche des Modells frei heraushob, scharf hinausstellte aus der Masse der Eindrücke. Es war ganz und gar unakademisch. Er gab ihr später, als sie allein waren, zu verstehen, wie befreiend das auf ihn gewirkt hätte, ihm inneren Auftrieb gab. Ihre Art zu zeichnen hätte seiner künstlerischen Arbeit gutgetan. Auch in der nächsten Stunde, als Kandinsky ein Stilleben zur Aufgabe machte, verblüffte sie den Lehrer. Jemand anderes als Gabriele, der genau wie sie noch nie mit Pinsel und Palette gearbeitet hatte, wäre achselzuckend und hilfesuchend zum Lehrer gegangen, wenn er nicht mit den Farben und Formen zurechtkam. Aber konzentriert und akzentuiert wie den Zeichenstift bewegte Gabriele auch den Pinsel. Daß sie eine besondere Beziehung zu Farben hatte, wurde ihr mit einem Male klar. Und ihr Lehrer? Der war plötzlich ganz schön aufgeregt. Nahm seine Pfeife aus dem Mund, pustete sich übers Gesicht. Man merkte es ihm an, diese Schülerin interessierte ihn.

War Kandinsky wirklich so anders als die anderen Lehrer? Ein schlanker Mittdreißiger mit einem schmalen Gesicht, einer wohlgeformten Nase, vollen Lippen, mit starker Brille wegen extremer Kurzsichtigkeit. Ein Maler unter Malern und schien manchen wie eine Gestalt aus verflossenen Zeiten. Das kam vielleicht daher, daß er sich tadellos kleidete, das lag vielleicht an seinen altmodischen Manieren, an seiner russischen Herkunft, sicher an seiner ungewöhnlichen Laufbahn: ein gut situierter und promovierter Nationalökonom, Ethnograph und Jurist, der mit dreißig Jahren umsattelte und Maler werden wollte.

Heute, an diesem Septembertag in Bonn, als Gabriele mit dem Rad unterwegs war, überwältigte sie die Angst. Über das Lenkrad gebeugt, sauste sie kleine Anhöhen hinunter, durchquerte den Ort. Keinen Augenblick durfte sie daran denken, daß aus Kandinsky und ihr mehr als ein Lehrer-Schülerin-Verhältnis werden könnte. Im Oktober würde sie nach München zurückfahren und mit aller Energie weiterstudieren. Sie stieg vom Rad. Und schon wieder Ängste, Unruhe. Ach, Mama, wenn ich jetzt mit dir reden könnte. Wenn Mama noch lebte! *Nüchtern, tüchtig, gelassen,* so würde Gabriele die Mutter beschreiben, eine gesunde bäuerliche Natur, die sich nicht aus der Ruhe bringen ließ. Die *wortkarg* war. Aber wenn sie das Kind auch nicht hätschelte, so konnte Gabriele sich neben der breithüftigen, rundgesichtigen Mama beschützt fühlen wie ein Küken. Angst, *Ellakind*? Du fürchtest dich? Wovor? Und das Kind mit den schräg nach unten fallenden Augen, schmächtig, hört wieder die alte Geschichte, wie die Mutter vorm Holzhaus in Tennessee steht mit einem Stock in der Hand und die Klapperschlange erschlägt, die sich unter die Pfähle verzogen hat, während die Diener die Treppe hinauf flüchten.

Und nun war die Mutter schon fast fünf Jahre tot, am 15. November 1897 plötzlich gestorben. Zweiundsechzig Jahre alt war sie geworden.

Gabriele weiß, was ein Schock bedeutet, der dem Unabänderlichen folgt, dem Verlassensein. Sie trug ihr Rad die Treppe hoch in den Hausflur und ging still nach oben. Sie setzte sich auf den kleinen Balkon, stellte die Füße auf einen Bogen im eisernen Rankenwerk des Geländers. Elf Jahre lang hatten die Geschwister mit ihrer Mutter in Koblenz gewohnt, nur zwei Jahre mit dem Vater, dann war der ganz plötzlich mit sechzig Jahren an einem Gehirnschlag gestorben. Gabriele war gerade neun. Da lag der Vater aufgebahrt im Zimmer. Da hieß es in der Todesanzeige der Koblenzer Zeitung vom 13. April 1886: „Die Einsegnung der Leiche im Sterbehause, Schloßstraße 7, findet am 14. April nachmittags um 1 Uhr statt." Da stand Gabriele im Weg, wenn die Mutter und die großen Geschwister die Formalitäten des Begräbnisses besprachen.

Ja, wenn das Jülecken nicht gewesen wäre, Kusine Julie Münter aus Herford! Nachdem Vater Friedrich in seiner Heimatstadt Herford beerdigt war, tat die kleine verschüchterte Ella den Verwandten so leid, daß Julie als Gefährtin nach Koblenz mitfahren durfte. Mit Gabriele ging sie jetzt täglich zum Altlöhrtor in die Evangelische Höhere Mädchenschule, saß neben der Kusine in der 5. Klasse. Nicht lange waren sie zusammen Schülerinnen in Koblenz. Sie wurden schon wenige Monate später, im Herbst 1886, wieder nach Herford geschickt, weil

Mutter Minna ans Krankenlager ihres ältesten Sohnes August nach Amerika reisen mußte.

Gabriele schloß die Augen. Deutlicher als sonst sah sie das zweite Unglück vor sich, das ein Dreivierteljahr nach des Vaters Tod geschieht. Ihr Bruder August stirbt. War gerade erst zweiundzwanzig Jahre alt und schon promovierter Arzt. Stand doch eben noch in Ellas Zimmer, sagte: „Wie schön du zeichnen kannst", als sie ihre Zeichnungen aus dem Versteck holte, und wunderte sich. Hat mit ihr gelacht, hat mit ihr Spaziergänge gemacht, den Rhein entlang, die Promenade an der Mosel, hat mit ihr am Deutschen Eck gestanden. War jetzt fort für immer. Der kalte Januartag von 1887, der Tag, als August in Herford begraben wird, rechts neben dem Vater. Die offene Grube mit dem Sarg darin. Gabriele friert im dunklen Mantel. Sie spürt auf einmal eine Hand, welche ihre linke faßt. Es ist Julie, die sie fest drückt.

Was gab Sicherheit? Was hatte Bestand? Festhalten können! Das Entsetzen war beinahe zu groß geworden und kreiste wie ein dunkler Vogel durch ihre Träume. Wenn man noch sehr jung ist, meint man, es würde alles Gute, das man erfährt, für immer da sein. Es würde der für immer bei einem sein, der einen versteht. Aber sie mußte zu früh begreifen, daß man plötzlich verlassen wird. Begreifen, Dauerhaftes und Vollkommenes gibt es nicht. Dazu die vielen Wohnungswechsel verkraften. Nach Vaters Tod noch drei in Koblenz. 1889 aus der Schloßstraße 7 in die Klemenstraße 1, dann in die Kurfürstenstraße 4 und 1898 noch einmal unter Emmys Regie in die Kurfürstenstraße 58.

In der Zeit nach den Todesfällen war sie oft durcheinander. Lief teilnahmslos umher. Ihre ganze Art zu gehen und zu sprechen war von Panik durchdrungen. Wogegen ist man gefeit?

Erst nach Ostern 1887 kommt Gabriele in ihre alte Schule zurück. Rektor Dr. Karl Hessel hält es für ratsam, daß sie noch einmal die 5. Klasse besucht. Und er reiht sie wieder ein in die Rubrik der Schülerinnen, die aus dem höheren Mittelstand kommen, von denen er in seinem Bericht an die vorgesetzte Schulbehörde schreibt, daß sie meistens von Haus aus an bescheidenes Wesen gewöhnt sind. Und Gabriele sitzt da, und der Lehrstoff rauscht viel zu oft an ihren Ohren vorbei, während sie auf den Heftrand Köpfe zeichnet, im Profil die Gesichter von Agnes Pahl und Emma Frey, die neben ihr sitzen, und zusammenzuckt und die Zeichnung mit der Hand oder dem Löschblatt abdeckt, wenn die Lehrerin näherkommt. Gleichgültig ist sie gegenüber den Fragen nach den letzten Dingen des Lebens. Sie ist nicht der Typ der Grüblerin.

Sie zeichnet weiter in aller Stille. Für die vierzehnjährige Gabriele gehört dies zu den glücklichsten Momenten ihrer Jugend. Ihr Stift hält das fest, was sie sich einprägen will, nicht mehr loslassen will. Immer wieder zeichnet sie Menschen. Das ist ja unser Arzt! Wie naturgetreu! Wie nett! Man nimmt ihr das Rezept aus der Hand, auf dessen Rückseite sie schnell und präzise den Herrn Doktor skizzierte. Sie zeichnet auf dem Rheindampfer die Ausflügler, in der Sommerfrische die Kurgäste, und die Porträtierten reißen sich um die Bilder. Aber niemand in der Familie kommt in jenen Jahren auf die Idee, dieses Talent ausbilden zu lassen. Gabriele bleibt sich selbst überlassen. Sie liest, was ihr in die Hand fällt. Sie liest Ibsen, sie liest Bücher über den Okkultismus. Sie beschäftigt sich am liebsten mit naturwissenschaftlichen Werken. Und schmökert immer wieder in Brehms Tierleben. Sie singt. Sie spielt Klavier. Übt Opernmelodien aus Richard Wagners Lohengrin, Tannhäuser, bearbeitet von Hermann Wenzel in seinem ‚Leichten Richard Wagner Album'. Manches Mal muß Charly sie regelrecht aufrütteln, wenn er sie nach Bonn mitnehmen will, in seine neue Wohnung in der Quantiusstraße, von wo aus er seine Geschäfte betreibt, denn Gabriele sitzt vor dem Klavier, auf dem sie ein kleines Stück selbst komponiert und dabei dem Takt mit ruckartigen Kopfbewegungen Nachdruck verleiht.

Mit zwanzig weigert sich Gabriele, die langweiligen Gepflogenheiten der Koblenzer jungen Damen noch länger mitzumachen, die sich morgens um ihre Garderobe kümmern, nachmittags Verabredungen haben, Landpartien unternehmen und abends ins Konzert oder zum Ball gehen. Statt bei Tee und Gebäck zu sitzen oder neue Frisuren auszuprobieren, findet Gabriele es besser, zeichnen zu lernen. Ist das auch schicklich? fragt die Mutter besorgt, als sie ihre Kleinste nach Düsseldorf gehen läßt. Viel vom Werdegang ihrer Tochter hat sie nicht mehr erlebt.

Nun war es Herbst geworden, Oktober 1902. Am siebten packte Gabriele ihre Koffer, gab das Fahrrad an der Bahn auf. Sie wollte im Wintersemester eifrig in München studieren. Wenn sie im nächsten Jahr um diese Zeit wieder in Bonn ist, werden Schroeters in die Loëstraße 31 umgezogen sein, und Emmy wird eine kleine Tochter haben, Schwägerin Mary erst im übernächsten Jahr, dann werden Münters in der Schloßstraße 26 wohnen.

5

Natürlich ahnte Gabriele in der ersten Woche des Semesters noch nicht, daß Kandinsky schon auf sie gewartet hatte. Sie erfuhr es in der zweiten, als sie in die Schule kam und er ihr einen Zettel in die Hand drückte. *„Donnerstag im Hofgarten gegen 18.30 Uhr. Warte auf mich unter den Arkaden. Ich möchte Dich so gerne ein halbes Stündchen sehen."* Sie hatte mit großer Heiterkeit reagiert, als er ihr eine Privatkorrektur in ihrer Pension vorschlug. Sollte das ein Witz sein? Am nächsten Tag schickte er ihr den zweiten Brief: *„Weißt Du, daß Ella italienisch ‚sie' heißt? Und Du bist ja meine ‚sie', die mein Herz in ihrer schmalen, zärtlichen Hand hält. Nur mehr Vertrauen zu mir haben. Nicht gleich fragen, ist das Liebe? Wozu sollte ich da lügen? Ich habe ja auch meine Ruhe verloren und mein Gleichgewicht."* Und am selben Abend einen weiteren. *„Ich liebe Dich sehr und noch mal und hundert mal sehr. Daran mußt Du glauben."*

Der Himmel mochte wissen, wie das weitergehen würde.

Verabredungen mit Kandinsky. Das waren Treffen dort, wo die Straßenlampen nur schwach noch das elektrische Licht hinwarfen. Das war ein Nebeneinander-Hergehen, halblaut Botschaften sagen und jeweils in eine andere Richtung blicken. Das war absurdes Theater, unnatürlich, allenfalls spaßig. Sie hatte notiert: *Wenn wir nicht vor aller Welt Freunde sein können, muß ich ganz darauf verzichten, ich will nicht mehr, als ich eingestehen kann, und ich will verantworten können, was ich tue, sonst bin ich unglücklich. Jedenfalls ist mir von jeher jedes Lügen und Heimlichtun so zuwider und verhaßt gewesen, daß ich mich um nichts dazu verstehen könnte. Kandinsky, laß mir meine Ruh.* Sie trafen sich manchmal auch unerwartet. Dann kam unweigerlich seine Beschwörung: „Natürlich dürfen wir beiden uns nicht näher kennen, und weißt du schon, wie du es anstellst, daß Anja nichts merkt." Warum eigentlich nicht? War K.s Beziehung zu Gabriele denn mehr als bloße Tändelei? „Daß Anja nur nichts merkt!" wiederholte sie. Er fand das gar nicht witzig. Er schluckte ein paarmal. Das durfte er Anja nicht antun. Sie war ja so gütig, so rücksichtsvoll zu ihm. Nein, eine Ehe führten sie schon lange nicht mehr. Aber Anja verließ sich ganz auf ihn in diesem fremden Land.

1896 war das Ehepaar Kandinsky aus Moskau nach München gekommen. Wassily hatte im Gebiet des Urals alte traditionsreiche Rechts- und Kulturformen erforscht, hatte einen Ruf als Dozent an der baltischen Universität zu Dorpat abgelehnt.

Seine Frau Anja hatte sich, so gut es ging, damit anfreunden müssen, war mit ihm in diese fremde Stadt zu diesen fremden Menschen gezogen. Von München hieß es, daß es neben Paris nicht nur die meisten Maler hätte, sondern auch die besten und berühmtesten. Kandinsky hatte sich an die Arbeit gemacht, lernwillig, ehrgeizig. Und im Kopf Visionen von Farben. Er hatte nach vier Jahren dann aufgrund seiner künstlerischen Entwicklung und seiner Beherrschung des Deutschen in Wort und Schrift mit Wilhelm Hüsgen eine eigene Künstlervereinigung, die ‚Phalanx', und eine Malschule gegründet.

Das Zimmer in ihrer Pension war dunkel gewesen, Gabriele hatte noch kein Licht angezündet, spielte mit ihrem Stift. Ich werde wieder zu einem Lehrer der Damen-Akademie gehen und K. nicht wiedersehen, sagte sie sich. Ich werde Modelle abzeichnen wie immer im ersten Semester und nicht weiterkommen. Keine verlockende Aussicht. Irgendetwas mußte sie doch unternehmen, und so schrieb sie: „*Meine Idee von Glück ist eine Häuslichkeit, so gemütlich und harmonisch, wie ich es eben bereiten könnte. Und ich denke, jetzt auch wieder Freude an der Arbeit zu finden – und wenn Du mir dabei weiterhelfen willst, würde ich mich sehr freuen. Wir nehmen dann das hübsche Lehrer-Freundschaft-Kameradschaftsverhältnis wieder auf und lesens zwischen den Zeilen, daß wir uns gern haben und behalten.*" Sie steckte den Bogen in einen Umschlag und legte ihn beiseite. Las Kandinskys Brief noch einmal: „*Seitdem Du mich in der Theresienstraße verlassen hast, überall, in der Schule und jetzt zu Hause, fühle ich so was Ruhiges und Glückliches in mir. Ich weiß nicht, warum ich so sicher bin, daß ich doch in Deinem Leben nicht die letzte Rolle spiele. Ich habe doch immer das Gefühl, sie hätte sich nicht auch küssen gelassen, wenn das ganze für sie nur ein Spaß wäre. Das ist Dir auch nicht ähnlich, Du gutes Herzchen. In der Sache irre ich mich gewöhnlich nicht. Oh, wie Du heute gut sagtest: ‚Verzeih mir!' wie zärtlich Deine liebe Stimme war. Und wie glücklich Du mich machen kannst. Und wie Du mir wehtun kannst! Und mein Herz hängt an Dir immer mehr und mehr!*"

Ja, so war es den ganzen Winter gegangen. Am schwersten war es, seinen traurigen Blick zu ertragen, wenn er sagte: „*Einsam fühle ich mich im Leben. Die Jahre gehen schnell, eins nach dem andern, immer mehr weiße Fäden kommen in mein Haar, und öfter wie früher schmerzt mir das Herz. Einsam muß ich bleiben.*" Natürlich hatte sie ihm widersprochen. Sie lachte ihn einfach aus, schlug ihm vor, am Abend mit ihr ins Kabarett zu gehen, sie hätten da ein neues Programm bei den Elf Scharfrichtern. Aber er hörte kaum zu. Wedekinds Chanson interessierte ihn nicht; auch nicht, wenn sie ihm die erste Strophe vortrug: ‚Seltsam sind des Glückes Launen, wie kein Hirn sie noch ersann, daß man oft vor lauter Staunen lachen nicht noch weinen kann.' Er sollte mir eigentlich nicht mehr unter die Augen kommen, murmelte sie vor sich hin. Wie konnte man seine Schülerin so zum Narren halten. Doch wenn es wahr wäre, was er ihr in unzähligen Briefen und Briefchen schrieb? Wenn er sich wirklich soviel aus ihr machte? So ein Wirrwarr von Gefühlen und Hoffnungen – und Gabriele liebte doch das Gradlinige, das Unbekümmerte. „*Kandinsky, laß mir meine Ruh! Verflucht, wenn ich nur wüßte, was ich tun soll! Der Teufel soll's holen.*" Sie war in die Amalienstraße gegangen ins Café Stephanie, hatte sich am Tisch in der Ecke in den roten Plüschsessel fallen lassen und eine Zigarette angezündet.

„*Lieber K.! So unterschreibst Du nämlich, und wie soll ich Dich schließlich anders nennen. Ich scheine, und hoffentlich irre ich mich darin nicht, nachgerade mein altes, vergnügtes Gleichgewicht wieder zu erlangen. Der sentimentale Kram, mit dem ich letzthin doch einigermaßen zu tun hatte, taugt doch nicht und paßt und liegt mir auch gar nicht. Ich glaube, es steht so mit mir, wie ich Dir schon in Kochel sagte – nämlich daß ich – herrje, daß ich so was so schwer sagen kann! – seit ich Dich als Lehrer kannte, Dich immer famoser und verehrungswürdiger fand. Du interessiertest mich dann auch persönlicher und ich liebte Dich so – und tue das noch und werde es immer tun –, wie Dich sicher die meisten Menschen lieben, die Dich so kennen lernen, wie ich es tat, – und dann liegt das, was dann noch kam, an Dir und meinem etwas schwächlichen Charakter und vielleicht auch an dem für mich Überraschenden und Unvorhergesehenen, ich wußte mir nicht zu helfen und weiß es auch jetzt noch nicht recht.*"

War es nicht besser, sich eine Weile nicht mehr heimlich zu treffen? Er meinte: „Ja. *Wir sind eine Zeitlang nur gute Freunde, treiben nichts Geheimes, wenn ich Dich besuche. Kein Wort rede ich von der Liebe! Und da zeigt uns beiden die Zeit, wie es mit uns steht. Das tu ich aber aus Liebe zu Dir, das mußt Du wissen!*"

Heute an diesem herrlichen Maimorgen fühlte sich Gabriele wieder sehr jung und lebenshungrig, neugierig auf die Welt.

6

Was für eine Leichtigkeit, was für ein Vergnügen! So hatte Gabriele es jedenfalls empfunden, seitdem sie zum erstenmal aus der Haustür ihrer Pension in die Theresienstraße hinausgetreten war und die frische Luft Münchens geschnuppert hatte. Wie prickelnd die Luft hier war, irgendwie fröhlich. Sie reckte sich, während sie Ausschau hielt nach einem aus ihrer Malschule. Wilhelm Hüsgen vielleicht oder Ernst Neumann. Sie gehörten zu den ‚Elf Scharfrichtern', die im ‚Künstlerbrettl' auftraten, in der Gaststätte ‚Zum Goldenen Hirschen', Türkenstraße 28. Wenn sie dort am Abend Wilhelm Hüsgen trifft oder Ernst Neumann, dann spielt Wilhelm, der Bildhauer, den ‚Till Blut' und der Grafiker Ernst den ‚Kaspar Beil'. Sie tragen rote Kapuzenmäntel mit Gesichtsmasken. Sie umstehen ein Podest, auf dem bissige Chansons vorgetragen werden.

Vorgestern, in der Nacht zum 1. Mai 1903, wurde ein zweites Kabarett, der Simplicissismus, in die Türkenstraße geholt. Buchstäblich mit eigener Hand, sagte Ernst Neumann, als er mit Gabriele, Maria Giesler und Helene Fröhner in das Haus mit dem abblätternden Verputz eintrat. Und sie sollten sich doch mal den Umzug vorstellen. Die Wirtin Kathi Kobus, wie üblich mit silbernem Halsband um den Kropf, mit Ketten und Münzen am Mieder. Die Gäste hinterdrein. Zuerst Frank Wedekind mit seiner Gitarre, dahinter sie, die Elf Scharfrichter, dann Olaf Gulbransson und Joachim Ringelnatz. Mit der einen Hand die Karren gezogen mit dem Mobiliar, in der anderen eine brennende Kerze. Diesen langen, schmalen Eingang hätten sie sofort den ‚Darm' getauft, sagte Neumann, als er mit den Dreien an einem Monstrum von gußeisernem Ofen vorbeikam, und den Gastraum den ‚Magen'. Gabriele schaute sich um. Am Klavier auf dem Podium neben einem Pfeiler saß Joachim Ringelnatz mit seiner riesigen Nase, der Liedersänger aus Wurzen in Sachsen, intonierte gerade die Melodie zu ‚Strömt herbei ihr Völkerscharen', und alle sangen darauf den Text des Simplicissimus-Liedes: ‚Mitternacht ist's. Längst im Bette / Liegt der Spießer steif und tot, / Ja, dann winkt das traulich nette / Simpl-Gasglüh-Morgenrot.' Das war Gabriele bekannt und auch diese Geschichte: Im letzten Augenblick, was keiner erwartet hatte, und mit einer Beiläufigkeit, die schon nobel war, erlaubte Albert Langen, der Herausgeber des ‚Simplicissimus', der Kathi Kobus, den Namen seiner satirischen Zeitschrift für ihr Lokal zu übernehmen.

Von Olaf Gulbransson, dem Karikaturisten des ‚Simplicissimus', hieß es, seine Karikaturen wären den Menschen ähnlicher als die Menschen sich selbst, Gabriele fühlte sich seiner Darstellungsweise verwandt. Sie ging an seiner Wohnung am Gohrenschlößl vorbei, fand ihn draußen im Baum auf seinem Hochsitz, zeichnend und wie üblich nur mit einem Lendenschurz bekleidet. Die Idee, sich einmal zeichnerisch mit ihm zu messen, kam ihr nicht. Und niemals würde sie daran denken, Albert Langen für den Simplicissimus ihre Porträtskizzen anzubieten.

Sie überquerte jetzt die Ludwigstraße. In den Augen der Passanten das Heitere dieses Maimorgens, in dem Gehüpfe der Kinder auf dem Gehsteig, selbst in dem Klingeln der Radfahrer. Denn es war Frühling und ‚Dult', Maikirmes, neun Tage lang. War es nicht eine Lust zu leben? Gabriele dachte ans Radeln mit den Freunden, an durchtanzte Nächte auf dem Münchener Fasching, an Schlittenpartien im letzten Winter. Und wie schön war das Eislaufen gewesen auf dem zugefrorenen Kleinhesseloher See im Englischen Garten. So guter Laune war sie heute, daß sie auf offener Straße einen Hüpfer einlegte.

Jetzt war sie in der Kaulbachstraße angelangt. Hier der vollendete Jugendstil. Mietshäuser mit Stuckdekor. Auf den schmalen Dächern über den Erdgeschossen Friese, die mit Ornamenten verziert waren, unterbrochen von Fenstern und vieleckigen Erkern. Typisch die Masken aus floralen Linien in den Giebelfeldern. Das Allerneueste waren die Farben. Gabriele blieb einen Moment stehen, nahm sie in sich auf, ließ die Augen wandern übers dunkelolive Erdgeschoß zum blaugrünen Obergeschoß. Ockergelb waren die glatten Putzflächen, während der Untergrund des Kranzgesimses rotbraun gestrichen war. Sie verfolgte die Schlingpflanzen, die Lianenmuster, gekurvte Linien, die sie an Wellen, Flammen, wehende Haare erinnerten.

Neulich war sie vor der breiten Marmortreppe der Kunstakademie Carl Palme begegnet. „Siehst du, kleine Mü“, sagte er, „hier zwischen Kastor und Pollux gehts hinauf zum Tempel der Kunst.“ Er deutete auf die beiden marmornen Figuren rechts und links. Hier in der staatlichen Kunstakademie durfte Gabriele leider nicht arbeiten. „Und da sieht man die typischen Kunststudenten“, Gabriele stupste ihn an. Sie wies auf die jungen Männer mit den langen Haaren, den schlotternden Anzügen. Die unterhielten sich mit den Mädchen, die an der Brüstung lehnten. Malmodelle waren das, die später im Evakostüm auf dem Podest posierten. „Du, liebe Mü, du bist so anders“, sagte Carl Palme. „Du bist so frei und doch so brav und bürgerlich.“ Gabriele lachte.

Gleich bei der Universität trifft sie sich mit Maria Giesler und Ernst Neumann, um für den Abend eine Verabredung bei den Elf Scharfrichtern zu treffen. Heute abend würde Frank Wedekind wieder einmal zur Laute seine bissigen Chansons singen.

Und morgen wird sie nach Westfalen reisen, nach Herford. Ganz deutlich sah sie die Bielefelder Straße, das große Haus vor sich, welches der Vater gebaut hatte. Den Garten dahinter, abfallend zum Ufer der Aa, die bei der Schiffböge im Norden der Altstadt mit der Werre zusammenfloß, wodurch die Stadt wie auf einer Halbinsel lag. Kandinskys Brief, den sie in der Tasche trug, brauchte sie im Moment nicht zu beunruhigen: *„Wo Du auch hingehst, ich werde Dich finden.“*

7

Familientreffen in Herford. Gabriele war glücklich. Von allen hier kam sie am besten mit ihrer Kusine Julie aus, sicherlich, weil die ein Jahr Ältere sich schon in frühester Kindheit um sie gekümmert hatte, sie einbezog, wenn die großen Geschwister

Ella von ihren Geheimnissen ausschlossen. *„Ich fühle mich ja manchmal sehr einsam, weil ich so gar keinen Menschen habe, dem ich etwas bin und an dem ich hänge"*, hatte Gabriele Kandinsky geklagt.

Festtage, Verwandtentage. Das bedeutete Umarmungen, Händeschütteln, Schulterklopfen. Ella, du bist ja richtig erwachsen geworden! Und dann wollte jemand wissen, wie es denn in Amerika war. Aber ehe Gabriele in ihrer gründlichen Art von der Reise berichten konnte, schwirrten die Stimmen der anderen durcheinander. Man wußte längst Bescheid. Nicht von Carl Friedrich, Ellas Vater, dem Hitzkopf, aber von seinem Bruder, dem Landarzt Dr. Gustav Münter, Julies Vater. Gustav, Gott hab ihn selig, war nun auch schon vier Jahre tot. Einstmals lebte er fast zur gleichen Zeit wie Carl Friedrich in Amerika. Ein exaktes Tagebuch führte er dort, und die Verwandten wußten um den Alltag in Illinois, in Tennessee. Viel früher als Carl Friedrich war Gustav nach Deutschland zurückgekehrt. Aus Heimweh sagte man. Geschichte um Geschichte machte die Runde.

Gabriele stellte sich die Begebenheit vor, wie der Großvater, der erzkonservative, der königstreue, in der Stube auf und ab geht, mit der Faust droht, seinem Sohn Carl Friedrich das Wort verbietet, als der sich hervortut mit umstürzlerischen, liberalen Ideen. Fort mit dem Störenfried. Ab nach Amerika. Und der zweiundzwanzigjährige Carl Friedrich beantragt im Juni 1849 zusammen mit seinem Herforder Freund Friedrich Wilhelm Loheyde bei der Auswanderungsbehörde ‚Entlassung aus dem Preußischen Untertanenverbande'.

Carl Friedrichs Weg in der Neuen Welt: Cincinnati, Studium der Zahnmedizin, Promotion. Quincy, Illinois, Heirat mit der jungen amerikanischen Witwe Mary Lucinde Richardson 1852. Ein kurzes Eheglück. Nach Lucindas Hinscheiden der neue Lebensabschnitt in Jackson, Tennessee. Carl Friedrich in einem Krämerladen als Krämer, der nebenbei als Zahnarzt praktiziert. Gabriele stellte sich vor, wie Minna Scheuber den Laden betritt, die Deutschstämmige. Die hat ihm sofort gefallen, kann zupacken, ist Arbeit und Sorgen gewohnt als älteste von neun Geschwistern. 1857 heiraten sie. Aber weswegen kehrte Carl Friedrich nach fünfzehnjährigem Amerikaaufenthalt nach Deutschland zurück? Das war doch wegen des Sezessionskrieges. Weil er nicht im Kriegsland leben wollte.

Mitte Dezember 1864 verließen sie die Staaten, und Carl Friedrich Münter machte als Hofzahnarzt mit seinem erworbenen Vermögen in Berlin eine Praxis auf, Unter den Linden. Hatte Patienten aus den höheren Kreisen.

Am 5. April 1865 wurde August geboren, am 25. Oktober 1866 Carl Theodor, der Charly, am 30. Juni 1869 Emilie, Emmy gerufen, und am 19. Februar 1877 Gabriele, das Nesthäkchen Ella. Andere beschrieben ihren Vater als dunkelhaarigen, lebhaften Mann, der auf den Tisch sprang, mit flammenden Worten für Freiheit, Gleichheit, Brüderlichkeit begeistern konnte. Gabriele selbst kennt Carl Friedrich nur als gesetzten, behäbigen, weißhaarigen Herrn von fünfzig Jahren mit wallendem, schneeweißem Rauschebart, den sie gern zupfte.

1878 siedelte Carl Friedrich Münter mit seiner Familie nach Herford um. Als Gabriele im zweiten Schuljahr war, 1884, zog die Familie nach Bad Oeynhausen und im selben Jahr noch weiter in die Garnisonstadt Koblenz, und der Vater fing ganz von vorne an. Zwei Jahre darauf, am 12. April 1886, war er tot.

Gabrieles üblicher Gang zum Städtischen Friedhof, wenn sie in Herford ist. Langsam die Lindenallee hinunterschreiten, bis linkerhand unterm Kastanienbaum das Grab der Eltern zu sehen ist, der Obelisk auf Vaters Ruhestätte. Carl Friedrich hatte in Heimaterde ruhen wollen, und auch dahin war ihm seine Frau Minna gefolgt. Sie war bis zu ihrem Tod die gleiche ruhige Frau geblieben, unbeeindruckt vom Berlin der Kaiserzeit, gleichmütig bei ihrem Tagewerk in Herford und Koblenz.

Gabriele bückte sich, steckte eine Kastanienblüte in das bronzene Eichenlaubgewinde an des Bruders Grabstein. Längst hatte es Grünspan angesetzt. Dann ging sie noch zum Alten Friedhof, zum Grab von Großvater Friedrich Henrich Münter, königlicher Steuereinnehmer. Und wie immer schaute sie sich zuerst das Relief auf der Rückseite des Grabmals an, den gewinkelten Arm, der in der Hand einen Hammer hält. „Der Name Münter, liebe Ella", hatte der Vater erklärt, „kommt von Münzner. Das ist ein Mann, der Bild und Zahl in das Geldstück einhämmert." Nun betrachtete sie das Relief auf der Vorderseite, die Schlange, die sich in den Schwanz beißt, und in diesem Kreis das Stundenglas mit Engelsflügeln, ein Sinnbild der schnell verfliegenden Zeit.

Gabriele ging ihre Lieblingswege in Herford. Du liebe Zeit, wie lang war ihr als Kind der Gang vorgekommen, von der Radewig durch die Bäckerstraße zum Alten Markt, zur Mausefalle, dahin, wo Großvaters Haus stand, wo zweimal im Jahr ein Zirkuszelt aufgebaut wurde, dieser Zirkus, wo sie mit Julie und deren drei jüngeren Brüdern soviel Spaß hatte.

„Du, du bist unsere Ausnahme", sagt Julie und nimmt Kusine Ella in die Arme. „Weißt du noch? Die grünen unreifen Kastanien? Wie du sie aufschnittest und mich raten ließest, welches Gesicht man in dem weißen Fruchtfleisch sehen könnte. Und wie ich dich rütteln mußte, wenn du gar nicht von der Turmmauer der Nikolaikirche wegwolltest, immerfort die Steinskulptur dort anstarrtest und mich fragtest, ob dieser Männerkopf ohne Bart und mit der Kappe tatsächlich St. Nikolaus wäre." Wenn die beiden ihre Schulzeit in Koblenz erinnern, dann erzählen sie von den Religionsstunden bei Fräulein Kromm, von dem Tagesausflug zum Kloster Heisterbach bei Königswinter.

Manchmal betrachtete Gabriele an diesen Maiabenden eine Karte, die ihr Kandinsky im letzten Jahr aus Kochel geschickt hatte. Sie stellte sich den See vor, die Berge im Abendlicht, so golden wie die Kuppeln der russischen Hauptstadt. Und stellte sich K. vor, der zu ihr sagt, nun habe er neben seiner Heimatstadt eine zweite Geliebte, während er ihr die seenassen Haare langsam aus dem Gesicht streicht. Hatte Gabriele, sein Ellchen, sein Füchschen, sein gutes goldenes Herzchen den Sinn für die Wirklichkeit verloren? „Wassja", sagte sie vor sich hin, nannte Wassily Kandinsky bei seinem Kosenamen. Warum sollte sie ihre Beziehung zu Kandinsky abbrechen?

8

Ein Schwarm von blaugrün schillernden Fliegen umkreiste ununterbrochen Gabrieles Kopf. Hinter ihr am anderen Ende des Hofes stand Kandinsky, ebenfalls an einer Staffelei. Das Sonnenlicht dieses Julitages 1903 lag voll auf dem Lehmboden des Wirtshausgartens, lag auf den drei Stufen, die von dorther zu ihr hinunterführten, lag auf dem Sonnenschirm, der ihre Malpappe beschattete. Sie hielt den Pinsel in der Hand und konzentrierte sich.

Oben rechts und links der Treppenstufen graue Steinpfosten und daran aufgehängt, wie Leitern an Erntewagen, blaue Holzgitter. Durch das offene Tor hindurch am anderen Ende des Wirtshausgartens das gleiche Bild. Gabriele malt diesen Garten wie eine kleine Bühne für feuchtfröhliches Treiben. Wie eine Girlande blau und weiß windet sie die Farben um den Pfahl des Maibaums, den sie mit ins Bild nimmt, in den Hintergrund, dahin, wo sie auch die Häuser setzt, die Gebäude der Wirtschaft ‚Zur Roten Amsel'. Sie stehen dort wie Kulissen.

Jetzt, als sie den Pinselquast an der Palette abstreifte, erinnerte sie sich an den Schock, den sie empfand, als Kandinsky sie im Frühsommer bat, an seinem Sommerkurs in Kallmünz in Oberfranken teilzunehmen. Wie er sie Tag um Tag bedrängte. Plötzlich schien er den Kurs von ihrer Anwesenheit abhängig zu machen. Es war der Nachmittag, als sie mit den anderen aus der Malklasse im Englischen Garten saß und diese schon Pläne schmiedeten für Wanderungen an der Vils, an der Naab. Nach langem Zögern hatte Gabriele zugesagt. Das einzige, was bisher beunruhigt hatte, war der erste Abend in Kallmünz gewesen, an dem die anderen Malstudenten orakelt hatten, ob sie wieder vorzeitig den Kurs verlassen würde, und sie mit ihnen losprusten mußte. Anzüglichkeiten, die seine Person betrafen, konnte Kandinsky auf den Tod nicht leiden. Er hatte unter fadenscheinigsten Ausreden sofort die Gruppe verlassen. Er wünschte so etwas nicht noch einmal zu erleben. Findest du nicht auch, warf er Gabriele am nächsten Tag mit traurigem Gesicht vor, sie triebe ein dummes Spiel mit ihm? Er klagte. Wollte er nicht endlich mit dem Jammern aufhören? Sie mochte das nicht. Findest du nicht, daß es jetzt zuviel wird? Sie lachte, sie freute sich, sie nahm ihren Hut ab, schlenkerte ihn. Schöne Maltage lagen doch vor ihnen. Sie hatte Vertrauen. Wassja würde sich gegen Abend wohl beruhigt haben. Er blieb aufs äußerste gereizt. Sie beobachtete ihn. Seine Stirn blieb gekraust, er brütete vor sich hin. Warum konnte er diese dumme Episode nicht vergessen? Jetzt war es genug. Zum Teufel auch, sie fluchte wie der Pferdeknecht in Arkansas. Wenn jetzt noch ein Zug nach München gefahren wäre, würde sie ihn nehmen. Sie würde einsteigen und den Malkurs sausen lassen. Sie ging wütend vor K. her durch die Straßen von Kallmünz. Aber dann nahm er ihren Arm, sagte: „*Alter Egoist, ich. So ein Wechsel von verschiedenen Gedanken und Gefühlen! Ja, ja, recht hast du!*" Warum war er nur immer wieder so traurig? Sie lenkte ihn ab. Er hätte die Verwandtentage in Herford miterleben sollen, es war wunderbar dort, es waren alles prächtige Leute.

Die eisenbeschlagenen Räder der Bauernwagen holperten übers Kopfsteinpflaster. Gabriele blickte sich um, sah zwei Kallmünzer Bürgerinnen hinter Kandinsky verharren, um mit vorgerecktem Kopf das Bild auf der Leinwand zu betrachten. Nun aber zuckten sie zusammen, als sie zu Gabriele hinübersahen. Sie warfen sich in die Brust und schritten mit hochgehobenen Nasen geradeaus weiter. Ihre Geringschätzung war zu offensichtlich.

Gabriele drückte noch einen grünen Klecks ins Blätterwerk des kleinen Bäumchens, das sie rechts ins Bild gesetzt hatte und schlenderte zu K. hin. Sie liebte es, ihn beim Malen zu beobachten, zu sehen, wie er mit breiten Spachtelstrichen Farben auf den Leinwandkarton auftrug. Heute malte er dasselbe Motiv wie Gabriele. Sie sah, wie er jetzt ihre Staffelei hineinmalte, vor der sie gerade gestanden hatte. „Und nun mußt du mich noch ins Bild bringen mit meinem blauen Malkittel", spornte sie ihn an und fragte plötzlich, „findest du mich ganz und gar unmöglich?" Aber nein, im Gegenteil, er fand es wunderbar, daß sie so natürlich, unverkrampft mit ihm umging. Das mache es ihm leichter, ihr alles erzählen zu können, sagte er, ja, er hätte bei ihr das Gefühl, ihr alles, aber auch alles anvertrauen zu können.

Und dann erinnerte er gleich wieder an die Arbeit, schlug vor, Holzschnitte anzufertigen. Ob sie die nicht wieder versuchen wollte. Oder ob ihr die Anstrengung zu groß sei, viel zu groß für die arme, kleine, faule Ella? Er ging doch mit gutem Beispiel voran. Was er alles in Holz schnitt! Siebzig Platten konnte er in einem einzigen Arbeitsgang schneiden, von morgens bis in die späte Nacht. Einmal half ihm die Truppe beim Drucken. Diese Arbeitswut ihres Lehrers war ja kaum noch mitanzusehen. „Das Drucken der verschiedenen Farbplatten übereinander erfordert ein großes Können und viel Zeit, nicht wahr?" Carl Palme nickte Gabriele zu.

„Das ist doch alles nur Spielerei", sagte Gabriele am nächsten Tag, und es entstand zwischen ihr und Wassja eine heftige Debatte über Kunst. *„Spielerei, jawohl!"* sagte Kandinsky. *„Alles, was der Künstler macht, ist auch nur Spielerei. Er sucht für seine Gefühle und Gedanken einen Ausdruck zu finden, er arbeitet mit Farbe, Form, Klang und Wort. Du fragst, wozu das alles? Für einen Künstler hat die Frage Wozu keinen Sinn. Er weiß nur ein Warum. So entstehen Kunstwerke, so entstehen Sachen, die noch keine Kunstwerke sind. So mache ich Sachen, weil man anders keine Ruhe hat."* Kandinsky war ein fabelhafter Lehrer, und Gabriele merkte, über seine Gedanken unterhielt er sich am liebsten mit ihr allein.

Seit dieser Diskussion wandte Gabriele ihre ganze Aufmerksamkeit ihrer Arbeit zu. Sie fertigte Bleistiftskizzen vom Ort an, beschriftete sie mit Kürzeln für Farben, w. für weiß, bl. für blau, r. für rot. Oft ging sie mit ihrer Kamera durch die verwinkelten Gassen. Sie würde die Fotos als Vorlage für Ölbilder nehmen, später, daheim in München. Hoffentlich konnte sie sich dann in die Stimmung versetzen, in der sie jetzt vor dem Motiv stand. Sie würde das eine oder andere Foto abpausen und es in Holz schneiden.

Kallmünz, Sommer 1903. Ein neuer Anfang, ein neues Kapitel. Mit schnellem Zugriff Farben einsetzen. Kandinsky gab Ratschläge, probierte selbst aus. Gabriele malte mit hellen grünen Ölfarben ihren Lehrer, wie er auf einer Wiese sitzt und zeichnet. Sie malte den Burgberg. Es gelang ihr bei ihren Studien in Öl ein einfacher und daher umso wirkungsvollerer Bildaufbau. In den Skizzen, die sie zuunterst im Koffer ließ, hatte sie das längst verwirklicht. *„Du bist hoffnungslos als Schülerin"*, sagte Kandinsky, *„man kann dir nichts beibringen, du hast alles aus dir selbst. Was ich für dich tun kann, ist, dein Talent zu hüten und zu pflegen, daß nichts Falsches dazukommt."*

Eines späten Abends dann ein Spaziergang zu zweit durch den Ort auf die andere Flußseite. Und nun steigen sie den Burgberg hoch. Nach dem stickigen heißen Tag in den Gassen hier oben ein leichter warmer Wind. Sie gehen schweigend nebeneinander her. Trocken und spröde die Grasnarbe auf dem Wiesenweg, bröckelt unterm Fuß. Gabriele merkt, wie K. mehrmals ansetzt, um etwas zu sagen. Sie bückt sich, hebt ein Kalksteinchen auf, reibt den Staub ab, ein feines Liniengebilde wird sichtbar. Sie reicht das Steinchen Kandinsky hin, sieht, wie er es hin- und herdreht, die Streifen nachzieht, wie schön! und es dann vorsichtig auf den Boden zurücklegt. „Du liebst das Kleine", sagt er, „das Unscheinbare. Wie ich. Wie verwandt wir doch sind!" Er nimmt ihre Fingerspitzen und führt sie an seine Lippen.

Und dann hat er den Arm um sie gelegt. Aber diese Umarmung ist ganz anders als die in Kochel. Sie spürt ihn so nahe, als wolle er ihr mit seinen Händen, mit seinem Mund sein Bild für immer aufdrücken. Die Zeit scheint in sich zusammenzufallen wie zu einem einzigen Augenblick.

Ein paar Tage danach brachte er die Verlobungsringe. Er steckte ihr den Ring an den Finger, sagte: *„Es scheint, daß ich mein ganzes Leben auf dich gewartet habe, dich gesucht, mich nach dir gesehnt."* Sie war seine Braut, seine Frau.

Später wird sie sagen: Wir trafen uns oft in der Umgebung von Kallmünz. Dann in verschiedenen Orten, in die wir auf getrennten Wegen hinkamen, Nabburg, Regensburg, Landshut.

Plötzlich fanden wir uns nebeneinander, beieinander. Gabriele hatte damals das Gefühl, als wäre diese Nähe, als wären diese Arme, die sie umschlangen, Garanten dafür, daß sie beide für immer verbunden wären, daß eine Gemeinsamkeit begänne, die nie mehr aufhörte.

Was liebte Wassily Kandinsky an ihr? Sie war nicht schön im landläufigen Sinn. War es wirklich das gewisse Etwas, das er seit ihrem ersten Zusammentreffen schon bewundert hatte? Sie wirkte so unbefangen, so frisch, sie war unbeschwert, das mußte es wohl sein. Sie hatte eine Zeitlang in der Weite Amerikas zugebracht, in einer ungeheuren Freiheit und Großzügigkeit. Dieses Freie, Ungezwungene faszinierte ihn. Es war für ihn fantastisch, sich bei ihr so frei zu fühlen, so außerhalb der Welt zu sein, wie er es sich nur manchmal erträumte. Eine Selbstverständlichkeit besaß sie, um die er sie beneidete.

Er, ein verwöhnter Einzelgänger. Das schwächliche Einzelkind, aufs zärtlichste verhätschelt von Elisabeth Tichejeff, der unverheirateten, älteren Schwester seiner Mutter. Sie widmete sich dem Fünfjährigen mit ganzer Hingabe, als die Mutter den Vater um eines anderen willen verließ. Verwöhnt wurde er auch von der Großmutter aus dem Baltikum, die ihn die deutsche Sprache lehrte, die die Fantasie des sensiblen, hochbegabten Wassily mit deutschen Märchen erregte. Er war das Prinzchen, in dessen Stammbaum sich europäische und asiatische Ahnen mischten.

Ein Wall von Wohlwollen war um ihn herum. Die Mutter mit der neuen Verwandtschaft, die er oft besuchte, seine vier Halbgeschwister. Der Vater, ein Teehändler, der seinen Sohn selbst entscheiden ließ, welche Schule er besuchen wollte, der ihn mitnahm auf seine Reisen nach Moskau. Der ihn für die große Stadt begeisterte. Ich bin ein Moskowiter! hätte Kandinskys Bekenntnis lauten können, obwohl er seine Jugend in Odessa zugebracht hatte, dort das humanistische Gymnasium besuchte, dort Klavier- und Violoncellounterricht bekam. Zwischen goldverzierten Ikonen war er aufgewachsen, hatte sich später auf seinen Reisen nicht sattsehen können an den farbigen

Ornamenten der Bauernstuben in Wologda. Seine Jugend war ganz erfüllt von Träumen. Sie ließen ihn den blauen Reiter spielen, den Helden, der den Drachen besiegt.

Beim Studium tändelte er mit zwei älteren Kusinen, Studienkolleginnen. Als die eine, die ihn besonders interessierte, heiratete, nahm er die andere zur Frau, Anja Tschimiakin, die gütige, mit der ihn nach elfjähriger kinderloser Ehe nur noch Rücksichtnahme verband.

Gabriele überlas seinen letzten Brief noch einmal: „*Trotz des Mitleids, welches ich mit meiner Frau habe und welches wirklich eine Folter für mich ist, trotzdem, daß ich immer dachte, Du liebst mich nicht richtig, und trotz vieler anderer Sachen, die mir peinlich sind, habe ich Mut, Willen und Energie, das alte Leben aufzugeben, und Dir alles, was ich habe, ohne zu zweifeln und zu zögern, abzugeben.*“ Vorläufig aber mußte die Verlobung in Kallmünz geheimgehalten werden.

Vorerst blieben ihre Verlobungsringe die meiste Zeit im Etui, da sie niemandem auffallen sollten. Wieviel hatten die Freunde in Kallmünz eigentlich gemerkt? Einfach war das Geheimhalten nicht. In der Gruppe arbeiten und so tun, als ob da nichts wäre zwischen ihr und Kandinsky. In der Gaststube zur Roten Amsel sitzen und nicht in K.s Zimmer hinübergehen, wo er noch über seinen Holzschnitten saß, stattdessen mit den anderen Spiele machen. Knobeln zum Beispiel, was sie sonst für ihr Leben gern tat. Und auch beim Personenbeschreiben mitmachen, was der und der für Eigenschaften hat. Unbeteiligt und ohne rot zu werden hören, daß K. gern über religiöse Dinge spräche, daß er sich für mystische Bücher und das Leben der Heiligen interessierte. Er hätte die *sanfte träumerische Art der Russen*. Und daß das Münterle ein richtiger Gegensatz zu ihm wäre: *klug, kritisch, einfach*, ganz und gar *preußisch*. In der Tat, Wassja und ich sind zwei ganz verschiedene Menschen, dachte Gabriele in diesem Moment, als sie ihren Malkittel von der Stuhllehne nahm und ihn an die Garderobe hängte.

9

Also, morgen abend in den Simpl, hatten die Freunde eines Tages gesagt, als Gabriele im November 1903 wieder in München war und in der Schackstraße 44 eine Atelierwohnung bezogen hatte. Dem Münterchen, das man nun so viele Monate nicht gesehen hatte, wurde keine Zeit zum Alleinsein zugebilligt. Gabriele, die sich gerade ein neues Schnitzmesser gekauft hatte, war in ihre Dachwohnung zurückgegangen. Sie mußte noch einen guten Platz für Wassjas Foto finden, das sie in Kallmünz geknipst hatte. An den weißgetünchten Wänden hatte sie bereits etliche Zeichnungen befestigt, eigene und solche von Kandinsky. Und dann mußte sie noch das Sofa zur Seite rücken, um Raum für den Tisch zu gewinnen, damit das volle Licht aus der großen Fensterfront darauffallen konnte.

Ob ihr die Wohnung gefiele, hatten Maria Giesler und Helene Fröhner gefragt, die kürzlich auf einen Sprung vorbeigekommen waren, während sie die beiden kleinen Fenster in der großen Front öffneten und den Malern zuwinkten, die von nebenan ebenfalls aus den Luken ihrer Atelierfenster hinausschauten. Gabriele, die zum erstenmal ein eigenes Atelier besaß, war sehr damit zufrieden. Nun würde sie auch auf dem Tisch sitzen, einen Skizzenblock auf den Knien halten und zeichnen. Daß nur ein einziger Stuhl, ein Schrank, ein Bett das Zimmer möblierten, störte sie nicht. Und die Staffelei mußte sie eben am Abend so stellen, daß das trübe Licht der einzigen Glühbirne im richtigen Winkel draufschien. Aus Luxus machte sie sich nichts. Sie schaute durchs Fenster, nahm die verschachtelten Dächer wahr, den Rauch aus den zahlreichen Schornsteinen, den ein Windstoß jetzt nach unten trieb in die Hinterhöfe.

Kandinsky, der im Herbst viel gereist war, Venedig, Wien, Odessa und Moskau besuchte, anschließend Berlin und Köln, klopfte plötzlich an die Tür und weckte sie aus ihren Gedanken. Bei soviel Fenster mit zwei Einfluglöchern könnte er demnächst eine Brieftaube einstellen für seine Post. Er lachte. Dann aber erlebte Gabriele seinen Ärger über den geplanten Abend im Simplicissimus.

„Daß du dich immer amüsieren mußt", sagte K. „Und dann diese Enge in den Lokalen." „Es kommt darauf an, mit wem man herzlich eng sitzt", neckte sie ihn und forderte ihn zum Mitkommen auf. „Bleib hier!" Wassja war sehr erbittert. Gabriele wußte es doch, er setzte sich nur unter Zwang zwischen Menschen, die er noch nie gesehen hatte, und die er kannte, hielt er deutlich auf Abstand. Nur seine Ella durfte fühlbar neben ihm sein. *„Die Menschen werden mir immer fieser"*, sagte er ihr. Am liebsten aß er in einem leeren Restaurant, um mit niemandem Kontakt zu bekommen.

„Es scheint mir manchmal, daß du überhaupt nicht weißt, was Freude ist, die schönste, reinste Freude, die nicht von Menschen kommt, die Menschen nicht verwirklichen." Sowie Wassja wieder damit begann und auf sie einredete, sie lebe am wahren Leben vorbei, runzelte sie ratlos die Stirn. Sehr viel lag ihr an Harmonie, an Wassjas Liebe, und sie war sich, als er gegangen war, nicht sicher, ob er ihr noch zürnte trotz ihres Zugeständnisses, keine Tanzvergnügungen mehr aufzusuchen, nur dann ins Theater oder Konzert zu gehen, wenn er es billigte. Dieses Mal allerdings konnte sie den Freunden nicht mehr absagen.

Im Simplicissimus gab Isadora Duncan einen Extraabend. Isadora Duncan aus Amerika war der Tanzstar der diesjährigen Münchener Saison. Sie hatte den ‚Flutenden Tanz', den freien Bewegungstanz, kreiert und saß gerade an einem der Tische neben dem Podium. Sie hatte eine Vorliebe für lange flatternde Schals, und heute trug sie einen schwarzen aus Chiffon um den Hals gewickelt, der lässig über die Stuhllehne hinunterhing.

Das Leben, das wirkliche Leben? Was war das? dachte Gabriele. Hatte es Wassja jetzt in seinem Atelier oder bei Anja, seiner Frau?

Isadora beendete unter Applaus ihren Tanz. Gabriele blieb unbeteiligt, und die Freunde erkundigten sich: „Ist dir nicht gut?" Wirkte sie in den Augen der anderen sonderbar, war es höchste Zeit, sich zusammenzunehmen? Und so antwortete sie:

„Ich fühle mich bestens", und in diesem Augenblick stimmte es. Es war gegen Mitternacht, als sie den Simplicissimus verließen. Isadora Duncan hatte noch nicht auf den Tischen getanzt, barfuß und in durchsichtigem Schleier. Jemand begleitete Gabriele in die Schackstraße, fragte beiläufig: „Triffst du dich noch mit Kandinsky?" Sie lachte kurz auf, schlitterte wie früher über die zugefrorenen Pfützen und zerstampfte zuletzt das Eis, daß die Splitter flogen.

Durchs Fenster ihrer Wohnung kam das trübe Licht des feuchtkalten Wintertages. Gabriele schaute Wassjas Foto an. Wie Menschen, die plötzlich viel allein sind, sprach sie laut vor sich hin: *„Immer wieder Zweifel. Du sagst richtig, wir werden auch unsere Fehler und Verschiedenheiten gegenseitig lieben lernen. Ich habe dich gern, so wie du bist. Ich glaube, es wird gut gehen."* Im Topf auf der Ofenplatte kochte das Wasser, und Gabriele goß es in die Kanne über die Teeblätter. Sie streifte an der Garderobe im Vorbeigehen das Paket mit dem schweren Seidenstoff, das Wassja dort hingehängt hatte. Diesen nehmen wir, hatte er zur Verkäuferin gesagt, als Gabriele vorm Spiegel stand und unter seiner Regie den schiefergrauen Stoff über Schultern und Hüfte drapierte. Er liebte es sehr, sie einzukleiden. Ich will, daß du gut aussiehst, und es war offensichtlich, daß sie diese Szene als überraschenden Spaß genoß. Er hatte ein Stilkleid für sie entworfen, bodenlang, eng in der Taille, eng und hoch geknöpft über den Handgelenken und mit einem angesetzten Bolerojäckchen, das die Oberweite betonen sollte. Gabriele ließ sich aufs Sofa zurückfallen. Das rötliche Licht der Lampe lag warm auf dem Briefbogen mit Wassjas Grüßen. Er schrieb: *„Du weißt doch, wie ich an Dir hänge, Dich aufrichtig liebe. – Ich möchte bei Dir sein. – Ich küsse liebevoll Deine lieben, lieben Hände und Deine lieben, lieben Lippen."* Ja, Wassily war ihr Verlobter.

Warum ausgerechnet Kandinsky und nicht einer der unkomplizierteren Malkollegen? Sie beklagte es nicht, daß es Kandinsky war. So intelligent, so voller Ideen, ein interessanter Künstler, ein Mann, von dem viele, die sie kannte, fasziniert waren. Ein sehr zurückhaltender Mann, der manchmal sehr scheu wirkte, wenn er sich durchs dichte, gelockte, dunkelbraune Haar strich, wenn er schnell den Schnurrbart zupfte über den vollen weichen Lippen, Kandinsky, der sich nun noch einen Kinnbart wachsen ließ.

Es war halt so. „*Ich habe Dich immer als ein Wunder – als ein Verrücktes angesehen und geliebt, ohne zu denken, daß Du mir einmal so nahe stehen könntest*", stand in dem Brief, den sie Wassja am 6. Januar 1904 schreiben wird. Was immer er tat, was immer er verlangen würde, nichts würde sich an ihrer Gesinnung, an ihrer Treue ändern. Sie folgte dem ungeschriebenen Gesetz, das von der Frau den doppelten Gehorsam verlangte, gegen die Eltern und gegen den Ehemann. Sie nahm es ohne Protest hin. Es gab für Gabriele kein Zurück mehr.

Sie trank noch eine Tasse Tee, schaute lange auf Wassjas Foto. „Sieh mich an", flüsterte sie. „Ich möchte dich in meiner Nähe haben. Ich möchte, du legtest deine Arme um mich und ließest sie dort. Ich glaube, du hast gute Hände. Bestimmt. Ich weiß es."

An diesem Nachmittag lenkte sie sich ab, indem sie das Motiv eines Hauses von Kallmünz in Holz zu schneiden begann.

10

Abfahren und ankommen. Immer unterwegs, dachte Gabriele. Jedes Jahr Weihnachten in einem anderen Land, an einem anderen Ort. Dezember 1906 schrieb man, und sie waren seit Mai in Frankreich, in Paris. Weihnachten 1904 bis April 1905 lebten sie in Tunis in Nordafrika, Weihnachten 1905 bis April 1906 in Rapallo an der italienischen Riviera.

Das Unglück bestand darin, daß Wassja nicht Manns genug war, sich von seiner Anja endgültig zu trennen, die Scheidung zu beantragen, obwohl sie bereits von seiner Familie in Moskau und Odessa gebilligt wurde. Vielleicht dachte er auch gar nicht an eine offizielle Scheidung. Vielleicht glaubte er, diese unangenehme Formalität würde sich ohne ein anstrengendes Zutun von selbst erledigen. Die gemeinsame Wohnung mit seiner Frau in der Friedrichstraße hatte er am 30. September 1904 aufgegeben. Trotzdem, er mußte von München weg, wo Anja nun in einer Pension wohnte, wo ihn alles an sein Dilemma erinnerte. Mit Gabriele wollte er eine gemeinsame Zeit der Prüfung durchstehen. Sie verstand nur dies: Fort! Auf Reisen sein – und das war das Ziel an sich.

Sie stand jetzt in ihrem Atelier in der Rue Madame, gebückt über ihre Reisetasche und steckte ein paar Platten Linoleum zu den Malutensilien, die sie nach Sèvres in den hübschen Nachbarort von Paris mitnehmen wollte. Jetzt würde Wassja dort durch den Park von St-Cloud spazieren, der hinter dem Landhaus in der Petite Rue des Binelles anstieg, in dem sie im Juni die erste Etage für ein Jahr angemietet hatten. In Sèvres genoß man bei klarem Wetter die Aussicht bis zum Eiffelturm. Diese abgeschiedene Lage war das beste, wohin Wassja sich mit seinem plötzlichen Abscheu vorm Trubel der Weltstadt verkriechen konnte. Paris – Sèvres, Sèvres – Paris. Wie oft sie in den letzten Wochen mit dem Zug hin und her gependelt war! Keinen Menschen konnte Wassja plötzlich um sich haben. Er war immer merkwürdiger geworden. Dieser russisch-japanische Krieg! Mußte Rußland sein großes Reich durch neue Transportwege, durch diese Transsibirische Eisenbahn erschließen, auch wenn es dabei zum Krieg mit Japan kam? Mußten Konflikte immer durch Gewalt gelöst werden? Wassjas Halbbruder Wladimir Kojewnikow war dabei gefallen. Dieser Tod schmerzte ihn. Er war erfüllt von einer fast unnatürlichen Trauer. „*Es versteht mich hier kein Mensch*", sagte er zu Gabriele und schien weiterzugrübeln, über Schreckliches nachzudenken. Manchmal hörte er Stimmen in der Nacht. Und doch konnte er wieder gelöst mit Ella im Park von St-Cloud spazierengehen, beinahe fröhlich über die Ideen sprechen, die er in seinen Bildern verwirklichen wollte. Und dann wieder sein Hilfeschrei, bleib hier, wenn sie zurückfahren wollte!

Nur gelassen bleiben, munter, sagte sie vor sich hin. Sie

mußte aus Wassjas Bannkreis entkommen, ihre unerschrockene Natur dagegen einsetzen. Sie mußte sich seelisch wappnen. Machte sie sich nicht zuviel Sorgen? Wassjas Nerven zuliebe wollte sie schon heute hinausfahren. Er bedurfte ihrer so sehr, übergab ihr sein Schicksal zu treuen Händen. Ihretwegen hätte sie noch ein paar Tage länger in Paris bleiben können. Hier ging es ihr schon seit einigen Wochen richtig gut.

Im November, als sie ihren Wohnsitz von Sèvres nach Paris in die Rue Madame 58 verlegte, wußte sie schon nach wenigen Tagen, daß etwas Gutes in Gang gebracht war. Sie dachte voll Genugtuung an die vielen Besuche der großen Kunstausstellungen, die sie allein unternahm. Wie sie ihren Blick geschult hatte an den Gemälden von Henri Matisse, von Paul Gauguin. Die Farbflächen studierte sie, die darin zusammengestellt waren, die klar umrissenen Personen und Gegenstände. Sie dachte voll Stolz an das Lob, das sie im Malkurs in der Académie Grande Chaumière bekam. Marktszenen hatte sie zu wiederholten Malen sorgsam neugestaltet, durchgearbeitet, die Menschenmenge und Häuserzeilen reduziert, bis nur eine typische Marktsituation als Extrakt übrigblieb. Sie hatte Mütter gezeichnet mit Kinderwagen, Straßen in Paris, schnell und präzise mit dem Stift formuliert. Sie dachte, ich liege völlig richtig in meinem Mühen, mich auf das Wesentliche zu beschränken, auf das, was bei mir den stärksten Eindruck hinterläßt. In dieser Einsicht arbeitete sie jetzt Holz- und Linolschnitte, und in ganz kurzer Zeit vollzog sich in ihrer Kunst eine schnelle und bedeutende Entwicklung.

Da gab es Wassily Kandinskys Porträt als Farblinolschnitt, ein Brustbild mit Pfeife. „Warst solange weg“, klagte er melancholisch, als sie ihn zeichnen wollte. „Ob du wohl imstande bist, deinen alten Wassja wiederzuerkennen?“ Sie blickte von ihrem Skizzenblock auf, er hatte ihr durch eine kleine Drehung sein Gesicht zugewandt und probierte nun ein Lächeln, das auf seinen sensiblen Lippen zerbrach. Trotz der unmittelbaren Nähe zu ihr wahrte er heute wieder Abstand. Kaum hatte sie angefangen zu zeichnen, begriff sie, daß diese sehr wachen, sehr intelligenten Augen hinter dem Kneifer seine Miene unter Kontrolle hielten. Ein Gesicht war es, das einem angespannten, einsamen Mann in leitender Position angestanden hätte, der um sein Unternehmen kämpft. Und während sie die Farben festlegte, verschiedene warme Brauntöne für den Kopf, kältere Blau-, Grün- und Gelbtöne für den Hintergrund, dachte sie daran, daß es allein an seinem Tätigkeitsdrang lag, daß die Phalanx-Kunstschule in der knappen Zeit von nur drei Jahren fast ein Dutzend Ausstellungen zuwege brachte. Kandinsky hatte Lokale angemietet, machte Grafiken für die Plakate, kümmerte sich um den Transport von Gemälden aus verschiedensten Ländern. Er war eben ein Aktivist. War auch hier in Paris aktiv gewesen, war seit 1905 Mitglied des renommierten Salon d'Automne, der neueste Kunst ausstellte. Ja, er war sogar Jurymitglied. Mochte er jetzt stillsitzen. Und mit äußerster Konzentration zeichnete Gabriele sein Porträt. Sie saßen stumm voreinander.

Draußen tropfte es von den Bäumen. Regendunst lag über den Häusern im Tal. Durchs offene Fenster kam der Geruch von nassem Laub. Kandinsky wollte unbedingt, daß sie über Nacht dablieb, aber an jenem Tag war sie energisch: „Ich bin im Moment sehr beschäftigt. Ich muß noch eine Menge Skizzen ausarbeiten, wenn ich ausstellen soll." Wo blieb sein Verständnis für ihre Arbeit? Sie packte und ging. Kaum war sie fort, schickte er einen Eilbrief hinterher. Sie wäre das einzige Licht in seiner Dunkelheit. Auf sovieles müßte er verzichten. Mein Gott, verzichtete sie nicht auch? Sie hatte auf alle Vergnügungen verzichtet, auf die Nachmittage im Café mit den Freunden, auf die Tanzfeste in Schwabing, die er verabscheute. Sie gab ihr geliebtes Atelier in der Schackstraße auf, das sie gerade bezogen hatte. Sie hatte die Koffer gepackt, als er es in Rapallo nicht aushielt, und war mit ihm weitergezogen. Sie war jetzt in dieser Stadt, wo sie glaubte, viel für ihre Kunst lernen zu können. Es war Zeit, auch an sich zu denken, und so war es gut, daß sie von Sèvres weg in das Atelierzimmer nach Paris gezogen war.

Gabriele ließ die Tür hinter sich ins Schloß fallen, schaute eine Weile zum grauverhangenen Himmel. Hoffte, daß bald die Wintersonne herauskäme, daß Wassja am Bahnhof in Sèvres wartete, und daß sie sich nicht erkältete in ihrem zu dünnen Mantel. Das hätte noch gefehlt, gerade jetzt vor den Feiertagen. Wenn sie an die schreckliche Weihnachtszeit vor zwei Jahren in Tunis dachte. Sie schüttelte sich.

Die engen Zimmer dort im Hotel. Der Wind pfiff durch die Fensterritzen. Sie saß in Schal und Mantel, hustete, schniefte, konnte kaum essen wegen ihrer Zahnschmerzen. Sie stickte bunte Glasperlen zu Wassjas Entwurf auf ihre Handtasche, nähte Applikationen auf den Wandbehang, den er entworfen hatte. Das Wolgaschiff. Das Wikingerschiff. Der Schneemann. Angewandte Kunst, die Kandinsky auf einer Ausstellung in Paris zeigen wollte. Und draußen auf den Straßen von Tunis das Gedränge der arabischen, italienischen, französischen Passanten. Die Wüstenstimmung am Stadtrand, bedrohlich. Das Geschrei der Klageweiber, als der Leichenzug vorbeikam, der buntbemalte Sarg auf einer Kutsche, von sechs Maultieren gezogen. Bedrückung. Erinnerung kam auf an die Mutter, auf die sich Vater Carl Friedrich voll verlassen konnte. Mutter Minna, die sicher lieber in Herford bei ihren Blumen, bei ihrem Gemüse geblieben wäre. Es gibt immer wieder Parallelen. Eine ist, daß Gabriele ihrem Wassja treu bleibt. Sie streifte durch die fremde Stadt, sie machte Skizzen, sie malte das mohammedanische Grabmal Marabout.

Wie hatte ihnen Kairouan gefallen, wie Karthago? Am Ende war nichts als Anstrengung gewesen. „Nehmen Sie auf jeden Fall etwas mit für die stürmische Überfahrt von Marseille nach Tunis," sagt Gabriele zehn Jahre später zu Paul Klee, und der nahm gerne Münterles Mittel gegen Seekrankheit. Paul Klee wird 1914 von der Tunisreise, die er mit seinen Freunden August Macke und Louis Moilliet unternimmt, die schönsten Bilder heimbringen.

Als Wassja sie nicht vom Bahnhof abholte, dachte sie, das ist unfair. Weiter wollte sie heute nicht grübeln. Es war dies aber das erste Anzeichen für kommende, unfrohe Stunden. Unruhig ging er in der Wohnung auf und ab. Sie tat so, als wäre nichts. Während er sich lustlos an den Tisch setzte und seinen Tee kalt werden ließ, schwatzte sie an der Tür mit Madame Vernot, lachte, versprach ihr bald einen Druck von ihrem Porträt, das sie in Linol geschnitten hatte, gab dem Hausmädchen Anweisungen für den nächsten Tag. Dann endlich setzte sie sich zu ihm, erzählte voll Stolz, daß sie im Frühjahr sechs von ihren kleinen Ölstudien im Salon des Artistes Indépendants ausstellen dürfte, meinte, ganz egal, wie niederschmetternd die Kritik auch sein würde, diese Chance, sich erstmals öffentlich als professionelle Malerin vorzustellen, wäre einmalig. Ich gehöre dazu, dachte sie vergnügt. Sie dankte Wassja im stillen, daß er sie in ihrem Tun nicht hinderte, daß sie mit ihrer Malerei einen Grund hatte, sich zuweilen seinen düsteren Stimmungen zu entziehen.

„Gratuliere", sagte er, und im Herbst würden ihre Druckgrafiken im Salon d'Automne zu sehen sein. Stimmts? Er nahm ihre Hand, bog einen Finger nach dem andern nach hinten und zählte auf, wie viele von ihren zwei Dutzend Holz- und Linolschnitten man wohl einreichen könnte. Aber während er sprach, wurde seine Stimme immer lauter und hektischer. Gabriele fielen die schrecklichen Nächte wieder ein. Ruhig bleiben, dachte sie und klammerte sich daran.

Sie wußte nicht, was sie anderes hätte tun können. Zustände, die sie nicht benennen konnte, machten sie ratlos, hilflos. Sie mußte wieder dabeistehen und zusehen, und das Verwirrendste war, ihre Gegenwart machte alles noch schlimmer, und dann schämte sie sich für ihn.

Sie blickte auf und sah, daß Wassja sie musterte. „Heute abend ist es sehr spät geworden", sagte er, „glaubst du nicht auch, daß es zu spät ist, um noch nach Paris zu fahren?" Und sprach weiter, „es gibt ein neues kleines Bild, ein Temperabild, das ich noch gern mit dir besprechen möchte." Gabriele hatte sich schon oft gewundert, daß Wassja immer wieder Damen in Reifröcken malte, die unter blühenden Kastanienbäumen wandelten, Figuren und Szenen wie aus mittelalterlichen Büchern oder wie Illustrationen zu Andersens Märchen. Sie selbst verspürte absolut keine Neigung, solche Temperabilder zu machen, die auf schwarzes Tonpapier getupft wurden. „Du mußt aufpassen", hatte sie schon mehrmals zu Kandinsky gesagt, „daß diese Malerei nicht zur Manier bei dir wird." Auch heute wiederholte sie ihre Besorgnis, und er schaute sie schräg aus den Augenwinkeln an. Seine Ella schien froh zu sein, daß sie in ihrer Kunst weiterkam.

„Du bleibst doch bitte heute nacht, nicht wahr?" bat er. *„Ich fühle mich hier manchmal so schrecklich einsam, so verwirrt, so hilflos, daß ich davonlaufen möchte."* Und auf einmal war sie entschlossen. Er schien ihr doch zu verzweifelt heute. Sie würde den letzten Zug nicht nehmen. Sie würde solange bleiben, wie er sie bei sich haben wollte.

Nachts hörte sie, wie er sich im Nebenzimmer im Bett hin und her wälzte. Stöhnen. Und dann eine entsetzliche Stille. Sie hatte Angst hinüberzugehen. Er würde auf der Bettkante sitzen in einem anklagenden Schweigen, und sie müßte sich neben ihn setzen, dableiben bis zum Morgengrauen. Er würde schweigen, und sie müßte sich sehr unglücklich fühlen, ohne genau zu erfahren, warum. Litt er, daß Anja seinetwegen vielleicht unglücklich war? Litt er an dem Unvermögen, in seiner Kunst nicht das ausdrücken zu können, was er sich vorstellte? Litt er an dem gebrochenen Ehrenkodex, als er Gabriele zu seiner heimlichen Frau machte? Es war vorgekommen, daß er mit entsetzlicher Angst im Gesicht von einer tödlichen Dunkelheit fantasierte, von endgültiger Verlassenheit, von unendlicher Schuld. *„Wie du weißt, habe ich andere Lieben nach der Ehe gehabt, aber niemals konnte ich mich entschließen, das alte Leben aufzugeben."* Dann konnte er rufen: *„Ich brauche so sehr deine Stütze! Ich flehe dich an, hilf mir, hilf mir um Gottes willen, mich selbst wiederzufinden. Du kannst viel, du kannst alles! Hab Geduld mit mir und hilf mir durch deine Liebe."* Litt er an einer Art Überangst? Ein russischer Freund fürchtete um seinen Geisteszustand. Wassja hatte es ihr angstvoll gestanden. Plötzlich ein Schrei, ein Fall, und als sie ins Zimmer stürzte, lag er auf dem Boden, riß an seinen Haaren. Diese verzweifelten Träume, in denen er seinen Tod voraussah. Nicht erst in Paris hatten sie begonnen, sie kannte sie schon von Tunis her, aber so schlimm waren sie noch nie gewesen. Sie hockte sich neben ihn, viel tun konnte sie nicht. Diesmal endete sein Ausbruch in haltlosem Weinen. Ella streichelte seinen Kopf, ist ja gut, wird ja alles wieder gut. Um seinetwillen mußte sie ungerührt bleiben.

Dieser willensstarke, beherrschte Mann, sagten die Malerkollegen und die Herausgeber von Kunstzeitschriften. Sie sprachen von mystischer, meditativer Weisheit, die seinen wunderbaren russischen Holzschnitten entströme. Niemand wußte von seiner nächtlichen dunklen Welt, in die er Gabriele mithineinzog. Ob sie davon ihrer Kusine Julie sagen sollte, erzählen, warum er sie fortschickte von Sèvres, so daß sie sich die Wohnung in Paris nehmen mußte? Undenkbar für Gabriele. *„Ich hasse es, wenn die Leute sehen, was ich wirklich fühle"*, hatte Wassja ihr einmal gesagt. Niemand war so auf ihr Stillschweigen und ihre Geduld angewiesen wie er. Er war doch wehrlos. Diese Ausbrüche waren sein Schicksal. Und das war nun auch das ihre.

Immer, wenn Gabriele soweit dachte, hörte sie an ihrem Ohr seine zärtliche Stimme in der russischen Muttersprache: *„Ja liubliu Tiebja – Ich liebe Dich."* Sie war seine Geliebte, seine Frau. Eine *Gewissensehe* nannte er ihre unauflösliche Gemeinschaft. Diese Nächte lagen ihr wie ein Stein auf der Seele. Aber sie müßte sich in sich selbst täuschen, wenn sie das nicht durchstehen sollte.

Sie lehnte sich in ihren Sessel zurück, zündete sich eine Zigarette an, sah dem Rauch nach und horchte auf die Atemzüge Wassjas, die tiefer und ruhiger wurden.

Vor ihrer Fahrt nach Tunis, ehe Wassja die Wohngemeinschaft mit Anja aufgab, war sie einmal zusammen mit einigen russischen Bekannten zu Besuch bei ihnen in der Friedrichstraße 1 gewesen. Sie saßen im Salon, alles darin war auf Harmonie abgestimmt. Das weiße Tischtuch, das weiße Porzellan, die aufblitzende Goldkrone der russischen Madonna auf dem Vertiko, wenn die Kerzen flackerten. Anja bewegte leicht lächelnd den Kopf, und Fanny Dengler, das Hausmädchen, servierte den Tee. Anja schwieg bei der Diskussion. Kunstprobleme interessierten sie nicht. In den Gesprächspausen das leise Ticken der Wanduhr im geschnitzten Gehäuse. Gabriele rührte in ihrem Tee. Wassily sah sie jetzt an, er hatte es bisher vermieden, sie ins Gespräch einzubeziehen. Nein, seine Frau konnte nur noch kurze Spaziergänge machen wegen ihrer Beine, und Fahrradfahren hatte sie nicht gelernt. Als Gabriele aufbrach, verabschiedete Kandinsky sie mit seinem vollendeten Handkuß. Welch schöne Hände Sie haben! Es war Anjas sanfte Stimme. Vielleicht hätte Gabriele nach jenem Abend Wassja nicht mehr wiedersehen sollen, vielleicht weil sie herausfand, warum er den Bruch mit Anja fürchtete. Als Schuldiger dazustehen, konnte er nicht ertragen.

Sie fühlte Sympathie für die ältere Frau. Sie sah sie alleingelassen in der Wohnung, in der fremden Stadt unter fremden Menschen, und es überlief sie kalt. Aber hatte Wassja ihr nicht hundertmal erklärt, daß seine Ehe längst gelöst sei? Daß beide Partner einer endgültigen Trennung zustimmten? Du bist mein Alles, hatte Wassja ihr erklärt und es in Briefen beteuert. Eines Tages würde ihr Zusammenleben gesetzlich geregelt sein. Wassja war schon zu weit in ihr Leben eingedrungen. Sie hatte sich mit ihm so sehr in eine von aller Gesetzmäßigkeit isolierte Traumwelt begeben, daß sie nicht mehr hinausfand. Sie war mit ihm, wie er ständig betonte, eine Gewissensehe eingegangen, völlig vernunftwidrig, und mußte nun für immer bei ihm bleiben.

Abwarten, abwarten. Es würde alles gut werden. Diese Hoffnung bewirkte, daß sie durchhielt, daß sie konzentriert ihren künstlerischen Arbeiten nachgehen konnte. „Morgen werde ich auf jeden Fall wieder nach Paris fahren", sagte sie laut vor sich hin. „Ich werde meinen Stift und den kleinen Block griffbereit in der Handtasche haben, um rasch die Mitreisenden skizzieren zu können. Das sind so Gelegenheiten, denke ich mal, die ich mir nicht entgehen lassen sollte." Das Zeichnen verschaffte ihr nach wie vor Befriedigung, machte viel Freude, auch wenn sie das farbige Bild als wirkungsvoller ansah.

Wenn Wassja nicht immer wieder so unstet wäre. *„Ich*

möchte etwas, aber was? Ich habe Sehnsucht, aber wonach?" Sie konnte sich über dies Gerede sehr ärgern. Weshalb klagte er, weshalb war er immer so unzufrieden und jagte von einem Ort zum andern? Sie konnte es nicht verstehen, weshalb er nicht länger in München geblieben war. Und dann äußerte er plötzlich diese befremdlichen und sonderbaren Gedanken. „*Gott weiß warum, plötzlich erhebt sich in mir eine große Trauer und füllt mein ganzes Wesen.*" „Du liebe Zeit", hatte sie gerufen, „warum nur alles so düster nehmen!" „*Du irrst*", hatte er weiter gesprochen, „*aber in dem Moment sehe ich gar nicht alles traurig, absolut nicht! Nein, das Große und Feierliche bleibt unverändert vor mir stehen. Ich freue mich, es zu sehen. Ich möchte sagen, ich freue mich traurig.*" Das einzige, was Gabriele ihm nachempfinden konnte, worin sie sich mit ihm verwandt fühlte, war, wenn er sagte: „*Wenn ich unglücklich bin, ist es mit meiner Kunst aus.*"

Sie hatte zuletzt herausgefunden, daß er sich nichts antat, wenn sie ihn allein in Sèvres ließ, daß es aber sehr wichtig für ihn war, daß er seiner Ella voll vertrauen durfte, daß sie ganz zu ihm gehörte.

Ende Februar bat er sie plötzlich, Leinwand für zwei Keilrahmen, einen mit den Maßen 85 cm mal 100 cm und einen von 130 cm mal 130 cm in Paris für ihn zu bestellen. Und als sie ihm noch die Farbe Pariser Blau kaufen sollte, war sie ganz sicher, die Krise war überwunden, seine Arbeit würde ihm helfen. Lange Zeit hätte ihn dieses Bild beschäftigt, sagte er ihr, als er ihr schließlich die neue Schöpfung vorführte. ‚Das bunte Leben', und Gabriele mußte ihm recht geben, Figuren standen bunt übereinander, nebeneinander, es stand der russische Bauer neben dem russischen Popen, der Bogenschütze neben dem Tänzer, Friede neben Gewalt. „Ja", sagte er auf ihren fragenden Blick, „das ist russisch. Das ist Moskau. *Moskau ist doch das Leitmotiv meiner Kunst. Die Gegensätze, das Verschobene, der Mischmasch haben diesen Ursprung.*" Das Malen hatte ihm Freude bereitet, er hatte wieder Selbstvertrauen gewonnen. Später einmal wird auch Gabriele erfahren, daß Arbeit und Freude genügen, um sich aus seelischem Kummer zu retten.

An diesem Tag befand sie, daß Wassja der liebenswerteste Mensch war, den sie kannte. Und ihre Ehe würde schon klappen. Da war Gabriele ganz zuversichtlich. Sie war ganz ruhig. Mochte Wassja sich mit seiner Arbeit, mit seinen Grübeleien getrost in sich zurückziehen, mochte er sich vor der Welt verkriechen wollen, es machte ihr nichts aus. Auch wenn die anderen ihn schief ansahen, sie wußte, daß er etwas Besonderes war, daß er ganz anders war.

Und dann kam der letzte Tag in Paris, 9. Juni 1907. Wassja machte sich auf nach Bad Reichenhall, um sich ein paar Wochen lang in einer Kurklinik zu erholen. „Das nächste Mal, wenn wir wieder in Paris sind", sagte Gabriele, „werden wir viel mehr gemeinsam unternehmen." Dieses nächste Mal wird für Gabriele zweiundzwanzig Jahre später sein, und dann ist Wassja nicht dabei. Nun saß sie im Zug nach Bonn, zog die Gardine vors Abteilfenster, lehnte den Kopf an die Polsterung, über die man vorsorglicherweise weiße Schondeckchen gehängt hatte, und schloß die Augen. Und dann mußte sie an die vergangenen häuslichen Szenen bei ihren Geschwistern denken.

Charlys Augen, die größer werden und immer zorniger, als Gabriele ihm Kandinskys Verlobungsring zeigt. Wer ist dieser Wassily Kandinsky? Ein verheirateter Mann, der sich mit einer anderen verlobt, ist ein Schelm! Charlys Empörung, sehr laut und heftig. Kandinsky auf der Anklagebank. Auch dann noch, als Gabriele ihn verteidigt. Wie er zu ihr steht. Wie er seine Beziehung zu Anja aufgibt ihr zuliebe. Sie weist auf das hin, was er ihr aus Odessa schreibt, *daß ich immer edel und ehrlich bleibe.*

Charly, der nichts begreifen will. Charly, der weiß, was rechtens ist, der seine Schwester vor Unheil bewahren möchte.

„Bist du denn von allen guten Geistern verlassen", war es Emmy herausgeplatzt. „Was sich zwischen dir und Kandinsky abspielt, ist unmöglich. Wann habt ihr euch verlobt? Solange geht das schon? Bist du verrückt? Ziehst ohne Trauschein mit ihm durch die Lande!"

Gabriele hatte sich geschämt. Die Vorwürfe der Schwester

trafen sie an ihrer empfindlichsten Stelle. Jedesmal, wenn sie und Kandinsky in einem Gasthof oder in einer Pension übernachten wollten, war sie ganz kleinlaut geworden. Siedendheiß war es ihr über den Rücken gelaufen, wenn sie immer noch als Fräulein Münter eingetragen wurde. Trotzdem, mehr als die Vorwürfe traf sie die Selbstgefälligkeit der verheirateten Schwester, wie sie von ihren zahlreichen Bekannten sprach, die für Ellas Verhältnis auch kein Verständnis hätten. Selbst zuschreiben müßte sie es sich, wenn sie von den Leuten geschnitten würde. „Siehst du nicht", fuhr sie fort und winkte dem Dienstmädchen, draußen zu bleiben, „was dieser Kandinsky für ein Mensch ist! Er ist der raffinierteste Mann, der mir je unter die Augen gekommen ist. Der Mann nutzt dich aus. Er pendelt bequem zwischen zwei Verhältnissen. Merkst du nicht, wie leicht er es sich macht mit seinem Egoismus? Für ihn ist das angenehm. Er hat sich daran gewöhnt", und sie setzte mit Nachdruck hinzu: „Kandinsky ist kein Ehrenmann!" Wenn die Schwester K. in dieser Weise beschuldigte, mußte Ella etwas dagegen tun. Natürlich war sie verrückt, wenn sie mit Wassja wie auf einem anderen Planeten lebte, aber es war genauso verrückt, daß sie sich dafür noch schuldig fühlen mußte. Und Wassja ging es ebenso. Nie, nie könnte sie Emmy das erklären. „Nichts verstehst du", rief sie, „nichts, gar nichts!" Schon wollte sie hinaus, als Georg ihr die Hand auf die Schulter legte, auf sie einsprach: „Du bist jetzt fast dreißig Jahre alt! Träumst du nie von einem Heim und von Kindern?"

Da war sie herumgefahren, hatte die Hände zusammengepreßt, fest die Lippen geschlossen und kein Wort mehr herausgebracht. Sie wußte überhaupt nicht mehr, was sie fühlte. *Meine Idee von Glück ist eine Häuslichkeit, so gemütlich und harmonisch, wie ich sie eben machen könnte,* schrieb sie einmal an Kandinsky. Die Geschwister hatten ja so recht.

Ein Leben lang zusammen, hatte Wassja ihr gesagt, und an sein Wort hielt sie sich. Sie rief sich in Erinnerung, daß Wassjas Vater sich über die neue Schwiegertochter freute. Daß auch seiner Mutter viel lag an der Liebe ihres Sohnes zu der kleinen

Deutschen. Gabriele zwang sich, Wassjas Treueschwüre zu wiederholen.

Dann dachte sie sehnsüchtig an die Zeit, als sie in Amerika gewesen war, so eine Freude, unbeschwert Land und Leute auf sich wirken zu lassen, das Kribbeln in den Fingerspitzen zu fühlen wie eine Aufforderung zum Zeichnen. Sie fürchtete, sich abzukapseln, hart zu werden, nicht mehr ansprechbar zu sein für Eindrücke. Denn das war der Ursprung ihres künstlerischen Schaffens, sie mußte ganz offen sein, um sich von einem äußeren Bild anrühren zu lassen. An jenem Tag hatte sie die Skizze zu dem Stilleben angelegt, auf dem die amerikanische Flagge, Stars and Stripes, zwischen Äpfeln und Bananen locker vom Tisch herunterhängt.

II

Es war Sommer geworden, der 3. August 1907, Gabriele und Wassja hatten sich in Singen am Hohentwiel eingefunden, den Rucksack über der Schulter, um mit dem Fahrrad eine Tour durch die Schweiz zu machen. Einen Moment hatte sie gestutzt, als sie Wassjas Programm für August hörte, denn in der letzten Woche des Monats sollten noch Besuche in Frankfurt, Bonn, Köln, Hannover, Hildesheim gemacht werden. Dann dachte sie, sein Problem, wenn er gerade von Bad Reichenhall kommt, diese Kur hinter sich hat. Zu oft hatte sie schon seine Parforcetouren mitgemacht. Zu oft hatte sie ihn sagen gehört: „*Wenn ich mich charakterisieren wollte, immer fortwährend unruhig. Verstehst du, kein Moment Ruhe.*“ Aber sie erinnerte sich auch, daß Wassja, als sie im Sommer 1905 von Dresden aus durch die Sächsische Schweiz wanderten, gemerkt hatte, wie gut er sich durch diese körperliche Tätigkeit erholte.

Jetzt beobachtete sie in seinen Zügen viel Vorfreude. Sie wurde mit einem Schlag davon angesteckt. Und als sie die erste Abfahrt über fünfhundert Höhenmeter beim Zürcher See hinter sich hatten, wußte sie, ihre Hoffnung würde nicht enttäuscht werden. Kandinskys Kondition war gut. Nun konnten sie die vielen Abfahrten und Steigungen bis zum Genfer See bewältigen, es würde für sie eine mittelschwere Tour sein, die zu schaffen war. Einen Augenblick blitzte in ihren Augen ein fröhlicher Übermut.

Wunderschön war auf der Rückfahrt die Fußwanderung von Naters aus unterm Aletschgletscher, wunderschön der Aufenthalt bei Fiesch. Sie radelten am Ende der Fahrt wie seinerzeit in Kochel die Straßen hinab, der eine faßte den Lenker des anderen. Gabriele hatte gesungen, gepfiffen, hatte Wassja vor ein Bergmotiv gestellt, fotografiert. Wassja, dies Bild will ich ewig behalten! Zeitweise schwebten sie in einem fast unwirklichen Zustand. Abgehoben. Man streckte sich aus auf einer sonnenwarmen Bergwiese und stellte sich vor, man würde sein Leben damit zubringen können. Immer so. Immer in diesem Rausch. Und dann dachte sie, daß sie es vielleicht nicht aushalten würde, wenn es zu schön würde. Immer werde ich seine Umarmungen erinnern, dachte Gabriele, und seine zärtlichen Beteuerungen nach dem schlimmen Winter in Sèvres. Wassja hielt sie in den Armen. Er dankte dem Schicksal, das ihm seine Ella geschickt hatte. Sie hatte das, was in ihm verkümmert schien, eine unbekannte Saite, wieder zum Klingen gebracht.

12

Ein frischer kühler Morgen in Berlin. Gabriele betrachtete im Spiegel ihr Profil. Sie stand im Bad der Pension in der Derfflingerstraße. Es war April 1908. Sie steckte ihr Haar auf, löste es wieder, probierte eine neue Frisur. Sie war eigentlich nicht eitel. Aber stolz konnte sie doch auf sich sein. Der Kunstsalon Lenoble in Köln hatte im Januar eine Ausstellung veranstaltet mit vierundsechzig Gemälden von Gabriele Münter. Und als die Kollektion danach im Krefelder Museum gezeigt wurde, schrieb der Direktor des Hauses, Dr. Denike: *„Endlich eine Frau, die etwas kann!"*

Gabriele zog die Gardinen zur Seite und setzte sich in einen Sessel. Um diese Zeit frühstückte sie gewöhnlich, heute erlaubte sie sich eine Verspätung. Aus den Räumen unter ihr Geschirrklappern, dann die festen Schritte der Pensionswirtin.

Die Geräusche des Tages waren im Haus lauter und lauter geworden. Nun bewölkte es sich draußen, und Gabriele entschloß sich hinunterzugehen und in die Stadt hinaus. Wie schon so manches Mal blieb sie auch heute Unter den Linden stehen, schaute zu dem Haus hinüber, in dem sie geboren war. Das Namensschild ihres Vaters war natürlich nicht mehr da. Wenn er damals 1878 in Berlin geblieben wäre? Dann hätte sie Wassja nicht getroffen.

Berlin, sie sagte es laut vor sich hin. Mit großer Neugier war sie mit Kandinsky im September 1907 in der Stadt angekommen, in der sie das erste Jahr ihres Lebens verbracht hatte. Alles schien ihr bereits sehr vertraut. Mit ihrem Fahrrad konnte Gabriele die Stadt allerdings nicht erobern, obschon man in Charlottenburg gerade die ersten Radfahrwege angelegt hatte. Auf den wichtigsten Straßen jedoch war das Radfahren verboten, und eine Polizeiverordnung besagte, daß jeder Fahrer stets eine Radfahrkarte bei sich haben mußte, die ihm für die Dauer von einem Jahr ausgestellt wurde.

„Ja", sagte Gabriele, „Berlin ist eine Stadt, die in Erstaunen versetzt." Sie gingen zu dritt, Kandinsky, Gabriele und Maria Strakosch-Giesler, vom Potsdamer Platz zum Brandenburger Tor und wollten durch den Tiergarten, um am Neuen See zu rasten. Kurz nach ihrer Ankunft in Berlin hatten Gabriele und Kandinsky auf einer Ausstellung Maria Giesler getroffen, die nun hier verheiratet war. 1902 hatte sie mit Gabriele in Kandinskys Malklasse gearbeitet.

Gabriele merkte, wie gespannt Kandinsky seiner ehemaligen Schülerin zuhörte, als sie von Max Reinhardt erzählte, dem Intendanten des Deutschen Theaters. 1907 gab es in Berlin noch kein weltberühmtes Kabarett, aber hervorragende Schauspielhäuser. Und gerade hatte Max Reinhardt die Kammerspiele eröffnet. Wand an Wand mit dem Deutschen Theater, das er

1906 gekauft hatte. In seinem ‚Kleinen Haus' hatte er die Bühne bis in den Zuschauerraum verlegen lassen. Das war wirklich gelungen, nur nicht die Akustik in den hinteren Reihen. Das Interessanteste wäre, meinte Maria, daß Reinhardt bedeutende Künstler verpflichtete, die ihm die Bühnenausstattung gestalteten. Bei der Aufführung von Ibsens ‚Gespenstern' hatte er dazu den norwegischen Maler Edvard Munch engagiert. Munch hatte auch den Eingangsbereich der Kammerspiele künstlerisch gestaltet. Er hatte einen ‚Lebensfries' gemalt, sehr beeindruckend.

„Aber", sagte Maria und schüttelte den Kopf, „daß Max Reinhardt so aufgebracht sein kann und gegen die Kinos zu Felde zieht, ist doch wohl zu kurzsichtig." Ungefähr hundert existierten bereits in Berlin. Überall jetzt Lokale, in denen Filme gezeigt wurden. Häufig waren es Familienbetriebe in Hinterhöfen und Läden, in denen der Vater den Projektionsapparat bediente, die Mutter an der Kasse saß. Und wer von den Zuschauern sich die besseren und teueren Lokalitäten leisten konnte, bekam statt vom Grammophon von einem Klavierspieler die Begleitmusik. Die Kinos verderben die Leute, hätte Reinhardt gewettert. Seichte Geschichten, ungesund für den Geist des Volkes. Sein weiches Gesicht mit den vorquellenden Augen wäre ganz rot geworden vor Zorn. „Und wenn man Shakespeares Dramen verfilmt?" warf Gabriele ein. Sie hatte ‚King Lear' im Kino gesehen. Da hätte sie Reinhardts Spott hören sollen, lachte Maria. Er hielt an seiner Ansicht fest, die Intendanten der Theater müßten einen Verband gründen, um gegen diese Pseudokunst ankämpfen zu können.

Kandinskys Blicke trafen sich mit denen von Gabriele. Ein geheimes Einverständnis. Sie waren schon oft beeindruckt aus dem Kino oder dem Kintopp, wie man in Berlin sagte, nach Haus gegangen. Die Frage, die Kandinsky danach beschäftigte, war die: Welche Möglichkeit bot der Film? Konnte man vielleicht Träume, Visionen darstellen? „Schade", sagte er, „daß man den Film noch nicht farbig produzieren kann." „Ja, und die Farben müßten sich zu einer Musik bewegen", sagte Gabriele, denn nun wird Kandinsky von seiner Bühnenkomposition erzählen, vom ‚Gelben Klang', an dem er arbeitete. Einen violetten Hügel hatte er sich ausgedacht mit einer Blume davor wie eine Gurke. Die schaukelt langsam von rechts nach links auf dünnem langem Stiel. Dann grelle Musik, die einer plötzlichen Stille weicht. Menschen kommen hinzu in langen formlosen Kleidern, rot, blau, grün. Lange konnte sich Kandinsky bei seinen Visionen aufhalten und auf die Wirkung von Farben aufmerksam machen.

„Musikalisch dargestellt ist helles Blau einer Flöte ähnlich, das dunkle dem Cello", sagte er. Und jetzt, als sie am Neuen See angekommen waren: *„Grün ist für mich das, was im Menschenbereich die Bourgeoisie ist, das Bürgertum, eine dicke, sehr gesunde, unbeweglich liegende Kuh."*

Daß Gabriele Holzschnitte fertigte, überraschte Maria Strakosch-Giesler. Das Münterchen hatte tatsächlich einen eigenen Stil, ahmte ihren Lehrer nicht nach. Der malte Ölbilder, die er ‚Weißer Klang' nannte oder ‚Mit gelber Wolke' oder ‚Mit dem roten Reiter', während sie Spielzeugmotive schnitt und farbig druckte. Jeder ging in der Kunst seinen eigenen Weg. Und ein jeder bewunderte den anderen.

Eines Spätnachmittags, als Kandinsky mit Maria Strakosch-Giesler einen Vortrag von Rudolf Steiner besuchte, trödelte Gabriele durch die Leipziger Straße zwischen Spittelmarkt und Kolonnaden. Neben ihr Pferdedroschken, Taxameterdroschken mit weißem Dach, gelbe Postwagen, Straßenbahnen, Bäckerwagen, Bier- und Milchwagen, es rumpelte und ratterte. Passanten eilten. Eine enorme Betriebsamkeit, echt amerikanisch. Freiheit anzeigend, Tüchtigkeit, Wohlstand. Trotzdem standen in Haustürnischen Kinder, ärmlich gekleidete Jungen und Mädchen, Zigarrenkisten in der Hand. Spielzeug boten sie daraus an, zwei Pfennig das Stück.

Plötzlich fiel Gabriele der Morgen nach ihrer Ankunft in Berlin ein. Am Karlsplatz war ihnen ein Demonstrantenzug von Tausenden von Arbeitern entgegengekommen, welche die Marseillaise sangen. Menschen, die für ein allgemeines Wahlrecht auf die Straße gingen, sie wurden von berittener Polizei mit Säbeln zurückgetrieben. Kandinsky war an dem Tag sehr schweigsam gewesen. Ob er über die Zustände in seiner russischen Heimat grübelte?

Als Gabriele den Spindelerbrunnen hinter sich ließ, traf sie mit Wassja zusammen. Wäre es nicht eine gute Idee, nach einem Kleid zu schauen? Sie gingen in die Leipziger Straße zurück in einen der Konfektionsläden. Wassja suchte aus. Ein schwarzes Kleid natürlich. Schwarz, die Farbe, in welcher er sie liebend gern sah. Wußte sie denn nicht, daß sie mit ihrem blassen Teint und dem braunroten Haar hervorragend darin aussah? O ja, hatte sie gespöttelt.

Dann waren Gabriele und Wassja zum Bahnhof gefahren, um Abfahrtszeiten zu erkunden. Es sind immer wieder Bahnhöfe, hatte sie gedacht. Bahnhöfe sind es, auf denen die Abfahrt der Ankunft auf dem Fuße folgt. Jede Dauer wird zunichte gemacht. Die Frage ist nur, was geschehen soll, nachdem man angekommen ist.

Auch Wassja litt unter diesen Umständen, sagte: *„Je mehr ich daran denke, desto stärker fühle ich, daß ich ohne Dich nicht auskommen kann. Mein Leben in dieser Qual, und ich selbst bin mir manchmal unerträglich. Es ist kein Ausweg für mich da. Das sage ich mir oft und weiß nicht, was ich anfangen soll vor lauter Not und Kummer. Meine Ella, mein Freund, rate mir, was ich machen soll. Ich hoffe nur, daß bis zu unserer Hochzeit ich irgendwie den richtigen Weg finde. Ich möchte aber, Du wärest schon meine Frau.“* Doch, Wassja, einen Ausweg wüßte ich schon, dachte Gabriele an diesem Nachmittag, als sie Hut und Mantel ablegte und das neue Kleid auspackte. Aber daran durfte sie ihn nicht erinnern, wenn sie ihn nicht wieder ganz finster und tagelang unansprechbar machen wollte.

Kannte Wassja eigentlich die russischen Bestimmungen zur Durchführung einer Scheidung? „Du mußt dich danach erkundigen“, hatte sie ihn gebeten. „Natürlich, Liebes, wenn ich mal wieder in Petersburg bin!“ Er wollte keinen Streit. „Wart's ab“, sagte er, wenn sie nach der Legalisierung ihrer Beziehung fragte. Warte, hieß es nach jedem ihrer wunderbaren Ausflüge, in denen beide Zeit, Ort und die Gesetze der Welt vergaßen. Immer hieß es bei ihm: Warten. Schwierig war die Scheidung ohnehin.

Der russisch-orthodoxe Ritus, in dem K. getraut wurde, ließ eine solche nur unter besonderen Umständen zu. Außerdem würden falsche Zeugenaussagen aufgedeckt werden, denn man hatte damals verschwiegen, daß Anja und Wassily Blutsverwandte waren. Jedesmal, wenn Kandinsky von Rußland zurückkam, zuckte er die Schultern. Er hatte sich nicht gekümmert. So wurde ihr Glück noch hinausgezögert, der Normalzustand, wie sie ihn sich so sehr wünschte.

Abfahren, ankommen, abfahren. Koffer einpacken, Koffer auspacken, ihre Geschichte, die im Kreis lief. Sie müßten ein Heim haben! Einen festen Wohnsitz finden. Sie müßten endlich wissen, wohin sie gehörten. Dann würde es auch schneller offiziell besiegelt werden, daß sie ein untrennbares Paar bildeten. Und je länger sie darüber nachdachte, umso zufriedener wurde Gabriele, und ihre letzten Gedanken, bevor sie zum Abendessen in den Aufenthaltsraum ging, waren diese: Es wird alles gut, wenn wir erst einen festen Wohnsitz haben.

13

Murnau, das wäre ein Anfang! rief Kandinsky plötzlich in diesem Sommer 1908. „*Murnau hatten wir auf einem Ausflug gesehen und an Jawlensky und Werefkin empfohlen – die uns im Herbst auch hinriefen. Wir wohnten im Griesbräu, und es gefiel uns sehr*“, schrieb Gabriele in ihr Tagebuch. Und einige Zeit später: „*Der Himmel so blau und weiße dünne Windwolken. Die Berge im Schatten so dunkelblau, und in der Sonne alles deutlich.*“ Murnau konnte auch der nüchternen Gabriele einen schwärmerischen Ton entlocken.

Sie wechselte mit Wassja Blicke. Sie gingen die breite Marktstraße hinunter. Wie abwechslungsreich waren die Farben und Formen der Fensterumrandungen an den hell gestrichenen Häusern. Wie schön die Lüftlmalereien an einigen Giebeln und

Wänden, diese prächtigen, bunten Bilderszenen. Dann gab es den Staffelsee, diesen sehr warmen Alpensee mit klarem Wasser. Und den Blick auf die Zugspitze. Den haben wir noch nicht gehabt. Gabriele und Wassja waren im Juni auf einer Dreitage-Radwanderung zum Starnberger See schon einmal hier gewesen. Jetzt, am 15. August, gingen sie hinterm Dienstmann Löbl her, der den Karren mit ihrem Gepäck schob, traten durchs große Tor in den Hof des Brauhauses. Hier im Griesbräu hatten sie sich eingemietet.

Alexej Jawlensky stand in Kniebundhose in der Tür. „Das wird schön!“ rief er. „Mit Marianne Werefkin werden wir ein glückliches Kleeblatt sein, und es sollte doch mit dem Teufel zugehen, wenn wir nichts Ordentliches zustande brächten.“

Eine Stunde später machten sich die vier auf zur Kottmüllerallee. „Na?“ sagte Jawlensky, der die Wege schon erforscht hatte. Gabriele nickte. Sagte später einmal, gleich beim ersten Gang hätte sie gespürt, wie wohl sie sich hier fühlte und wie gut sie hier schaffen könnte. Murnau am Staffelsee, ‚kaiserlich gefreyter Markt‘, so einen Ort und so eine Landschaft zum Malen hatte sie noch nie kennengelernt. Einfach und großartig lagen horizontal ausgerichtet die Wiesen am Abhang des bebauten Hügels, unten davor das Sumpfgebiet mit dem rostroten Ried, Murnauer Moos genannt, dahinter die Köchel-Berge, Vorberge, 750 Meter hoch. Sie riegelten das Tal ab gegen das Gebirgsmassiv des Wettersteingebirges mit der Zugspitze. Und wenn der Föhn die Farben noch intensiver leuchten ließ, standen kräftiges Grün und starkes Gelb, unwahrscheinliches Blau und knalliges Rot ebenfalls scharf abgegrenzt nebeneinander.

Alexej Jawlensky, ein Landsmann von Kandinsky, war diesem vor einiger Zeit durch seinen neuen Malstil aufgefallen, und mit Gabriele hatte er Jawlensky in seinem Münchener Atelier besucht. Marianne von Werefkin, eine Russin, mit der Jawlensky zusammenlebte, fiel schon durch ihre äußere Erscheinung auf. „Also heut abend treffen wir uns unten im Griesbräu“, sagte Jawlensky und zog seinen Hut.

Marianne Werefkin, dachte Gabriele, ist die intelligentere

von beiden. Die vier arbeiteten jetzt bereits in der dritten Woche zusammen, hatten oft gemeinsam am Tisch im Griesbräu zusammengesessen, diskutiert und erzählt. Nur war Gabriele keine von denen, die um jeden Preis in Erfahrung bringen müssen, was es mit einer Person auf sich hat. Aber, wenn man Tag für Tag gesehen hatte, wie sich Marianne abmühte, einen Spezialpinsel mit kleinen Halterungen über den Mittelfinger zu legen, ihn an Ringfinger und kleinem Finger zu befestigen, wenn man gesehen hatte, wie Marianne in scheinbar unbeobachteten Augenblicken die Hornhaut, die auf diesen drei Fingern wucherte, mit einem Messerchen entfernte, dann fragte man unwillkürlich, warum war ihre Hand verkrüppelt. Marianne klärte auf. Ein böser Jagdunfall. Der Ausritt mit den Brüdern und dem Vater. Der unglückliche Sturz, die Gewehrkugel, welche die rechte Hand, Mariannes Malerhand, zertrümmerte. Zeitlebens blieben Daumen und Zeigefinger unbeweglich. Vieles andere aus Werefkins Leben hatte Gabriele schon im vorhinein erfahren, man tratschte gern in Schwabing.

Daß sie aus russischem Uradel stammte, daß eine Großmutter Erzieherin der Zarenkinder gewesen war, daß Marianne einmal als Tischdame neben dem Zaren gesessen hatte, daß ihr Onkel Iwan Longinowitsch Goremykin als Innenminister im Zarenreich unter Nikolaus II. amtierte. Im Frühjahr 1908 hatte er mit seiner Frau die Nichte Marianne in München besucht, ein kräftiger Mann mit hoher Stirn und einem eindrucksvollen weißen Diplomatenbackenbart. Mariannes Vater war General der Infanterie, war zuletzt bis zu seinem Tode 1896 Kommandant der Peter-und-Paul-Festung in St. Petersburg gewesen. Er hatte seiner Tochter zwei Atelierhäuser bauen lassen, eins auf ihrem Sommersitz in Litauen, eins in St. Petersburg. Die hochbegabte Marianne nannte man in Rußland die Französin, weil sie französisch perfekt beherrschte. Und ihren Murnauer Freunden erzählte Marianne von ihrer Karriere als Malerin. *„Ich war vierzehn Jahre, meine Mutter fand meine Zeichnungen. Ich bekam sofort einen Lehrer. Später studierte ich in Moskau und in Petersburg. Stellte meine Bilder aus in bekannten*

Wanderausstellungen. Ich wurde damals der russische Rembrandt genannt. Ich bekam brillante Kritiken und geriet in Verzweiflung. Mir war die realistische Welt ebenso fremd wie die romantische. Eigene Ziele schwebten mir vor. In München habe ich viele Jahre keinen Pinsel mehr angerührt." Darüber hatten sich manche Freunde in Rußland den Kopf zerbrochen. Und noch etwas anderes Geheimnisvolles umgab die Baronin, die wildesten Gerüchte waren darüber im Umlauf, das war ihre Beziehung zu Jawlensky. Als Leutnant war er nach St. Petersburg gekommen, hatte Zeichnen studiert und Malen an der Abendakademie. Sein Professor war Mariannes Privatlehrer, und der hatte ihn den Werefkins vorgestellt. Später einmal wird Gabriele erfahren, was Marianne Werefkin Paul und Lily Klee erzählte: „*Ich traf Jawlensky und beschäftigte mich mit ihm. Er gefiel mir. Ich wußte, daß er sehr leichtsinnig war und viele Frauengeschichten hatte. Er war ein kleiner Offizier, arm wie eine Kirchenmaus. Seine Brüder lebten zwischen Hunger und Sattessen. Ich liebte seine Kunst und wollte ihr helfen. Drei Jahre vergingen in unendlicher Pflege seines Verstandes und seines Herzens. Ich stieß auf Begrenzung. Er war von melancholisch-phlegmatischem Temperament und dementsprechend großer Gemütstiefe, aber zugleich auch von einer nicht zu leugnenden dumpfen Schwerfälligkeit.*" Marianne und Alexej wollten in freier Ehe miteinander leben. Die Kunst war ihr Kind. Zehn Jahre lang hatte Marianne selbst nicht gemalt, erklärte: „*Nur um einem Talent zu dienen, das ich für würdig hielt, das neue Werk zu verwirklichen*", und klagte dann in ihren Schriften: „*Ich bin zur Hure geworden und zur Küchenmagd, zur Krankenpflegerin und zur Gouvernante.*" Aber seit zwei Jahren, seit 1906 malte sie wieder. „*Ich bin nicht mehr so naiv wie ich war*", schrieb sie. „*Im Kampf mit meinem Ich habe ich alle meine Kräfte wiedergewonnen. Ich bin jetzt etwas boshafter geworden und etwas skeptischer. Ich empfinde eine große Genugtuung über meine Widerstandskraft.*"

Samstagabend in Murnau, im Griesbräu. Unterm Herrgottswinkel Alteingesessene beim Kartenspiel und am Nebentisch in angeregter Diskussion die Maler. Kandinsky saß rechts neben Gabriele, ihnen gegenüber saßen die beiden anderen, Marianne Werefkin und stramm und rundgesichtig Alexej Jawlensky. Trumpf! Dazu der Knall mit der Faust auf den Tisch unterm Herrgottswinkel. In der augenblicklichen Stille, die nun folgte, Jawlenskys kräftige Stimme: van Gogh! Gauguin! Seine Hausgötter waren das. Gabriele wußte es bereits. Die Gespräche drehten sich mal wieder um van Goghs kräftige Farben, um Gauguins Pinselführung, um die neue Malweise, die vor allem von Henri Matisse gepflegt wurde.

Cloisonnismus nannten die Franzosen den Malstil, wenn große Farbflächen mit Konturen umgrenzt werden. Cloisonner bedeutet in Fächer einteilen, Zwischenwände errichten, nicht wahr? Die Maler zogen gewissermaßen Trennwände um die farbigen Zonen auf ihrem Bild. Marianne Werefkin nickte erfreut, war sichtlich bemüht, Jawlensky herauszustellen. Trotzdem glaubte Gabriele, daß Jawlenskys Bilder mehr durch Farbe als durch Form ins Auge fielen. „Erleben muß man das, wie aggressives Rot in einem stillen Blau wirkt“, sagte er.

Die Herrschaften interessierten sich für Bilder? Einer der Kartenspieler kam zu ihnen herüber. Dazu könnte er einen Tip geben. Der Krötz Johann, der Braumeister von der Prantl Brauerei, hätte tausend und mehr. Tausend Bilder? Das durfte doch nicht wahr sein! Doch, der sammelt Glasbilder. Früher, meinte der Wirt, der ihnen ein neues Bier hinstellte, wurde hier rund um den Staffelsee viel auf Glas gemalt, damals kannte man noch nicht die industrielle Produktion, überhaupt wäre in jedem Haus ein Glasmaler gewesen, wurde die Malerei als Nebenerwerb betrieben. Der einzige, der das Glasmalen noch verstünde, wäre der Heinrich Rambold. Ursprüngliches war das, Kunst ohne akademischen Drill! Die Maler begeisterten sich. Brauchtum des Volkes! Das war's, was sie seit längerer Zeit suchten und sammelten.

Am nächsten Tag schon warteten sie ungeduldig vor Krötzens Haus im Burggraben. Kaum einen Blick hatten sie übrig für die Lüftlmalerei. Endlich der Einlaß in den vollbehängten

Raum des Sammlers. „Sehr interessant", rief Jawlensky und hob ein Glasbild gegen das Licht. Nirgendwo Perspektive, nirgendwo die Illusion eines Raumes. Personen und Gegenstände waren flächig ausgemalt, nicht durch helle und dunkle Schattierungen modelliert. Vereinfacht waren die Formen, wirkten wie Dekorationen. „Meint ihr, daß sich die Technik schnell erlernen läßt?" Jeder konnte sehen, wie Gabriele gepackt war. So hatte sie einmal vor den Plakaten der Elf Scharfrichter gestanden, so war sie von den klaren geraden Linien des Holzschnitts gefesselt gewesen, eine Technik war das, die sie mochte, die ihr lag. Sie sprach bei Meister Rambold vor, ließ sich Glasplatten zuschneiden, lernte, auf die Rückseite der Platte die Umrisse mit Tusche aufzeichnen und Farben einsetzen. Sie begriff rasch, worum es ging. Strahlend waren die Bilder. Farbharmonien mit breitem Pinsel hingeschrieben. Gabriele war so überrascht von der Wirkung, als hätte sie eine Erfindung gemacht. Diese Technik würde sie in ihrem nächsten Ölbild ebenfalls anwenden.

Die Freunde sahen sich ihr Werk an und spendeten großes Lob. Solange Gabriele allein für sich gearbeitet hatte, hatte sie sich behaglich und frei gefühlt. Als sie nun aber im Mittelpunkt stand, wurde sie verlegen, erklärte, daß Kandinsky, wenn er nur damit anfangen wollte, es viel besser machen könnte, und schob ihre Bilder zur Seite.

„Ich war in Murnau in unserm Kreis die erste, die Glasscheiben nahm und auch was malte", erzählte sie später, *„zuerst Kopien, dann auch verschiedene eigene. Ein paar von meinen Glasbildern nahm der alte Krötz in seine Sammlung tauschweise, eine alte Straße aus Herford und ein Kruzifix in Landschaft. Ich soll auch einige gute gemacht haben. Vielleicht sind sie in meinen Kisten."*

Trotz aller Bescheidenheit fühlte sie sich auf einmal stark, und sie lachte ihre Freunde sehr gelöst und fröhlich an. Sie saß aufrecht unter den Gästen in der Wirtsstube, vor denen sie sich anfangs ein wenig schamvoll im Hintergrund gehalten hatte. Das anzügliche Grinsen über die Malweiber bemerkte sie jetzt kaum noch. Sie war in ihrem Element.

Der Aufenthalt in Murnau war kein Urlaub. Die schöne Gegend mit Farben zu beschreiben, hatte sich Gabriele zur Aufgabe gemacht. Nie wurde sie der Betrachtung der Alpenvorlandschaft müde, der wechselnden Himmelstönung über den Bergen.

Warum sie denn diesen dunklen Fleck ins Bild gemalt hätte, fragte ein Bauer, als er Gabriele auf dem Murnauer Hügel ihre ‚Landschaft mit Hütte und Abendrot' malen sah, schob den Gamsbart-Hut in den Nacken und kratzte sich bedenklich den Kopf. Den Fleck da, der so aussähe wie ein schwarzblauer Drachenschwanz. Ja, was sollte sie darauf antworten! Warum die Farben, die von außen auf ihre Netzhaut fielen, dahinter explodierten, Empfindungen auslösten, die sie unbedingt festhalten wollte? Das war halt so, das passierte ihr eben. Schwierig nur, das in Worten auszudrücken. Sie stotterte etwas vom Gleichgewicht im Kräftespiel der Farben, so daß der brave Murnauer den Kopf schüttelte, das hatte er noch nie gehört, und gegangen war. Hätte er ihr das abgenommen, daß es viel schwieriger war und viel mehr Übung verlangte, einen inneren Eindruck zu malen als ein naturgetreues Bild? Sie setzte einen gelben Klecks ins Grün. Dann mußte sie einen Satz zur Seite tun, denn die Kuhherde von Murnau war auf dem Heimweg.

„*Ich habe da nach einer kurzen Zeit der Qual einen großen Sprung gemacht*", schrieb sie ins Tagebuch, „*vom Naturabmalen – mehr oder weniger impressionistisch – zum Fühlen eines Inhalts – zum Abstrahieren – zum Geben eines Extraktes.*"

Dann hatte sie ein unvergeßliches Erlebnis. Jahrzehnte später erst erzählt sie es Johannes Eichner: „*Ich war einmal mit Jawlensky allein zusammen losgegangen, um Landschaft zu malen. Jawlensky war auf der Kohlgruber Landstraße zurückgeblieben und malte – ich war noch weiter gegangen, bis ich ein Stück rechts ab auf dem Weg zu Löb nach oben abbog. Da sah ich von oben das Gasthaus Berggeist liegen und wie der Weg aufsteigt und dahinter den blauen Berg und rote Abendwölkchen am Himmel. Ich schrieb das Bild, das sich mir bot, schnell hin. Dann war es mir wie ein Erwachen, und ich hatte das Ge-*

fühl, als wenn ich ein Vogel wäre, der sein Lied gesungen hatte. Solche Selbstbeobachtungen beim Malen habe ich sonst nicht gemacht. Ich habe von dieser Empfindung nicht gesprochen, wie ich überhaupt nicht viel schwatze. Das kleine Bild nannte ich ‚Der blaue Berg'.“

Gabriele malt den Burggraben im Dämmerungsblau. Das Murnauer Moos, das rostbraune Riedgras darin. Wie es von den Bauern geschnitten und um lange Stangen bergartig aufgetürmt wurde. ‚Strahdrischen' nannte man diese Haufen, die im Herbst und Winter je nach Bedarf als Streu für die Kühe in den Stall gefahren wurden. Sie malt diese Haufen als weiße Iglus auf weißem Feld, als im Oktober überraschend erster Schnee fällt.

Gabriele erwartete Wassja in ihrem Zimmer im Griesbräu. „Wie du nach Farben riechst! Und du bist immer noch fleißig!“ Auch heute sagte er das wieder. Und dann umarmten sie sich, und zuletzt hatte er sich ganz genau ihr Bild angesehen.

Malen, zeichnen, fotografieren. Gabrieles Losungsworte dieser Monate. Staffelei schultern, Malkasten unterm Arm. Los. Es wird gemalt bei Hitze mit Sonnenschirm, bei Regen im Haus. Jeder malt anders. *„Bei mir ist es fast immer ein Mitgehen der Linie – Parallele – Harmonie“*, sagt Gabriele. *„Bei dir“*, und dabei zeigt sie auf K.'s ‚Kirchhügel in Murnau', *„bei dir ist es das Gegenteil, die Linien hauen und schneiden sich.“* Gabriele experimentiert. Zu Blumenstilleben setzt sie volkstümliche Heiligenfiguren. Der Blick in die Johannisstraße aus ihrem Fenster im Griesbräu entsteht. Sie malt ihn aus ihrem Zimmer Nr. 5, während Kandinsky ihn aus seinem Zimmer Nr. 1 malt. Und so ist der Blickwinkel jeweils ein anderer.

Malen. Baden. Bootsfahren auf dem Staffelsee. Und die Abende in den verschiedenen Braustuben. Ein Bier und einen Fisch wie diesen bekämen sie nirgends sonst so, darin waren sich die vier einig. Auf ihren Radtouren, auf ihren Wanderungen hatten Gabriele und Wassja bescheidener gelebt. Ein Stück Brot, manchmal ein Stück Käse dazu, Wasser aus den Gebirgsbächen. Nicht oft hatte sich Gabriele so wohl gefühlt wie hier.

Die vielen Diskussionen am runden Tisch. Aber Gabriele

konnte den Theorien von Marianne Werefkin nicht immer mit Freude folgen. Auch an diesem Abend hatte Marianne wieder angefangen, ihre eigenen Gedanken darzulegen. „*Ich habe mir ein Leben der Illusion geschaffen. – Alle unfaßbaren Dinge haben mehr Wert als die Wirklichkeit.*" Gabriele hätte am liebsten geantwortet, so schlecht fände sie die Wirklichkeit nicht, als Kandinsky einwarf, das kenne er, es wäre ein Durst der Seele, und er nannte ihn: „*das Gefühl des verlorenen Paradieses.*" Ob Werefkin nicht auch fände, daß man eine Kunst schaffen sollte, die nur aus Formen und Farben besteht, die nichts andeuteten, nichts erinnerten, die aber die Seelen so tief und stark erregten, wie es nur die Musik mit Tönen vermöchte? Eine Kunst, die Sehnsüchte darstellte und Schönheit und Trauer und Glück? Ob sie nicht auch der Ansicht wäre, Personen und Gegenstände könnten auf einem Bild fehlen?

Gabriele nickte, sagte: „*Kandinsky stören die Gegenstände.*"

Das hätte sie auch bei ihm nicht anders erwartet, sagte Marianne Werefkin. Malen Sie das Nichtdingliche! Malen Sie abstrakt! Marianne erhob sich. Man sah es ihr an, sie war bewegt. Hier wollte einer etwas Neues, hier wollte jemand progressiv sein. Hatte sie nicht immer gehofft, sie würde bei der Geburtsstunde einer neuen Kunst zugegen sein?

Aber als Werefkin weitersprach, stieg in Gabriele Angst hoch: „*Die meisten Menschen wissen nichts von den Möglichkeiten, die die Sehnsucht erschließt, sie sehen nur die Möglichkeiten, die das Leben bietet. Für sie besteht das Leben in seinen Formen, den Institutionen, den Gesetzen. Aber das Leben ist das, was es alles nicht gibt und was man gern möchte. Ich liebe die Liebe, die nicht ist.*" Gabriele wurde ganz unruhig, vor allem, weil Wassja durch energisches Kopfnicken verdeutlichte, daß er genauso dachte. Mein ewiger Träumer, sagte sie sich. Wie ein Wunder war Kandinsky in ihr Leben gekommen. Ein Leben an seiner Seite erschien ihr noch immer wie ein Traum. Warum sollte sich der Spruch bewahrheiten, daß Träume sich nie verwirklichen? Sie wollte und durfte es nicht glauben.

Aber nun verlangte Marianne, Kandinskys neue Bilder zu sehen, seine Ölbilder aus Berlin. Kandinsky war sich ganz sicher, daß er eine abstrakte Malerei entwickeln würde.

Ich nicht, dachte Gabriele. Sie interessierte das Abstrakte in der Malerei nicht. Was Gabriele betraf, so wollte sie nichts Neues erfinden. Sie hielt fest, was sie sah. Das, was sie tief und schön empfand, worin die Seele sich ausruhen konnte. Sie drückte es in einer Weise aus, die auch ganz neu war. Neu in der Zeichnung, neu in den Farben.

Von diesem ersten Murnauer Sommer, in dem Kandinsky frei und ungehemmt malen konnte, sagte sie: „*Es war eine schöne, interessante, freudige Arbeitszeit mit viel Gesprächen über Kunst. Ich machte eine Masse Studien. Es gab Tage, wo ich fünf Studien malte und viele, wo es nur drei wurden, und wenige, wo ich gar nicht malte. Wir waren alle fleißig. Zu einer wundervollen Entwicklung hat es Kandinsky seitdem gebracht.*“

Er sagte in jenen Tagen zu Gabriele: „*Durch Dich werde ich zu etwas Großem kommen.*“

14

Oft standen sie oben in der Kottmüllerallee auf der Höhe eines neugebauten Hauses. Es lag zwischen den beiden Bahnlinien, der einen, die von Murnau nach Oberammergau, und der anderen, die von München nach Garmisch führte. Sie sprachen dem Murnauer Maurerpolier Streidl Bewunderung aus für seinen gelungenen Bau. Sie haben wirklich ein schönes Anwesen. Und Streidl, der gerade die Gartentür hinter sich zuschloß, nickte den Malern zu: „Ja, ja sehn's, des sag i alleweil, daß dees a scheens Aanwääsen ist.“

Murnau mit dem Kirchhügel im Osten sah man liegen wie von einer Aussichtsterrasse. Nächsten Sommer diesen Blick malen! Ein guter Vorsatz, Gabriele. Noch wußte sie nicht, daß sie sich diesen Blick für immer erkaufen würde. Natürlich waren sie nicht auf Haussuche gegangen. Nur eingemietet hatten sie sich hier oben in Xaver Streidls Ferienvilla, als sie im nächsten

Jahr wiederkamen. „Gefällt sie dir?" fragte Gabriele, als Wassja vollkommen glücklich durch die Räume ging, durch den großen Garten.

Sie luden Marianne Werefkin und Alexej Jawlensky ein, die sich in der Pension Echter in der Pfarrgasse eingemietet hatten. Jawlensky schlug vor, gemeinsam den Blick auf die Bahnlinie unter ihnen zu malen. Alle, außer Gabriele, setzten den vorbeifahrenden Zug ins Bild. Nur sie, die nüchterne, sachliche, malte das Verfließende, das Entschwebende, sie malte lediglich die weiße Rauchfahne, den verschwindenden Schweif in die hügelige Landschaft. Sie malte die forteilende Zeit.

„Schön wär's", sagte Kandinsky eines Spätabends, „dieses Haus zu besitzen." Er stand neben Gabriele nun schon eine ganze Weile im Obergeschoß am Fenster. Sie hatten unten in der Eßecke ihren Tee getrunken und waren schließlich hinaufgegangen, von wo man den schönen Ausblick auf Dorf und Kirchhügel genießen konnte. Am Hang in Dunkelheit und über Nebelschwaden ragten einzelne Hausdächer zwischen Baumkronen heraus, zeitweise beleuchtet, wenn eilig ziehende Wolken dem Mond eine Lücke ließen. Der Kirchturm wurde ebenfalls erhellt, und seine Kuppel erinnerte Kandinsky an russische Kirchtürme. Und wenn auch ein Abend in Moskau nicht so wäre wie hier, sondern geheimnisvoller und milder, in dieser Atmosphäre fühlte er sich heimatlich berührt. „Ich finde, daß diese Landschaft zu mir gehört." Er hätte seit Tagen überlegt, ob es vielleicht möglich wäre, das Haus zu kaufen. Gabriele horchte auf. Ein eigenes Haus! Wäre das nicht die beste Lösung? Auch wenn es nur ein Sommerhaus war? Daß ihr die Gegend gefiel, das wußte Gabriele längst, aber daß Wassja hier leben wollte, das war fantastisch. Ruhe, dachte sie, endlich würde er zur Ruhe kommen und sein Gleichgewicht finden.

Übrigens, Kandinsky hatte sich schon oft mit Finanzierungsplänen befaßt. Hatte sich um sein Miethaus in Moskau gekümmert, plante dort den Kauf eines Grundstücks. Wie stands eigentlich mit Gabrieles Finanzen? Ein kleines Schweigen. Sie lebte, wenn auch sehr sparsam, von ihrem Erbteil. Ob sie sich einmal mit Charly besprechen wollte, der ihre Leibrente verwaltete? Nein, hier gäbe es nicht mehr viel zu überlegen, drängte Kandinsky. Gabriele sollte unbedingt versuchen, das Haus bald zu erwerben. Er dächte, das ginge gut. Er ließ nicht locker. „Komm", meinte er, „wir regeln das in den nächsten Tagen." Sie frohlockte, sie hatte nie daran gezweifelt, daß Wassja bei all seiner Neigung zu Schwermut ein hoffnungsfroher Mensch war. Und nun gefiel ihnen beiden ein Haus und eine Gegend gleichermaßen, das verband. Das stärkte und befestigte ihre Gewissensehe.

In der Kohlgruber Straße, in der Wohnstube von Xaver Streidl, wurde die Sache perfekt gemacht. Gabriele stieß mit ihnen an. Sie war nun in gewisser Weise Murnauerin. Lediglich ihren Namen brauchte sie in der Amtsstube unter das Dokument zu setzen. Man schrieb den 21. August 1909. Sie unterzeichnete mit Gabriele Münter.

An diesem Samstagvormittag, als das Haus in ihre Hände überging, stand sie eine Weile ganz andächtig vor der Eingangstür, ehe sie den Schlüssel nahm und aufschloß. „Ich sollte dich über die Schwelle tragen, Liebste", sagte Wassja, aber da stand sie schon in der Diele, und alles kam ihr ganz neu vor. Die schön geschwungene Treppe, die einem sofort ins Auge fiel und die nach oben führte. Neben der Küche das Wohnzimmer mit Eßecke und dem kleineren Raum, Zimmer, die das ganze Erdgeschoß einnahmen. Gabriele staunte, als ob sie noch nie in der Eßecke gesessen hätte, die durch die Sitzbank festgelegt war mit dunkelgebeizter hoher Holzrückwand und einem Sims. Jetzt wußte sie, auf diesem Sims würden ihre volkstümlichen Schnitzarbeiten und ihre Porzellanfigürchen Platz finden. Ganz langsam und bedächtig stieg sie heute die Treppe hinauf, befühlte die gedrechselten Geländerstäbe, wobei sie die Stufen zählte, Messingstäbe müßte sie kaufen, um den Treppenläufer befestigen zu können. Im ersten Stockwerk gab es die beiden Schlafzimmer, durch eine Tür verbunden. Sie hatten sie bereits bezogen, nun würden sie auf die Holzdielen einen Flecklteppich legen. Einen Tölzer Bauernschrank würden sie kaufen und

– und – und, ach nein, sie wollten sparsam sein. Das versprachen sie sich, als sie jetzt ins Dachgeschoß hochstiegen und einen Blick durchs Fenster warfen, auf Burgberg und Kirchhügel. Hier wollte Kandinsky seinen Schreibtisch hinstellen. Der kleine Raum neben der Eßecke im Wohnzimmer sollte Atelier und Musikzimmer werden.

Sie feierten den Abschluß des Kaufvertrages unten am See in der ‚Rose'. Es wurde ein richtiges kleines Fest. Denn es war Sommer und Ferienzeit, und Gabrieles Schwester Emmy, Schwager Georg und ihre Nichte Elfriede, das Friedelchen, machten Urlaub in Murnau. Natürlich feierten Emmy und Georg mit, sowie die Freunde Alexej Jawlensky und Marianne Werefkin. Spätabends hat Gabriele ihrem Schwager erzählt, daß Jawlensky und Marianne Werefkin zusammenlebten, seit sie 1896 nach München kamen. Wenn sie heirateten, würde die Werefkin ihre Pension verlieren, die der russische Zar den unverheirateten Töchtern der Aristokratie gewährte. Das aber könnten die beiden sich nicht erlauben, da Jawlensky kein Einkommen hätte. So sorgte die Werefkin auch für Jawlenskys Sohn, den sechsjährigen Andreas, den er mit Helena hatte, Werefkins junger Zofe und Haushälterin. Jawlensky war übrigens ein netter Kollege, lobte gern. Konnte in die Hände klatschen und rufen, „serr, serr gutt!" Dabei dachte er auch ans Geldverdienen. „Stell dir vor, Georg", sagte Gabriele, „neulich rief er: *Tausend Mark! als er eine meiner Ölstudien sah. Ich hätte meine Studien für fünfzig Mark verkauft, wenn sie jemand gewollt hätte.*"

„Daß ich daran nicht gedacht habe", sagte sie, und nahm Georgs Arm, „zwei Studien habe ich ja schon verkauft! Helene Fröhner, eine Freundin aus der Malschule, nahm sie letztes Jahr für den Bruder, einen Zahnarzt in Zürich. *Ich kaufte mir davon bei Lodenfrey zwei Paar Skier, und wir rutschten in Murnau ein wenig im Schnee, aber da mir jede Anleitung fehlte, fiel ich dumm und ließ es bald wieder.*"

Jetzt konnte sie die Skier im eigenen Hauskeller unterbringen. Ein Heim! Ein eigenes Haus. Endlich würde das Vagabundieren beendet sein. Sicher würden sie ihr Zusammenleben sehr bald gesetzlich regeln. Und in dieser Freude arbeitete sie im Garten, besorgte den Hausrat. Da gab es doch diese Truhen und Nachtschränkchen, die der Schreinermeister Moser verkaufte, unlackiert, naturbelassen. Vielleicht nahm er dafür ein Bild in Zahlung. Diese Schränke und Truhen würden sie bemalen. Außerdem gab es im Haus die Treppenwange, die Kandinsky zum Verzieren reizte. Ein Fries mit vorwärtsstürmenden Pferden schwebte ihm vor. Sie würden das Haus gestalten, bei Gott das würden sie!

„Weißt du, Liebchen", sagte Wassja zu Gabriele, „wir werden es hier in Murnau wie in Rußland haben, wie in den alten Holzhäusern der Bauern in Wologda. *In diesen Wunderhäusern habe ich erlebt, mich wie in einem Bild zu bewegen, denn der Tisch, die Bänke, der große Ofen, die Schrankwände, jeder Gegenstand waren mit bunten Ornamenten bedeckt.*"

In der letzten Woche, bevor ihr Urlaub beendet war, erschienen Emmy, Georg und Friedel, um sich anzusehen, wie weit das Werk gediehen war. Vor den Fenstern hingen schon die Vorhänge aus Bauernstoffen, und Gabriele hatte bereits eine Kommode bemalt. Auf dem Tisch in der Sitzecke vor der getäfelten Wand lagen die Schablonen für den Treppenfries, Pferde, Pflanzen, Sonnen, die Kandinsky angefertigt hatte und für die Bemalung brauchte. „So sieht das aus", erklärte er Emmy, und legte die Figuren zum Bild zusammen. „Und auf Ellas Toilettenschränkchen, ans mittlere Fach, male ich diesen Reiter in Blau, dahinter in etwas dunklerem Ton diese Reiterin. Der Reiter reitet im Galopp, wendet sich nach der Reiterin um und winkt, und sie reitet so schnell, wie sie kann." „Och", rief Ella mit gespieltem Spott, „wenn der voranstürmt, vergißt er Gott und die Welt, der dreht sich nicht um."

„Komm, Friedelchen", sagte sie, und schenkte der Nichte einen Druck aus der Spielzeugserie und freute sich, als die Kleine Buntstifte und Papier verlangte. „Weißt du", sagte Gabriele, *„daß ich schon als Kind viel mit dem Bleistift hantiert habe? Und zwar zeichnete ich nur Gesichter. Andere Kinder malten Geschichten."*

Dann gingen sie durch den Garten, nett sah die kleine Nichte aus mit ihrem Blumenkranz im Haar. Sie wich nicht von Onkel Wassjas Seite und zog ihn fort. Gabriele schaute ihnen nach. „Dumme Gans", fing Emmy an, „wenn ich dran denke, wie du hier geschuftet hast. Du arbeitest zuviel! Oder du denkst zuviel, oder du hast Sorgen. Ich habe es schon immer gesagt, Denken macht häßlich. Du wirkst sehr unvorteilhaft." Sie hatte Ellas Selbstporträt gesehen aus dem letzten Jahr. Schauderhaft! Selbst der lila Hintergrund, selbst die drei dicken blauen Blumen auf dem Hut machten das strenge Gesicht nicht freundlicher, und die hochangesetzte hellblaue Halskrause engte ein wie der Ring, den man früher den zu Pranger Verurteilten um den Hals legte.

„Wenn ich dran denke", sagte Emmy, während sie ein Blatt von der Hecke zupfte, „wenn ich dran denke, daß dieser Wassja sich immer noch nicht scheiden läßt!" Ella hatte nicht die geringste Lust, sich ihrer Schwester anzuvertrauen. Außerdem würde sie sich doch nicht verständlich machen können. Was sollte sie sagen, daß sie oft den Kopf voller Sorgen hat wegen K.? Sein Zustand war sofort gereizt, wenn es um die Scheidung ging. Er haßte Behördengänge. Daß sie den Kopf voller Fragen hatte wegen ihrer Malerei? Beides trug sie ständig mit sich herum, mal war ihr das eine mehr bewußt, mal das andere.

Sie wünschte, sie hätte der Schwester eine gute Antwort geben können. Sie wünschte, sie hätte sich neben der schlanken Schönen mit dem schmalen Gesicht und den großen Augen nicht wieder so unscheinbar gefühlt. Sie wünschte, es gäbe etwas, was Emmy beweisen könnte, daß sie sich in K. täuschte. Wassjas Briefe, seine Briefe. Seine Beteuerungen darin. Das waren doch Zeichen für Zusammengehörigkeit. Er schrieb: *„Die Zeit ist mir viel zu lang ohne Dich. Die Tage sind grau und blind. Es gibt für mich keine Sonne, wenn Du nicht da bist. Ich möchte wenigstens in derselben Stadt sein. Sei mit mir und bleib mein. Ich habe Deinen Besitz mit meiner Seele bezahlt, vielleicht teilweise mit meinem Leben. Und Du gehörst mir."* Aber Gabriele sprach nicht darüber.

Nun hatten sie die Männer eingeholt. Friedel sprang um

Tante Ella herum, wollte unbedingt, daß die Tante am 7. September ihren sechsten Geburtstag mitfeierte. In einem nächsten Bild werde ich Friedelchen malen, dachte Gabriele, und schon hob sich ihre Laune.

War Gabriele unglücklich? „*Du solltest vielleicht mehr lesen*", sagte Wassja eines Tages, als sie beieinander auf der harten Holzbank saßen, er mit Kniebundhose, Stutzen und sie im Dirndl. „*Mehr lesen*", wiederholte Gabriele und lehnte sich an ihn an, „*einsehen tu ich das schon lange.*" Sie hatte Nachholbedarf, aber manchmal fand sie es anstrengend, soviel machen zu müssen. Wollte Wassja sie aufrütteln, wenn er ihr gleichsam einen Spiegel vorhielt und sagte: „*Morgens müde, schläfrig, mutlos, nachdenklich, pessimistisch. Gegen Abend munter, lustig, hoffnungsvoll. Von Zeit zu Zeit schlechte Laune den ganzen Tag. Energielose Angst.*"

Eines späten Abends, als sie oben im Haus nebeneinander am offenen Fenster standen, nahm er ihre Hände und küßte sie. „Laß uns davon träumen, daß dieses Leben dauert. Wir werden zusammen hier alt werden, im Garten in der Abendsonne sitzen oder am Fenster stehen wie heute." Er sagte ihr jetzt öfter solche Dinge, aber sie hatte auch bemerkt, daß er sofort, wenn sie dann auf ihre Ehe anspielte, eine unfrohe Miene aufsetzte. So ärgerte sie sich an diesem Abend etwas über seinen schwärmerischen Ton und sagte ganz nüchtern, ja, es wäre tatsächlich ein schöner Abend, und sie hätte sich kürzlich dies Bild eingeprägt: „*Schöne Beleuchtung, ein großer Baum auf blauem Himmel mit roten Äpfeln und grüne Glühwürmchen, die sich bewegten. Raffiniert!*" Ach Ella, auch wenn er die letzte Bemerkung schrecklich unpassend fand, typisch für sein eigenwilliges Ellchen, trotzdem schenkte er ihr heute ein strahlendes Lächeln.

In diesem Sommer porträtierte sie sich gleich zweimal, einmal als Malerin und sehr schick mit Florentinerhut und großem Korallenanhänger. Ein andermal brav mit mädchenhafter Bluse.

Und wie sah Wassja seine Ella? Oft genug hatte er versucht sie zu malen, in Kochel, in Sèvres, in Berlin und dort, wie sie sich ans Sofa anlehnt, mit der Katze auf dem Kissen. Es waren Studien, auf denen man Gabriele Münter nicht unbedingt erkennt. Anders war das bei dem kleinen Porträt 42 cm mal 45 cm, das er 1905 malte, während sie von Juni bis Mitte August am Großen Garten in Dresden wohnten, in der Schnorrstraße. Gabriele hatte sofort gewußt, was er meinte, als er ihr bald danach am 18. September von München nach Bonn schrieb: „*Dein von mir gemaltes Porträt ist eine Saumalerei. Schön!*" Es war nicht das, was er sich unter neuer ausdrucksstarker Malerei vorstellte, ein Bild war das, nicht aus innerer Notwendigkeit entstanden. Aber Wassja, so schlecht war es nun auch wieder nicht. Was sah man? Eine junge Frau, fotografisch genau Gabriele Münter. Hellblaue traurige Augen und schmale Lippen in einem stark ausgeleuchteten Gesicht. Eine frostige Kühle im kalkigen Weiß der Bluse, und die große grünblaue Schleife brachte auch keine Wärme. Wer einen impressionistischen Stil liebte, dem sagte das Bild etwas. Porträts lagen Kandinsky nicht. Gabrieles gelungene Skizzen von Menschen und Gesichtern waren nicht seine Sache.

„Anfang September unterschreibe ich in München einen Mietvertrag für die erste Etage in der Ainmillerstraße 36", sagte Kandinsky eines Nachmittags beim Tee. „Vier Zimmer, eine Küche, zwei Kammern, ein Bad. Bist du nun zufrieden?" Oh ja. Endlich auch eine gemeinsame Wohnung für die Winterzeit. Nun würde alles anders werden. Endlich! Seit ihrer Verlobung in Kallmünz 1903 waren sechs Jahre vergangen. Nun würde er nach Petersburg reisen, um schnellstens die Scheidung durchzuführen, und sie könnte bis zur Heirat das Heim einrichten, Frau Gabriele Kandinsky.

In diesem Spätsommer war das Wetter herrlich, die Luft würzig mild, und sie spazierte mit Marianne Werefkin, Alexej Jawlensky und dem kleinen Andreas durch den Ort. Heute waren keine Feriengäste von München hergekommen. Die Murnauer, zurückhaltend, aber freundlich, waren beinahe wieder unter sich. Die vier gingen an der Marienkirche vorbei, am Prinz-Regenten-Brunnen mit der St.-Georgs-Figur. St. Georg, der den Drachen besiegt, ein Motiv, das Kandinsky über alles liebte. Hier in Murnau begegnete es einem auf Schritt und Tritt. Der Drachentöter stand auch über dem Torbogen, durch den die vier nun in die Grüngasse einbogen.

Gabriele blieb einen Moment stehen, blickte Marianne bedeutungsvoll an, so daß Alexej seinen Sohn zurückrief, und sagte dann erregt: „Stellen Sie sich vor, Kandinsky und ich ziehen in eine gemeinsame Wohnung in München." „Ach, wirklich?" Die Augen der Werefkin funkelten spöttisch. Sie schnippte ein Stäubchen vom Ärmel, sie wirkte ein wenig zu elegant in ihrer hellen Bluse. Sie sagte: „Seine Frau Anja packt natürlich nicht ihre Koffer, sie wird weiterhin in München bleiben. Tun Sie sich selbst einen Gefallen. Passen Sie auf Kandinsky auf. Er ist ein Genie, und er braucht sein Publikum. *Wenn das Genie und sein Publikum nicht übereinstimmen, gibt es Stillstand in der Kunst. Die Rolle der Frau ist es, Publikum zu sein. Die Frau ist dazu da, Verkünder der neuen Idee zu werden. Helfen Sie ihm, geben Sie ihm die Möglichkeit, ohne Sorge zu arbeiten, pflegen Sie seine Gesundheit. Umgeben Sie ihn mit Glorienschein.*"

Dazu fiel Gabriele Münter aber auch gar nichts ein, keinerlei Erwiderung. Sie schüttelte nur den Kopf.

15

Die Dampflokomotive pfiff. Gabriele, die im Ort Milch eingekauft hatte, schaute hoch. Sie holte tief Luft. In der Stadt hatte sie diese milde Frische nie bemerkt, nicht dieses Licht, und schon gar nicht die Früchte, die in den Gärten an den Bäumen leuchteten. Die Äpfel rot im dunkelgrünen Gezweig vor weißen und gelben Hauswänden. Gabriele war für einige Tage in München gewesen, hatte sich die neue Wohnung in der Ainmillerstraße angesehen.

Als sie am Morgen die Haustür abschloß, dachte sie, du fährst nun also in dein eigenes Haus, und war noch immer verwundert darüber, daß in Murnau, eine Stunde und vierzig Minuten Bahnfahrt von München entfernt, in der Kottmüllerallee ein Sommerhaus stand, das vor zwei Wochen auf den Namen Gabriele Münter eingetragen wurde.

An diesem Abend steckten die Dörfler im Griesbräu, im Angerbräu, im Kargbräu, im Prantlbräu die Köpfe zusammen. Wer wohnt jetzt in Streidls Villa? Die Russen! Xaver im Griesbräu vor einem Glas Bier möchte so gern erklären, daß die kleine Deutsche das Haus gekauft hat. Ach die – und für eine Hure ziemlich bieder. Aber alle haben den Namen in Umlauf gebracht, den jetzt einer herausposaunt: Russenhaus! Und manchmal nannte man es auch das Hurenhaus.

Die Frauen zu der Zeit, die mit Florentinerhut und Seidenrock ohne Begleitung über die ungepflasterten Straßen von Murnau gingen, waren entweder Ausländerinnen, denen man großzügig nachsah, daß sie so anders aussahen, oder Künstlerinnen, die man offen belächelte. So konnte Marianne von Werefkin weiterhin aufgedonnert und stolz daherschreiten, ohne Scheu den Leuten ins Gesicht blicken. Anders Gabriele. Neben der Russin glitt sie leicht schattenhaft dahin, dabei war sie frei in ihren Bewegungen, und wer mit ihr sprach, war jedesmal verwundert, eine solide Bürgersfrau vor sich zu haben, die sogar etwas von einer Farm in Texas erzählen konnte. Andererseits gehörte sie zu diesen verrückten Malern und war eine alleinstehende Frau. Wie verdächtig so ein Zustand war und wie pöbelhaft man sie deswegen schon manchmal behandelt hatte, wurde ihr so recht bewußt, als sie während der Ferienzeit der Schroeters einmal mit Georg und Friedel allein nach Uffing zum Staffelsee gefahren war. Georg an ihrer Seite, den man für ihren Ehemann hielt, und gar das reizende Töchterchen gaben ihr offenbar eine solche Würde, daß man ihr mit dem größten Respekt begegnete.

Es galt in Murnau als besonders anrüchig, wenn Gabriele nicht nur mit Kandinsky, sondern außerdem mit Jawlensky allein durch den Ort spazierte. Die Leute vermuteten allerlei mögliche schamlose Beziehungen, glaubten nicht, daß es den beiden tatsächlich nur um Kunst ging. Immer wieder machten sich die Halbwüchsigen ans Haus in der Kottmüllerallee ran. Auf die Eichbäume klettern war nicht schwierig. Doch was sie erspähten, lohnte den Aufwand eigentlich nicht.

Vor der dunkelgebeizten Rückwand der Sitzecke saßen das Fräulein, dem das Haus gehörte, und ihr gegenüber der dicke russische Herr Jawlensky mit der Halbglatze. Jetzt beugten die beiden sich über den Tisch, berührten sich fast mit der Stirn. Daß die Tischplatte vor ihnen mit Zeichnungen und Farbskizzen voll belegt war, konnten die Burschen natürlich nicht sehen.

„Wollen Sie mit mir kommen und sich meine Bilder ansehen, oder haben Sie auch keine Zeit?“ hatte Gabriele Jawlensky gefragt. Sie hatte solche Sorgen, weil sie auf einmal mit ihrer Arbeit nicht weiterkam, und Wassja konnte sie nicht fragen, der war wieder auf einem Kurzbesuch in München. „Was kann ich eigentlich“, fragte sie Jawlensky. „Muß ich mich damit abfinden, niemals genau das ausdrücken zu können, was ich will? Ich habe das Gefühl, nur zu experimentieren.“

„Hier, ‚Herbstliche Landstraße‘“, sagte sie, während sie ihm die Studie hinschob. „Kenne ich“, nickte Jawlensky, „das ist die Kohlgruber Landstraße oberhalb des Staffelsees, die nach Bad Kohlgrub führt.“ Gabriele sagte, *„Dies ist Bilderfabrikation und befriedigt im besten Fall für den Moment.“* Am wenigsten zufrieden war sie mit ihrer ‚Landschaft mit weißer Mauer‘. Gabriele fuhr mit der Hand über den dunkelblauen Berg, den schwarzen Baum, über den eine Wolke bräunlich und rosig auf blaugrauem Himmel stand. *„Das Bild ist schön und stimmungsvoll geworden, also umso mehr Kitsch!“* Jawlensky fand es sehr gut. Sie könnte auf ihre Arbeit stolz sein.

Kandinsky war ärgerlich. Was? Seine Ella hatte dem Jawlensky Bilder gezeigt, sie gar mit ihm besprochen? Erstens wünschte er, daß sie ihre Angelegenheiten nur mit ihm bespräche, zweitens hätte er es nicht gern, wenn sie mit Jawlensky allein wäre, er traute diesem Schürzenjäger nicht. *„Du gehörst mir!“* Er redet wie ein beleidigtes, trotziges Kind, dachte Gabriele und musterte Wassja von oben bis unten. „Ja, ich habe Jawlensky meine Bilder gezeigt, können wir nicht vernünftig sein?“ „So, ich bin also unvernünftig“, sagte Kandinsky. Der Streit war da. Vor ein paar Wochen wäre er mit einer lieben Umarmung beendet worden. Jetzt schlug Gabriele die Tür hinter sich zu und rannte ins Gartenhaus. Den ganzen Abend, als sie wieder zusammensaßen, quälte sie Wassja mit ihrem Schweigen, kniff die Lippen zusammen und blickte ihn scharf an. Erst am nächsten Tag schaute sie friedlicher. Sie schämte sich plötzlich, so schroff reagiert zu haben. Sie klopfte an sein Arbeitszimmer, ob er ihr nicht immer gesagt hätte, als Malerin wäre sie ganz selbständig. Das Wort ‚vernünftig‘ hätte sie nur gebraucht, weil sie auf diese Weise mit ihm über ihre Kunst reden wollte.

Gut, aber sie sollte doch warten, bis er Zeit für sie hätte. „Ja“, sagte Gabriele, „*wollen mal Zeitenteilung versuchen. Viel arbeiten und doch viel zusammensein, spazierengehen und so!*“

16

Es war kalter Spätherbst geworden, als Gabriele an einem regnerischen Abend mit Wassjas Vater in der Ainmillerstraße in München beim Tee saß. Er klagte über den langen Rückweg, den er vor sich habe, aber er sei nun schon vier Wochen hier, und das sei genug. „Schade“, sagte er nach einer Pause, „daß ihr noch immer nicht verheiratet seid.“ Erst jetzt sah Gabriele das liebevolle und zugleich traurige Lächeln auf seinem Gesicht. Sie wußte, der Vater mochte sie sehr. „*Brav, brav ist sie, sowas mag ich*“, hatte er gesagt. Der Sohn war ja wieder so beschäftigt, war derartig mit Pflichten überlastet, daß er oft erst abends müde nach Hause kam. Er machte sich in der Kunstszene einen Namen, und wenn das sein Ziel gewesen war, dann war für ihn die Welt in Ordnung. Ausstellungen arrangieren in München, Moskau, Odessa, Paris. Vorträge halten. Reisen. Ganz abgesehen von der geistigen Anstrengung bei seinen Schriften, bei seinem Malen. Und diese kleine Frau mit den schönen Händen war auch so tüchtig! Wieviele Bilder sie gemalt hatte! Und mit dem Schnitzmesser wußte sie auch umzugehen. Er hatte ihr zugeschaut, wie sie ihre Motive in Linol und in Holz schnitt. Ganz konzentriert arbeitete sie, ernst, und manchmal, wenn sie sich seiner Gegenwart bewußt wurde, hatte sie ihn von der Seite her angelächelt. Man konnte mit ihr umgehen, und Wassja war zu beneiden. Sie stellte sofort ihre eigenen Arbeiten hintan, wenn er sie brauchte. Sie hatte das Sommerhaus in Murnau eingerichtet. „Wie mag es jetzt wohl in eurem Garten aussehen?" Und sie unterhielten sich eine Zeitlang über die schöne Voralpenlandschaft. Auch darüber, daß Wassja sich um die Mietzinsen kümmern müßte für sein Haus in Moskau mit den vierundzwanzig Wohnungen. Gabriele kannte es. Wassja hatte ihr das Foto gezeigt. Es hatte sieben Stockwerke und einen sechseckigen Aufbau über dem Treppenhaus.

„Schade, daß ihr beide 1906 nicht in Rapallo geblieben seid, das Haus war geräumig, der Blick aufs Meer so schön! Mir hat es dort gut gefallen." Gabriele hatte es auch bedauert, aber da krochen im Frühjahr Schlangen unter den Steinen an der Terrasse hervor, und Wassja ergriff die Flucht. Mutter Minna Münter hatte zu ihrer Zeit Schlangen mit einem Stock erschlagen, als sie und Vater Friedrich noch in Tennessee lebten. Als Gabriele noch nicht auf der Welt war. Vater Kandinsky erhob sich, wollte ins Atelier hinübergehen, wo man ihm ein Bett aufgestellt hatte. „In ein paar Tagen sage ich: Do swidanija! Du weißt, was das heißt?" „Ja, Väterchen, Auf Wiedersehen!" „Und immer schön ausgehen, ins Theater und so. *Junge Menschen müssen Vergnügen haben!*" Er drohte ein bißchen mit dem Finger. Hatte es also doch mitbekommen, daß sie einer Bekannten absagte. Nein, Wassjas Vater wußte nichts von ihrem Versprechen, auf Tanzvergnügen verzichten zu wollen. Er wußte nicht, wie ihr vor einigen Jahren oft in letzter Minute Verabredungen mit ihren Freunden verboten worden waren. Wie sie sich eingeengt fühlte auf den vielen Reisen in den engen Hotelzimmern, wenn sie so wenig hinauskam.

Aber sie hatte beschlossen, sich an die kleinen Freuden zu halten und an die Augenblicke, in denen sie Wassjas Liebe ganz sicher war. Es war besser, nicht zu grübeln. Am Ende würde sie sich gar nicht mehr auf das Hochzeitsfest freuen. Im übrigen wußte sie ja, wie Vater Kandinsky seinen Sohn von früher Kindheit an gewähren ließ, wie er ihn verwöhnt hatte. Er würde Wassja ihretwegen keine großen Vorhaltungen machen und wenn, dann würde Wassja schon aus Ärger über die Kritik an seiner Person gar nicht zuhören.

Gabriele versuchte sich abzulenken. Sie mußte wieder einmal Klavier spielen, stundenlang wie früher. Und sie holte sich das Sonaten-Album.

Do swidanija. Russisch lernen, das war ein Kapitel für sich. Das fiel ihr wieder ein, als Vater Kandinsky auf der Rückreise war und Wassja ihn nach Rußland begleitete. Aus irgendeinem Grund geriet das Sprachtraining immer in Vergessenheit. Und dann waren Wassja und seine russischen Freunde so oft unterwegs. Da hätte Gabriele schon Mühe, einen beständigen Lehrer zu finden. Von diesem Jahr, in dem sie das Studium intensiv betreiben wollte, waren schon Dreiviertel verstrichen, ohne daß ihre Übungen weitergekommen wären. Und zuletzt scheiterte es an der Aussprache des ‚l'. Alexej Jawlensky, der Gabriele unterrichtete, während Wassja in Moskau war, lehrte sie eine andere Aussprache als der beredsame Kandinsky. Sie entschied sich für Loulous, also für Jawlenskys ‚l' und gegen Wassjas. Spottete in ihrem Brief an Kandinsky: „*Du mußt das ‚l' lernen für mich. Dein falsches ‚l' ist mir auch viel schwerer – so wie Loulou kann ich auch das ‚l' – wenigstens klingt es ebenso, und das ist doch deutlich.*" Das traf. Das war unerhört. Da wurde an seiner Autorität gezweifelt. Seine Ella mußte sofort zurückgepfiffen werden. Postwendend kam Kandinskys Antwort: „*Eben heimgekommen und Deinen Brief gelesen. Heute gegen Abend bin ich schlechter Laune geworden und schon zweimal mit Vater nicht nett gewesen, was mir sehr leid tut. Nun, jetzt kriegst Du Deinen Teil. Wenn Du an mir lauter Sachen findest, die falsch sind, und immer was auszusetzen hast, so möchte ich wissen, warum Du mich überhaupt gern hast. Jetzt muß ich lernen, das ‚l' aussprechen, wie es Loulou tut. Dafür besten Dank, erlaub mir aber, sei so gut, mein ‚l' zu behalten. Ich gebe gerne in vielen Kleinigkeiten nach, meine Aussprache aber zu ändern, wäre mir auch zu schnell: Sie ist nämlich gut. Manche finden sogar das ‚l' besonders hübsch. Wenn es aber auch nicht hübsch ist, so ist es auch nicht so häßlich, daß ich es plötzlich verlernen muß. Ecco!"*

Wie sollte sie Russisch lernen? Nun ja, Wassja unterrichtete sie gelegentlich, eigentlich konnte man sagen, daß er selten genügend Geduld und Zeit dazu aufbrachte.

17

Wenn sie in München zu den Giselisten wollte, wie die Baronin Werefkin und Jawlensky genannt wurden wegen ihrer Wohnung in der Giselastraße, mußte Gabriele von der Ainmillerstraße rechts in die Leopoldstraße gehen und dann zweite Straße links in die Giselastraße einbiegen. Dort im Haus Nummer 23 teilte Marianne Werefkin mit Alexej Jawlensky eine große Etage, und dort hatte Marianne ihren berühmten Salon. Zu ihren Teegesellschaften kamen Dichter und Philosophen, Direktoren von Kunsthallen, russische Prinzessinnen und Prinzen, die in München Station machten. Man mußte keine tiefsinnigen Gedanken äußern, aber man mußte sich gut ausdrücken können, Sprachbilder benutzen. Hier hatte Kandinsky den russischen Komponisten Thomas von Hartmann kennengelernt, und seitdem arbeiteten die beiden zusammen, schufen gemeinsam eine Bühnenkomposition. Mit Hartmanns Frau Olga, einer Konzertsängerin, ging Gabriele jetzt ab und zu malen. Am häufigsten traf man auf Alexander Sacharoff, den schönen russischen Tänzer, der einem theatralisch nur die Fingerspitzen zum Gruß hinhielt. Leidend sah er aus unter seiner schwarzen Lockenpracht, zerbrechlich in den hochhackigen roten Damenschuhen.

An diesem Abend, als Gabriele mit Kandinsky eintrat, waren schon Gäste da. Mitten unter ihnen stand Marianne in ihrer knallroten Bluse, dem dunklen Rock mit schwarzem Lackgürtel und trug im braunen Haar eine rote Taftschleife. Man könnte sie für ein junges Mädchen halten, dachte Gabriele, und war wie immer erschrocken, wenn sie ihr ins Gesicht sah. Es war das einer alternden Frau, von Leiden geprägt. Marianne war siebzehn Jahre älter als Gabriele und gerade im Gespräch mit einem jungen Mann. Hochgewachsen war der, schlank, dunkelhaarig. Ein Römer hätte er sein können, oder ein Spanier mit seiner scharf gebogenen Nase, mit seinen dunklen Augen und den langen Koteletten.

Es war der Maler Franz Marc aus München, und Marianne sagte an diesem Abend erneut, daß sie ihm großen Dank schuldeten.

Gabriele nickte, sie wußte Bescheid. Ihre Bekanntschaft mit Franz Marc hatte auf Werefkins Neujahrsparty 1909, kurz bevor im Januar die ‚Neue Künstlervereinigung München' gegründet wurde, begonnen. Was war geschehen? Marianne Werefkin und Alexej Jawlensky hatten in Murnau die Idee gehabt, die kleine Murnauer Malerkolonie zum Kern eines eigenen Vereins zu machen. Sie hatten es satt, es dem Zufall zu überlassen, ob irgendein Galerist ihre Gemälde begutachtete, um sie hinterher als unpassend fürs Programm abzulehnen. Wer etwas Neues erfindet oder entdeckt oder erschafft, möchte schnell, daß es bekannt wird, und sie als Künstler hatten zu oft erfahren, daß ihre neuen Werke in den Ecken ihrer Ateliers verstaubten.

Jawlensky und die Baronin waren froh, daß Kandinsky die Sache in die Hand genommen hatte. Auch Alfred Kubin, der Maler aus Böhmen, wäre nicht dazu imstande gewesen. Kandinsky übernahm den Vorsitz. Er fertigte für die Mitgliedskarte den Holzschnitt an: eng umschlungenes Reiterpaar unten vor Felsenburg. Er ließ die ‚Neue Künstlervereinigung München', die ‚NKVM', ins Vereinsregister eintragen. Kandinsky mietete Säle in der Galerie Thannhauser, Theatinerstraße 7, erste Adresse in München für moderne Kunst, um am 1. Dezember 1909 die erste Ausstellung der NKVM zu eröffnen. Selbstverständlich hatte Gabriele beim Aufhängen der Bilder geholfen. Sie war selbst mit zehn Gemälden und elf Druckgrafiken vertreten. Und Kandinskys Ehrgeiz war es zu verdanken, daß die Ausstellung anschließend nach Brünn gehen sollte, nach Barmen, Hamburg, Düsseldorf, Wiesbaden, Schwerin und Frankfurt am Main. Obwohl die erste Ausstellung ein Flop wurde. Obwohl sie verlacht und verschrien wurde: „*Ekles Possenwerk, Bluff, pervers, total verrückt!*" Jeden Abend mußten die Bilder abgetrocknet werden, so wurden sie bespuckt.

Nur einer verhielt sich anders, der Maler Franz Marc. „Wen oder was suchen Sie?" fragte ihn eines Tages der Galerist Thannhauser, als er zum dritten Mal durch die Säle ging. So etwas fiel auf. Und auch, daß Marc die Bilder lobte. Er meinte, viele Maler heutzutage malten immer noch im Stil der verehrungswürdigen Altmeister. Er nähme ihnen aber nicht ab, daß sie noch genauso dächten wie jene. Jawlensky, Kandinsky und Münter jedoch malten wie moderne Menschen mit den Erkenntnissen und Empfindungen der heutigen Zeit. Und das sei entschieden aufrichtiger. Dieses Lob hatte natürlich bei der NKVM die Runde gemacht, und Marc wurde eingeladen.

An diesem Abend, als Franz Marc von der Baronin Werefkin in den Mittelpunkt des Interesses gerückt wurde, schien er einen Augenblick lang verlegen zu sein. Fühlte er sich nicht wohl zwischen den Gästen, die ihn anstarrten, zwischen der Pracht in der Wohnung der Baronin? Marc wird das nicht beeindrucken, dachte Gabriele, er hat Sinn für Ikonen, goldene Vasen, Perserteppiche, russisches Teegeschirr. Hatte selbst schöne Sammelstücke, kostbare Steine in seinem Haus. Sie kannte es inzwischen, er wohnte in der Nachbarschaft von Murnau, in Sindelsdorf bei Schreinermeister Niggl. Marc war drei Jahre jünger als sie, in München geboren, sein Vater, ein ausgebildeter Jurist, hatte sein Geld durch Malen verdient. Mit Kandinsky verstand Franz Marc sich sicher deshalb so gut, weil seine Mutter, eine Elsässerin, vor ihrer Ehe als Erzieherin in Petersburg tätig war. Calvinistischer Pfarrer hatte Franz werden wollen, aber nach dem Militärjahr beschlossen, Maler zu werden.

„*Es ist bitter zu sehen, wofür die Menschen ihr Leben vertun*", rief Baronin Werefkin jetzt, und ihre Stimme klang voll und wohltönend, „*wir erfüllen den Augenblick, der unser Leben ausmacht, mit allen Komplikationen unseres Ichs und machen ihn dadurch noch kürzer. – Niemals erreicht das Leben die Erwartung unserer Träume. – O schönes Land der unwirklichen Wünsche! – Blumen werden über die Häßlichkeit des Lebens gestreut. Und alle Leiden verwandeln sich in Töne und Farben, und ich spiele mit ihnen wie der wandernde Mond mit den schwarzen Blumen der Wolken. Das ist das Wunder der Kunst. Da stehen ganze Welten in mir auf. Welche Galerie von Bildern, welches Museum voller Reichtümer! Und ich bin ihr Schöpfer. Ich kann sie alle vernichten und zugleich wieder erstehen lassen.*“ Werefkin setzte sich auf den Diwan unter die Ahnengalerie.

Jawlensky am Rauchtisch blieb wortkarg, nicht zuletzt, weil er Schwierigkeiten mit der deutschen Sprache hatte. Mariannes Auftritt mußte ihn mal wieder verblüfft haben. Er saß da, zurückgelehnt mit hochgezogenen Brauen und großen runden Kulleraugen. Daß seine Freundin diese Ausdruckskraft besaß! Es ist doch höchst seltsam, dachte Gabriele, daß er so darüber staunen kann. Sein Anblick faszinierte sie, dieses kindliche Verwundern. Das mußte festgehalten werden. Und schon war die Skizze gemacht. Ein schnelles, gelungenes Bild an einem Abend, an dem nun viel über Kunst gesprochen wurde.

Zu diesem Zeitpunkt hatte Gabriele das Porträt der Baronin längst fertig. Sie hatte es gemalt unter dem Eindruck eines Konzertbesuches, als die Baronin im Münchener Ratskeller neben Jawlensky stand und für einen Moment den Kopf zu ihr hindrehte. Eisigweiß malte Gabriele Schulter und Arm der Werefkin in der hellen Bluse, kalt und starr wie einen schneebedeckten Bergkegel. Allein das Gesicht ließ sie lebendig sprechen. Die sehr scharfen, dunklen Augen, die sich dem Betrachter zuwenden, hellwach und abwägend zugleich. Den Mund, der zusammen mit einer Wangenfalte auf Leiderfahrung schließen läßt. Auch ohne den extravaganten Hut, mit den orangefarbenen, blauen und grünen Blütenballen darauf, zeigte das Bild eine auffallende Erscheinung.

Eine beherrschende Frau war Marianne von Werefkin, das konnte niemand leugnen. Gescheit war sie, voller sprühender Ideen. Sie war es, die dem Kreis Anregungen gab. Aber, Gabriele brauchte nur an den kleinen Andreas zu denken, der offiziell als Jawlenskys Neffe galt, und ihr wurde klar, wie zwiespältig das menschliche Leben war. Denn in der Küche führte Helena den Haushalt, Andreas Mutter, eine schweigsame, junge Frau, die von Jawlensky geliebt wurde. Gabriele schloß die Augen. Die Gespräche im Salon rauschten an ihren Ohren vorbei. Sie war keine gute Zuhörerin, und Mitdiskutieren lag ihr nicht. Sie studierte lieber die Gesichter der Anwesenden, saß gern in diesem Kreis, in den Kandinsky sie eingeführt hatte.

18

Ende Februar war die Luft feucht und weich. Graue schwere Wolken zogen über die Alpenkette hin. In Sindelsdorf waren Dachtraufen während des Tauwetters gebrochen. Es hätte wieder in seinen Dachboden hineingeregnet, telegrafierte Franz Marc nach München. Gabriele sagte: „Ich werde in Murnau nach dem Rechten sehen müssen." Als sie endlich ankam, war es schon März und das letzte Restchen Schnee von den Dächern geschmolzen.

Sie schließt die Haustür auf. Und läuft von Zimmer zu Zimmer, öffnet die Fensterläden, die Fenster. Schaut in den Abstellraum – wo ist das Holz? Geht zum Ofen und macht ein Feuer an. Stellt schließlich den Wasserkocher auf und brüht sich eine Tasse Kaffee. Nein, ist das noch kalt in den Räumen! Sie hat die dicke warme Jacke erst gar nicht ausgezogen. Die Möbel sind klamm, auf dem Fußboden im Fremdenzimmer wieder der feuchte Fleck. Und wenn sie jetzt nicht schnell in die Kohlgruber Straße zu Streidls geht und nach Brennmaterial fragt, wird sie morgen nicht heizen können.

Willkommen in Murnau. Nichts hat sich hier verändert, bei Streidls am Kaffeetisch ist die Welt noch in Ordnung. Man nimmt sein Geschick, wie's kommt und beklagt sich nicht. Schön, daß das Fräulein Münter wieder da ist. Für das Brennholz und für den Torf zum Heizen wird gesorgt, und den neuen Ölanstrich in der Küche wird Streidl auch machen. Blau, wie gehabt.

Man richtete sich schon aufs Frühjahr ein. Der See war an einigen Stellen bereits eisfrei. Es roch nach Frische. In den Gärten war man dabei, die Bäume und Sträucher auszulichten. Alle waren beschäftigt. Auf dem Heimweg wünschte Gabriele, daß ihr ein paar gute Bekannte begegnen möchten. Meister Rambold vielleicht. Sonst ging sie ja den Leuten aus dem Weg. Das machte ihr ungeordnetes privates Verhältnis, das machte der Name, den man ihrem Haus gab, Hurenhaus sagten die Leute.

Plötzlich kamen ein paar große Jungen des Weges. Sie waren übermütig, in ihren Augen blitzte es mutwillig, es juckte sie geradezu, Gabriele eine dumme Bemerkung an den Kopf zu werfen. Sie sah es ihnen an, sie hatte schlechte Erfahrungen gemacht. „Seht mal", rief sie in diesem Moment und lachte heimlich und zeigte auf die Straßenköter, die gerade übereinander herfielen. „Diese Viecher!" Das verschlug den Jungen die Sprache. Sie waren verwirrt und gingen weiter. Im Westen zogen Wolken auf. Wird es morgen vielleicht regnen? Heute blieb sie auf dem Nachhauseweg verschont. Sie kramte in ihrer Tasche und zog den Schlüssel heraus. Ein warmes Lächeln stand auf ihrem Gesicht. Sie dachte an etwas, das sehr schön war.

Wie einfach war doch alles. Ein Haus verliert nichts. Alles fand sie wieder so vor, wie sie es im Herbst verlassen hatten. Die vielen Bilder an den Wänden. Wassjas Glasbild vom apokalyptischen Engel mit der Posaune hing noch immer in der Eßecke links unterm Kreuz neben dem Barometer, direkt am Durchgang zum Musikraum. Staub lag auf der schmalen Ablage der Holzvertäfelung hinter der Bank. Staub lag auf dem Krimskrams, der dort stand, auf der goldverzierten russischen Teetasse, auf den Madonnenfiguren, auf Porzellanvögeln, auf den bäuerlichen Schnitzarbeiten. Sie zog den Finger über die geschwungene Holzlehne. Staub auf dem Sofa in der Sitzecke, aber auf der Polsterung saß man ganz so wie früher, und auch die hohe Petroleumlampe auf dem Tisch brannte noch gut.

Diese Sofaecke hatte sie gemalt als Stilleben, den Lampenschirm wie eine rote Kappe ins Bild gesetzt. Ihre Bilder und Kandinskys Bilder zusammen im gemeinsamen Haus. Es war ein gemeinsames Leben. Sie hielt an dem Gedanken fest, daß dieses immer Bestand hätte, auch wenn sie oft getrennt waren.

Plötzlich dachte sie an die Skizze, die sie gezeichnet hatte und noch in Öl übertragen wollte. Erma Bossi, eine befreundete Malerin, zu Besuch in Murnau. Kandinsky und Erma am weißgedeckten Tisch in der Eßecke, miteinander im Gespräch. Kandinsky dozierend mit erhobener rechter Hand, Erma, die Arme auf den Tisch gestützt, lauscht. Man hätte Kandinsky für einen bayerischen Dorfschullehrer halten können, wie er dort saß in seinen Stutzen und mit dem blauen Jankerl. Das Bild gefiel ihm sehr und auch diese: ‚Landschaft mit Kirche', ‚Der blaue See', ‚Berglandschaft mit Tannen', ‚Der gerade Weg', ‚Das Landhaus bei Murnau'. Gabriele selbst unterschätzte sich. Sie wußte nicht, wie gut und stark sie in ihrer Kunst war. Hatte sie vergessen, was Dr. Denike 1908 in Krefeld von ihren Werken gesagt hatte: *„Endlich eine Frau, die etwas kann."*?

Kandinsky ließ Gabriele ohne Einschränkung als Malerin neben sich gelten. Ihre Bilder verteidigte er. *„Du mußt etwas sagen, weil es dir gegeben ist. Lege nur dein Ohr an dein Herz und horche! Gottes Funke steckt in dir, was so unglaublich selten bei den Malern zu finden ist."* Er gab seiner Ella Rückhalt, was das Malen anging. Sie konnte auch ernstlich hoffen, daß ihre Beziehung dauern würde. Wenn sie Glück hätte, würde er in diesem Herbst nach St. Petersburg reisen, um die Heiratspapiere zu beschaffen.

Rußland. Wie leuchteten seine Augen, wenn er von seinen Reisen in die Heimat erzählte. Sie versuchte sich vorzustellen, wie er nachts im Mondschein zum Kreml spazierte, wie er auf dem Moskauer Markt die dreiteilige Ikone erstand. Wie er in der Praga, seiner Studentenkneipe, saß. Wie er Champagner- und Wodkaabende feierte mit den Freunden aus alter Zeit. Sie versuchte sich den Besuch bei seinen Eltern in Odessa vorzustellen. Der Vater gealtert, langsamer in seinen Bewegungen, fragt nach Gabriele, trägt Grüße auf. Auch die Mutter läßt grüßen, schmächtig ist sie jetzt, aber immer noch lustig in der Wohnung mit ihrem zweiten Ehemann. Seine geliebte Mutter. Während der Kindheit hatte Wassja sich eingebildet, der Herr Kojewnikow, der zweite Mann, wäre ein Barbar. Auch später noch verdrängte er die Wirklichkeit, stellte sich vor, seine Mutter hätte nur seinen Vater geliebt, keinen anderen. „Und du, hast du Anja geliebt?" wollte Gabriele einmal wissen. Als er geheiratet hatte, hätte er gemerkt, daß er seine Frau nicht liebte. „Weißt du, Ella, Anja und ich haben einander nie richtig gekannt. *Anja behauptet, daß ich keine Schuld trage, wenigstens nicht allein, und daß wir eben beide an unserem verfehlten Leben schuldig sind.* Aber jetzt denke ich, daß ich sie brauche", hatte er dann gesagt, jetzt käme es ihm darauf an, in Freundschaft zusammenzuleben.

Ganz in Gedanken stieg Gabriele die Treppe hoch. Sie zog eine dickere Strickjacke an, darüber ein wollenes Umhängetuch, sie mummelte sich ein. Hier oben war es ja noch kälter. Einen Blick warf sie nach draußen, ehe sie die Vorhänge zuzog. Die erleuchteten Fenster vom Pfarrhaus neben der Burg blinkten zu ihr herüber.

„*Ich fühle mich russisch und unrussisch zugleich*", hatte Wassja gesagt. Wohin gehörte er eigentlich? In München fühlte sich Wassja als Münchener, „aber *warum ist das Leben in Moskau intensiver, packender?*" Moskau, dachte Gabriele plötzlich, als sie wieder nach unten ging. Sie rückte einen Stuhl an den Ofen, hielt ihre Hände dagegen. Warum nimmt er mich nie mit nach Moskau. Vor langer Zeit hatte er davon gesprochen.

Wassja schien Moskau zu genießen. Seine begeisterten Briefe von der Novemberreise 1910: „*Wie unglaublich freundlich hier alle Menschen zu mir sind. Wie herzlich und gut. Wenn ich müde ankomme, muß ich sofort aufs Sofa, und Olga schiebt mir ein feines Kissen unter den Kopf. Tomik legt meine Beine hoch, und ich muß schlafen.*" Ach ja, die Hartmanns, Thomas und Olga, dachte Gabriele, der Komponist und die Sängerin. Nette Damen begleiteten Wassja zur Bahn. „*Alle Leute zeigen mir stets soviel Liebe und verwöhnen mich so unendlich. Und was mich noch immer unaufhörlich streichelt, das ist die allgemeine russische Fröhlichkeit! In Moskau bin ich total verliebt.*" Nanu, was waren das für Töne! hatte sie gedacht. Hatte Gabriele, sein deutsches Herzchen, den lieben Wassja falsch behandelt? Dachte das norddeutsche Köpfchen zu streng, zu herb, zuwenig hingebungsvoll? Verehrerinnen hin, Verehrerinnen her, hatte Ella trotzig gedacht, und dann war sie traurig geworden. Wie schön für Wassja, der sich auf alle verlassen kann. Auch auf seine Ella. Die den Garten in Murnau jätet, die Zimmer in Ordnung hält, näht, bügelt, Briefe an ihn schreibt, jeden Tag einen. Zwischen Murnau und München hin- und herfährt, um überall nach dem Rechten zu sehen, und seine Anja besucht, wie er es wünscht.

Draußen war es jetzt dunkel. Die Holzscheite im Ofen brachen in der Glut zusammen. Dielen knackten. Sie war unruhig. Warum in aller Welt hatte sie sich auf K. einlassen müssen? Wie war das zugegangen? Sie wollte sich nicht erinnern. Stand auf, ging in die Küche. Verlassen leuchtete die Petroleumlampe auf dem Tisch. Sie hatte sie vorhin nicht mitgenommen. Es war einfach zuviel gewesen in letzter Zeit. Sie fühlte sich ausgeliefert. Hier saß sie und fühlte sich mutterseelenallein. Ihr fröstelte. Diese Kälte um sie herum. All diese Tage des Alleinseins, ohne Wassja. Doppelte Einsamkeit, wenn sie in München war. Tage der Langeweile, an denen eine lähmende Müdigkeit stärker war als der Wille aufzustehen, an denen man sich gehen ließ. Und dann diese verrückte Sehnsucht nach liebevollen Worten in seinen Briefen!

Nein, Gabriele war nicht kalt und herzlos, wie er sie manchmal nannte, und sein versteckter Vorwurf: „*Alle Leute, die mich wirklich gern haben, vergöttern mich!*" entlarvte ihn selbst. Welch unerträglicher Stolz! War es Einsicht, als er wünschte, „*wenn ich meinen Stolz ganz unterkriegen würde*"? Als er sagte: „*Das ist vielleicht deine Mission*". Gut wäre es ja, wenn er ihre Hilfe brauchte, um menschlicher zu werden.

Sie hockte auf ihrem Stuhl, schauerte. Sie legte mehr Holz

nach. Das half. Sie war auf einmal ganz mutlos geworden. War die ganze Fröhlichkeit des Morgens schon verbraucht? Aber das Feuer im Ofen half ihr. Es brannte hell und irgendwie tröstlich.

19

In der letzten Zeit gab es öfter als sonst unfrohe Stunden. Wassja war so unruhig. Der ganze Kunstbetrieb in München ging ihm auf die Nerven. Die Mitglieder im Verein wären zu lahm. Raubten ihm seine Zeit. Dabei bräuchte er doch Zeit, um nachzudenken. Versenken wollte er sich in das Jüngste Gericht, um es als Farbholzschnitt anschaulich zu machen. Meditieren über das Weltende, über den apokalyptischen Engel, den er als Hinterglasbild malen wollte! Er war mit schnellen Schritten im Zimmer hin- und hergegangen. „Kannst du nicht endlich diese Mosaikbrosche kitten?" herrschte er Gabriele an, als sie wieder nach Murnau gefahren waren. Sie hatte es sich gerade im Sessel bequem gemacht. „Später", sagte sie und gähnte. „Später, später", wiederholte er. Und Gabriele erinnerte sich an die Streitigkeiten, die jedesmal zwischen ihnen aufgekommen waren, wenn einer Schwierigkeiten bei seiner Arbeit hatte und nach einer Möglichkeit suchte, seinen Dampf abzulassen. Sie drehte sich jetzt zur Seite, sagte nichts. Ihre ungewöhnliche „Ehe", auf die sie sich eingelassen hatte, glich in mancher Hinsicht einer ganz normalen, Szenen gab es, Auseinandersetzung und Versöhnung.

„Nächste Woche fahre ich also nach Norddeutschland." „Ja", antwortete Fanny gedehnt und brachte an diesem Nachmittag alles durcheinander. In diesem Fall war Gabriele sich ganz sicher, daß die Haushälterin sich diebisch freute. Etliche Jahre hatte Fanny Dengler bei Anja und Wassily Kandinsky den Haushalt geführt, bis Kandinsky ihn 1904 auflöste. Nun hatte er Fanny Dengler wieder eingestellt. Warum sucht er keine andere? fragte sich Gabriele, ihr zuliebe, die sich so gegen Fanny sträubte. Fanny hatte eine Abneigung gegen Kandinskys Fräulein Münter entwickelt, die schon schlimm war. Sie zeigte es offen, wie böse sie war, daß das Fräulein Münter jetzt mit „ihrem“ Herrn Doktor zusammenlebte. „Fanny wirft mir Steine in den Weg, wo sie nur kann“, erklärte Gabriele. Wassja fand das übertrieben. „Ich muß übertreiben, sonst nimmst du es gar nicht wahr“, sagte sie. Wassja nannte Fanny eine Perle, er könnte sich nicht vorstellen, daß sie es mit Ella verderben wollte.

Es war schon sehr warm, als Gabriele die Koffer packte. Sie wollte endlich die Einladung ihrer Schwester annehmen und Schroeters in Berlin besuchen. Georg arbeitete dort seit dem 25. September 1909 an der Tierärztlichen Hochschule als Professor für spezielle organische Chemie. Eigentlich hätte Gabriele in Murnau bleiben müssen. Erdbeeren pflücken, rote und schwarze Johannisbeeren, Stachelbeeren in ihrem neu angelegten Garten.

Wie gut hatte ihnen beiden im Frühjahr die gemeinsame Gartenarbeit getan. Zeitig am Morgen waren sie schon durchs feuchte Laub gestapft, das unter den Eichen vermoderte. Sie schichteten es auf und brachten einen Teil mit Schubkarren in den Wald. Dann wartete Gabriele, bis Wassja den Rest untergegraben hatte, und harkte die Erdschollen glatt. Und Wassja zog hinter ihr her die Reihen, wohin die Pflanzen und Kartoffelknollen gesetzt werden sollten. Von Mutter Streidl hatten sie Saatgut und Setzlinge bekommen und dazu viele gute Ratschläge. Wie erfrischend die Luft in März und April gewesen war! Und die Sonne, die ihnen so gut tat. Die Anstrengungen spürten sie in ihrem ganzen Körper. Aber wenn sie dann nach getaner Arbeit die kleinen Pflanzen grün auf braunem Grund wachsen sahen, dann war aller Muskelschmerz vergessen.

Der Mai war kühl und naß gewesen, und die Bauern sagten einen heißen Sommer voraus. Gabriele riß das Kalenderblatt ab. Heute war der 25. Juni 1911. Ob die Kartoffeln gedeihen würden? Die Gurken hatten schon das dritte Blatt angesetzt. Wenn sie ans Frühjahr dachte, an die Arbeit beim Säen, Pflanzen und Unkrautjäten, tat es ihr richtig leid, jetzt die Ernte zu verpassen, die Radieschen, die Rettiche, den Salat. Schnittsalat und Spinat müßte Wassja in Abständen nachsäen, vielleicht auch Kresse. *„Merk dir, Wassja, vom Pflücksalat nimmt man immer zuerst* *die älteren Blätter ab, dann wachsen die andern nach!* Bitte, nicht vergessen, den Erbsendraht höherziehen, die Bohnen vielleicht mit einer Lauge aus Schmierseife bespritzen, wenn Blattläuse kommen."

„Findest du nicht", sagte er, „daß wir beide anfangen, richtige Murnauer zu werden? Und wer hätte gedacht, daß wir soviel Spaß an der Gartenarbeit bekämen!" Hatte Ella übrigens früher schon mal Gemüse aus dem eigenen Garten gegessen? Ach geh, Wassja! Und sie erzählte von Herford, den Blumen- und Gemüsebeeten dort. *„Meine Mutter pflanzte ein rundes Beet voll Zinnien. Die haben alle Farben. Es gibt nichts schöneres als die kraftvollen und die verlöschenden, verblichenen Tönungen dieser Blumen. Sie sind wie alte Stoffe."* Und dann schlug Ella noch einen Spaziergang vor hinunter zur Ramsachkapelle mit diesem Altarbild, das Wassja so liebte: St. Georg im Kampf mit dem Drachen. Es war schon später Nachmittag. Der Geruch von frisch gemähtem Gras stieg ihnen in die Nase, immer wieder mußten sie Schnaken abwehren, die sich auf ihre bloßen Arme und Beine setzten.

Sie gingen die Kottmüllerallee entlang. Am Mittag war ein Gewitter niedergegangen, doch es hatte keine Abkühlung gebracht. Die Luft war schwül unter den Eichenbäumen. Schwaden von Dampf auf den Wiesen links neben ihnen. *„Unglücklich mache ich dich"*, sagte Wassja plötzlich, *„es schmerzt mir das Herz, daß ich dir so unschön das Leben mache. Ich habe vor Jahren ernsthaft daran gedacht, nach Sibirien zu gehen, dann wäre ich allein und unschädlich!"* Dieses verschlüsselte Gerede war ein beliebtes Spiel von ihm. Wollte er wieder von ihr hören: *„Mein Leben ohne dich ist leer! Wenn dich alle, die du hast, verließen, so wären bald andre an ihrer Stelle. Du kannst doch nicht anders als Herzen fangen. Das weißt du auch. Also sei zufrieden, das Böse, das ich von dir habe, ist gar nichts. Du wiegst es tausendfach durch Gutes auf."*

Diesmal aber sagte sie vorwurfsvoll: *„Natürlich wäre es mir lieber, wenn du alles etwas einfacher nehmen würdest."* Sie war für die gerade Linie. Sie wünschte sich ein ruhiges Leben. Heute merkte sie mit steigendem Unbehagen, wie seine Melancholie, auch wenn sie vielleicht nur gespielt war, auf sie übergriff. Konnte sie noch auf ihre Scheubersche Natur vertrauen, alles Widrige an sich abprallen lassen so wie einst ihre Mutter? Aber Gabriele hatte schon so oft von einer harmonischen Zukunft geträumt, daß sie auch jetzt daran festhielt. Sie würde schon kommen. Und schließlich war Wassja ein so bedeutender Künstler, daß er wohl ein wenig anders sein konnte. Wassja war stehengeblieben, hatte seinen Arm um ihre Schultern gelegt und gesagt: *„Du hast recht, meine Ella, ich bin unzurechnungsfähig und so oft gemein, scharf, hart und abwesend. Ich sehne mich ja selbst nach Gleichgewicht, nach ruhig duftendem Leben mit dir, mit einem ständigen inneren Akkord unserer Seelen, unserer Körper. Aber da kommt immer Was oder Wer und legt leise den Finger, die Spitze des Fingers auf die Schale, und fort ist des Gleichgewichts Klang."*

München Hauptbahnhof, in der Abfahrtshalle. Abfahren und schon ans Wiederkommen denken. Wassja hatte Gabriele begleitet. „Bald sitzt du im Zug und kannst dich von mir erholen", sagte er. Sie blickte in den Nebel aus Wasserdampf und Kohlenstaub, der jetzt das grelle Licht der Lampen unter den Rundbögen einhüllte. Öldunst, Tabaksqualm und dazwischen Abschiedszenen. Eine Gruppe junger Russen neben ihnen, sie umarmten und küßten sich. Auch Gabriele fühlte Wassjas Kuß erst auf der einen, dann auf der andern Wange. Er blickte wohlwollend auf sie herab, auf seine Ella, die er nun noch einmal aufforderte, Kontakte zu knüpfen zu Museumsleitern, zu Galeristen, eine Botschafterin der Neuen Künstlervereinigung München zu sein. Sie hörte nicht hin.

20

Knapp einen Monat, vom 26. Juni 1911 bis zum 21. Juli, war sie in Berlin-Wilmersdorf, in der Xantener Straße 11, zu Gast. Am 30. Juni die kleine Abendgesellschaft zu Emmys Geburtstag.

Fünfzehn geladene Gäste. Gabriele hatte Friedel eine Gute-Nacht-Geschichte gelesen und stand nun in einer Ecke. Im Mittelpunkt Emmy, die perfekte Gastgeberin. Gabriele war es völlig einerlei, ob die Mädchen, die bedienten, flache Schuhe trugen, ob die weiße Schürze saß, ob sie immer alles richtig machten. Emmy hielt sehr darauf, daß die Schüsseln und Saucieren mit der Serviette präsentiert wurden, daß auf jeden Fall bei den Damen begonnen werden mußte, aber jedesmal an einer anderen Stelle, daß man die Türen geräuschlos öffnete und schloß und beim Dessert den Raum verließ. Gabriele dachte an ihre unkomplizierten Mahlzeiten in Murnau. Selbstgeernteten Salat mit Spiegelei und Kartoffeln. Nicht das geringste machte sie sich aus dem Menu des heutigen Abends: Mock-Turtle-Pastete. Gebackene Hähnchen in Sauce. Rehbraten mit Kartoffeln und feinem Kompott. Forellen in Gelee. Kalter Weinpudding. Erdbeeren mit geriebenem Zucker durchstreut. Stachelbeertorte. Fruchtgelee. Emmy tat etwas für ihre Gäste, Gabriele aber ließ sie regelrecht links liegen, zeigte, daß die Schwester nicht gesellschaftsfähig war, weil sie in ungeordneten Verhältnissen lebte. Jetzt wieder im Salon, wo der Kaffee serviert wurde, spürte Gabriele das spöttische Mitleid mit der armen unglücklichen Künstlerin aus München, das Mitleid der Elite mit der Außenseiterin. Sie hörte mit halbem Ohr und ohne Vergnügen dem Gespräch zu.

Stimmte es eigentlich, daß der Kaiser das Kanonenboot ‚Panther' vor Agadir auslaufen ließ zum Schutz der deutschen Kaufleute? Gab's vielleicht Krieg? Alle redeten durcheinander. Das neueröffnete Warenhaus wurde gepriesen. Kaufhaus Wertheim an der Leipziger Straße. Einen Bärenbrunnen gab es da, einen herrlichen Wintergarten, einen großartigen Lichthof. Nur schade, daß das Haus jedermann zugänglich war, auch für Krethi und Plethi.

Gabriele hatte sich vorgenommen, den Kunstsammler Bernhard Koehler in der Brandenburgischen Straße aufzusuchen. Von Franz Marc wußte sie, daß dieser Stempel- und Schilderfabrikant seine Gewinne in Kunst anlegte. Sein Neffe August

Macke hatte ihn mit Marc bekannt gemacht. Und seit einiger Zeit unterstützte er den Franz mit monatlichen Zuwendungen. Bereits nach wenigen Minuten in Koehlers Haus war ihr klar geworden, daß der reiche Mann sehr bescheiden war, sogar ein bißchen schüchtern, auch wenn seine strenge Miene im hageren Gesicht mit dem grauen Bismarckbart Unnahbarkeit vorgab. „Wollen Sie sich Bilder ansehen?" Und dann lächelte er. Gabriele stand überwältigt. Es war großartig, in welcher Gesellschaft Bernhard Koehler Tag für Tag lebte. Zimmer gab es mit vielen Originalen von van Gogh, von Cézanne, von Gauguin, von Courbet. Und Münters Bild ‚Das gelbe Haus' hatte Koehler tatsächlich auch gefallen. Er hatte es in Paris auf einer Ausstellung gesehen. „Wenn ich wieder einmal nach Bayern fahre, werde ich Sie in München oder Murnau besuchen." Gabriele war ziemlich benommen.

In den darauffolgenden Tagen fühlte sich Gabriele erschöpft, apathisch. Selbst ein Kinovergnügen gab keinen Auftrieb. Auch nicht, als Emmy sie dazu in den feudalen Tauentzienpalast einlud, wo man in Polstersesseln saß. Sie schrieb Wassja, daß er ihr fehle. Nein, sie wollte nicht mehr von ihm fort. Und auch ihm fehlte sie. Er hatte es ihr schon am 1. Juli geschrieben: *„Dein Zimmer ist leer. Wie sonderbar klingen leere Zimmer, erstarrt, fragend, verschweigend. Sie tun so, als ob nichts passiert wäre. Man sieht ihnen aber an, daß sie wissen."* Nein, Gabriele konnte sich von Wassja nicht mehr trennen. Niemandem in der Verwandtschaft blieb das verborgen. Aber sie sprachen diesmal nicht viel darüber. War Ella deshalb eine viel belächelte Langschläferin geworden, um nicht mit der Schwester reden zu müssen? Es gab sogar Tage, an denen sie wegen der Hitze und übermüdet von einer durchwachten Nacht erst gegen Abend aufstand. Der Sommer 1911 war brütend heiß. Die Berliner Jungen liefen barfuß hinter den Sprengwagen her, um sich im Naß abzukühlen. Es war so heiß, daß man das Haus nur verließ, wenn es nicht zu umgehen war.

Besser fühlte sich Gabriele in Herford im kühleren Weserbergland bei Kusine Julie und ihrem Mann, dem Bürgermeister

Wilhelm Busse. Obwohl es nur ihre ersten Lebensjahre waren, die Gabriele in Herford verbracht hatte, war sie der Stadt und der Gegend sehr verbunden.

Im schattigen Garten, der zu ihres Onkels Haus gehörte, überredete Vetter Fritz, Julies jüngerer Bruder, Gabriele, bis zum Pickertessen zu bleiben. Er wollte seiner Kusine etwas Gutes antun, damit sie ihm ein umso schöneres Stilleben zu seiner Hochzeit male. Gegen eine Mahlzeit mit dem typischen Lappenpickert hatte Gabriele nichts einzuwenden. Sie hatte am Morgen in der Stadt fotografiert, das Böttcherhaus in der Mauerstraße mit seiner strengen Fachwerkkonstruktion, das Bürgermeisterhaus in der Höckerstraße mit seinem gotischen Stufengiebel und den schmalen hohen Fenstern, die in gerader Reihe nebeneinander standen, und viele andere. „Na, wie schmeckt's?" Fritz schaute die Kusine erwartungsvoll an. „Gut, sehr gut! Besser als die Crêpes in Paris." Und Gabriele biß in den dünnen Fladen aus geriebenen Kartoffeln, aus geschlagenen Eiern und Mehl, die man in flacher gußeiserner Pfanne gebacken hatte. „Mir gefällt es hier zu gut", sagte sie, als sie später Schuh und Strümpfe auszog und durch den Garten zum Bach hinging, zur Bowerre, um mit den Füßen im Wasser zu planschen. Herrlich.

Sie hätte gern herausgefunden, wie Wassja ihre Heimat gefallen würde. „*Ich möchte sie Dir einmal zeigen*", schrieb sie ihm am 24. Juli, „*wenn wir können, nehmen wir beide mal ein bis drei Monate Zeit und setzen uns hier irgendwo in schöne billige Waldferienhäuser und malen. Die großen Laub- und Nadelwälder sind so kühl und duftend, und es gibt keine Schlangen.*" Gehörte das nicht auch zu einer Ehegemeinschaft, daß man die Heimat der Partner kennenlernte? Wassja liebte Moskau über alles. „*Moskau ist Peitsche, Moskau ist Balsam*", hatte er gesagt, „*jede Stadt hat ein Gesicht, Moskau hat zehn.*"

Gabriele schrieb Wassja: Die Leute hier sind zu nett. Sie schrieb es lächelnd und ohne Bosheit, obwohl es ihr unbehaglich war, in Wassjas Briefen immer wieder von Fannys erstaunlicher Fürsorge und Herzlichkeit zu hören. Trotzdem, sie schickte der Haushälterin das Rezept für den Pickert. In Herford fühlte Gabriele sich wohl, war im Frieden mit sich selbst, ohne Ängste, ohne Hemmungen.

Und jetzt, seit dem 31. Juli in Bonn. Gabriele setzte sich im Bett auf und rieb sich die Augen. Vor ihr im Nachthemd, an dem die Schleife oben am Hals vor lauter Herzpochen wippte, stand Mückchen, die kleine Nichte Annemarie. Wußte Tante Ella etwa nicht, was für ein wichtiger Tag dieser 2. August 1911 war? Annemarie wurde heute sieben Jahre alt. Aber sicher doch, Gabriele hatte sogar ein Geschenk dabei, ein Porzellanpüppchen für das Geburtstagskind. Und dann faßten sich beide an eine Hand, hielten mit der anderen einen Zipfel der Nachtkittel und tanzten zwischen Kommode und Bett. Gabriele pfiff dazu. Eine alte Gewohnheit, wenn sie zu Besuch in Bonn war. Schade, daß die Tante diesmal bereits ein volles Tagesprogramm hatte.

Und dazu diese Hitze! Ein Brief von Wassja, den sie vorfand, scheuchte auf. Auch in Murnau wäre es fürchterlich heiß. Gießkanne um Gießkanne voll Wasser müßte er in den Garten schleppen. In den Ort gehe er nur, um das Nötigste zu besorgen. Murnau wäre von Fremdengästen überlaufen, die den heißen Sommer genössen nach den verregneten vorigen. Fanny hätte er das Glasmalen beigebracht, und Franz Marc wäre überrascht, wie schnell sie das begriffe. Ja, ja, dachte Gabriele. Und dann kam der Teil, den sie am allerwenigsten leiden konnte. „Ich finde, *Du mußt unbedingt nach Hagen fahren.*“ Gabriele schaute hoch, natürlich sollte sie dort mit Karl Osthaus Kontakt aufnehmen, dem Gründer des Folkwang-Museums. O je, vielleicht half ja ein Stoßseufzer zu dieser Göttin Folkwang, dieser germanischen Schutzpatronin der Künste. Kandinsky schrieb weiter: *„Du mußt mit all den Leuten nett, aber sicher sein und ganz unbefangen fragen (wo es Dir günstig erscheint), ob die Leute nicht Lust haben, eine Kollektion von Dir zu bringen. Ebenso im Museum in Barmen verfahren. – Persönliche Bekanntschaft ist immer sehr (!) vorteilhaft. Vielleicht besuchst Du auch Fräulein Worringer und den Gereonsclub in Köln. Ist doch alles im Adreßbuch zu finden. Du mußt alles kennenlernen, was*

Du nur erreichen kannst. – Marc meint, es wäre am besten, wenn August Macke mit Dir reisen würde. Er kann riesig fein Reklame machen (tut's auch ständig) und ist geschickt im Auftreten. Geh also zuerst zu ihm, frag ihn etwas aus. Vielleicht kommt er auf die Idee, Dich zu begleiten. – Sei nur natürlich – das genügt! Denk nur: Du kommst vielleicht nicht so bald in die Gegend. Sei doch nicht faul! Verpaß nicht diese Gelegenheit! Jemersch! Jemersch! Was ich da reden muß! – Ich möchte, Du erreichst viel Gutes überhaupt auf Deiner Reise, d. h. auch innerlich. So eine Reise (besonders allein gemacht) bereichert den inneren Blick und stimmt oft zur Nachsicht. Manches sammelt man unbewußt, und erst später weiß man es. – Sei doch gesund, energisch, guter Laune und freue Dich! Gelt? Nun bis später, liebe, liebe Ella. Feine Reise! Hüte Dich vor der Hitze! Viele herzlichste Grüße. Dein W."

Dieses verfluchte Anpreisen. An unseren Verein denken. An unsere Verantwortung. Sich selbst darstellen. Sie hatte es satt. Sie war müde. Und wie reagieren, wenn jemand Andeutungen machte, daß er ein Bild kaufen wollte? Sich bloß nicht darauf versteifen, einen höheren Preis als den angebotenen zu fordern. Wassja war richtig böse geworden, denn bei Koehler hatte sie keck für ihr Bild ‚Gelbes Haus' hundert Mark mehr veranschlagt als die vorgesehenen vierhundert. Es sei nicht wichtig, hatte Kandinsky geschrieben, ob Gabriele hundert mehr oder weniger bekäme, sondern, daß sie in einer guten Galerie in Berlin hinge. „*Bedenk, daß du eine Frau bist, was außer Vorteilen auch Nachteile hat!*" Da hörte sie es. Ein männlicher Kollege hatte wohl nichts zu bedenken.

Kandinsky stellte sie regelrecht auf die Probe. „Und wie erreiche ich August Macke?" „Telefonieren!" rief Charly. Der Bruder, klein und gedrungen, stand neben ihr in seiner Wohnung, trippelte aufgeregt vor dem Apparat hin und her und schickte das Mückchen hinaus. Von der Tochter wollte er jetzt nicht gestört werden. Er suchte Mackes Nummer. Er zwinkerte der Schwester zu, kraulte sich den schwarzen, krausen Backenbart und machte eine weitausholende Geste die Wände entlang.

„Wir zeigen Macke diese Bilder. Deine Gemälde und die von Kandinsky." Charly Münter sollte sie in Kommission verkaufen. „Wir laden Macke zu uns ein", bestimmte er. Gabriele senkte den Kopf, im Hause des Bruders fühlte sie sich sofort wieder als die Kleine, die man gängeln mußte.

Es wäre nicht zuviel gesagt, meinte August Macke am nächsten Tag, aber eine solche Sammlung wäre revolutionär für Bonn, „*denn Bonn*", sagte er, „*ist für mich eine rechte Rentnerstadt. Alles sehr still, seriös, unauffällig.*" Er fuhr sich mit der Hand durchs dunkelbraune Haar, schielte zu Gabriele hinüber. „*Kandinsky und Münter – fabelhafte Menschen*", hatte ihm Franz Marc geschrieben, „*Kandinsky übertrifft alle. Daß den die kleine Münter, die mir sehr gefiel, glühend liebt, das kann ich ganz begreifen. Ich bin sehr neugierig, was für einen Eindruck Münter von Deinen Sachen hat. Sie ist ebenso klug wie bescheiden. Ich glaube, diese zwei Eigenschaften sind der Grundzug ihres stillen Wesens.*"

Was konnte ihm die kleine Münter von München berichten. Macke wandte sich an Gabriele, erwartete eine Antwort, und Gabriele wollte gerade etwas über Kandinsky sagen, als Charly ihr das Wort abschnitt, auf die Bilder hinwies, besonders auf die seiner Schwester! Das wären Gemälde! Ganz im Stil des Cloisonnismus! Charly war ganz aufgeregt, gab unaufgefordert eine Lehrstunde in der neuen Kunst. Als Gabriele Mackes Blick erhaschte, sah sie seine gespielte Verzweiflung, und es fiel ihr schwer, die Sprache auf die Neue Künstlervereinigung München zu bringen, beharrlich an ihrem Auftrag festzuhalten. Schließlich fragte sie, ob Macke Verbindungen zum Gereonsclub in Köln herstellen könnte, der neueste Kunst präsentierte. Das würde gehen. Den Club leitete Emmy Worringer, Macke wird sie mit Gabriele besuchen. Er selbst war ein Freund ihrer Mutter, die das Zoorestaurant betrieb. Dort stand eine zweite Garnitur seines Malzeugs, und er konnte jederzeit Flamingos, Papageien und andere Tiere malen.

21

August Macke war, als Gabriele ihn traf, vierundzwanzig Jahre alt. Er stammte aus Meschede im Sauerland, war aber in Köln und Bonn aufgewachsen. Vor zwei Jahren hatte er die Bonner Fabrikantentochter Elisabeth Gerhardt geheiratet, wohnte seit kurzem mit ihr und dem kleinen Sohn Walter bei den Schwiegereltern in Bonn. Am Nachmittag des nächsten Tages schon wurde Gabriele zu Mackes in die Bornheimerstraße 90 eingeladen. Da saßen im Garten Urgroßmutter Anna Koehler, Großmutter Sophie Gerhardt und dreiundzwanzig Jahre jung, Elisabeth Macke, die Mutter des kleinen Walter. Alle drei Frauen mit einer Handarbeit, sie stickten auf weißem Bauernleinen mit schwarzem Garn. Sie stickten Blumen und Vögel. Eine Idylle. Und während Gabriele die Kunstwerke besah, kam eine Gruppe junger Leute, Freunde von August, mit denen er als Bühnenbildner am Düsseldorfer Schauspielhaus gearbeitet hatte. Die Frauen legten die Stickereien ins Körbchen, das Kindermädchen Anni trug den Kleinen fort, und Gabriele fotografierte im Garten herum. August Macke hatte sie darum gebeten. Dann stand sie eine Weile mit den Frauen und Walter Gerhardt, Elisabeths Bruder, dem Doktor der Biologie und Chemie, vor der zum Garten geöffneten Haustür. Undeutlich hörte sie, was in ihrem Rücken gesprochen wurde. „*Fräulein Münter ist ganz hervorragend*“, verstand sie, „*ich bin direkt verliebt in sie. Ich glaube übrigens nicht, daß sie eine Schwester von Karl Münter ist. Es ist sowas Unmögliches, daß ich träumte, es läge ein Verbrechen vor.*“ Es war eine Bemerkung von August Macke gewesen, und sofort wußte Gabriele, daß er Charlys großtuerisches Verhalten durchschaut hatte. Sie blickte sich verstohlen um und sah, wie August Macke ihren Bruder imitierte. Dann wurden die Stimmen schwächer, und August Macke gesellte sich zu Gabriele. „Sagen Sie mal, Fräulein Münter, Sie haben uns doch sicher massenhaft zu erzählen. Berichten Sie uns von München, von der Neuen Künstlervereinigung, von Kandinsky.“ Und sie setzten sich in den Schatten der Hecke.

Eine Stunde später, als August Macke mit ihr ins Haus ging, um ihr sein Atelier zu zeigen, sagte er: „*Ihr Bruder ist ja ein reizender Mensch, so liebevoll bemüht zu verkaufen, so eifrig, in jeder Weise zuvorkommend, aber*", und er schaute sie prüfend an, „*vielleicht liegt gerade in seinem Übereifer etwas, was den Bildern nicht nützt.*" Sie nickte. Sie machte sich über Charlys Geschäftstüchtigkeit keine großen Illusionen.

Im Atelier ging sie langsam von Bild zu Bild, die Schultern ein wenig vorgeschoben. Macke stellte sich ans Fenster, von dem aus man die Ringstraße überblickte. In der Ferne die Kölner Chaussee, nahebei die Marienkirche. Schön empfundene Bilder hatte Macke gemalt. Gabriele verstand sie. Auch sie ließ sich stark von Stimmungen beeinflussen. Hinter den Farben der ‚Marienkirche' sah sie die ganze Glut dieses Sommertages leuchten. Nach und nach suchte sie die Bilder heraus, in denen er andere Malstile kopiert hatte, und jene, welche schon seine Handschrift zeigten. Sie fühlte intuitiv, daß Macke sehr begabt war. Er erklärte ihr, was er als Ziel für seine Malerei ansähe. „*Male ich eine Landschaft, und das grüne Laub flimmert mit dem durchscheinenden blauen Himmel, so male ich räumliche Farbwirkung, denn das Grün liegt auch in der Natur auf einer anderen Ebene als der Himmel.*" Raumbildende Energien der Farben wollte er finden. Bald darauf wird er an Marc schreiben: „*Die Münter hat mir sehr gut getan. – Wir unterhalten uns immer sehr gut. Sie ist zu nett.*"

Ganz fröhlich stieg Gabriele die Treppe hinab, wartete noch ein Weilchen unten, weil Macke ihr eine Zeichnung heraussuchen wollte. Und dann fragte sie sich, ob sie wirklich diese Worte von draußen im Garten her hörte: Eine Frau, die nicht heiratet, hat das wirkliche Leben verpaßt. Ihr Mund zuckte, sie sah plötzlich ganz erschöpft aus. Ihre Stimme klang gepreßt, als sie für den Kaffee dankte, den man gerade auftrug. Sie kam sich auf einmal so klein vor, so armselig und überflüssig. Schließlich preßte sie die Lippen zusammen und hörte zu, was die andern sagten. Sie sprachen von Bernhard Koehler, den Gabriele in Berlin aufgesucht hatte. Er war ein Bruder von Elisabeth

Mackes Mutter. Aber, was hatte die Münter nur, seitdem sie aus dem Atelier gekommen war? Elisabeth, die strahlende junge Mutter, so wunderschön von ihrem Mann porträtiert, wunderte sich, daß ihr Gast immer einsilbiger wurde.

Gabriele ging dann ganz gegen ihre Gewohnheit sehr langsam in die Schloßstraße zurück, am Alten Friedhof her, über den Münsterplatz, blieb beim Beethovendenkmal stehen. Was hatte sie gehört, eine unverheiratete Frau verpaßte das wirkliche Leben? Merkwürdig, daß sie das gehört hatte, obwohl sie doch im Haus gewesen war. Vielleicht bildete sie sich das auch nur ein, weil sie die Gartenszene von vorhin noch so sehr im Kopf hatte: drei Mütter am Tisch. Unverheiratet zu sein, war schlimm für eine Frau, aber das Schlimmste, was sie sich vorstellen konnte, war eine unverheiratete Frau mit einem Kind. Gabriele mußte an Marie Schnür denken, als sie jetzt weiterging, die Bahn überquerte und in die Poppelsdorfer Allee einbog. Sie stellte sich Marie Schnür vor, die Malerin, die von einem Malerkollegen schwanger geworden war, der sie sitzenließ. Erbarmungslos war sie von der Gesellschaft zurückgestoßen worden. Ihr Kind hatte sie weggeben müssen! Als Unverheiratete durfte sie es nicht selbst großziehen. Der Franzl, der Franz Marc, der gutmütige, hatte Marie Schnür 1907 geehelicht, um ihr das Ansehen und die Rechte einer verheirateten Frau zu geben. Die Absicht der beiden, sobald danach die Scheidung zu beantragen, weil der Franz ja eine andre, die Maria Franck, liebte und heiraten wollte, wurde lange Zeit vereitelt. „Wir haben vorher wenig von den Schwierigkeiten gewußt", hatte Maria Marc erzählt. Erst jetzt, 1911, vier Jahre später, hatte es geklappt. London war für solche Fälle das Heiratsparadies, man brauchte keine Papiere, nur Geld für Reise und Übernachtung. Marcs hatten bei einer Kusine von August Macke gewohnt. Leider war diese Eheschließung in Deutschland nicht gültig. Sie mußte irgendwann vor einem deutschen Standesamt wiederholt werden.

Die unverheiratete Frau, das arme uneheliche Kind. Gabriele überlegte. Ein Kind von Wassja? Es war nur eine flüchtige Vorstellung, die sie erschreckte und die sie sofort wieder verbannte. Es würde unehelich geboren, und daran durfte sie nicht denken. Die Mauer, die sie von den Frauen trennte, die sich lachend Einzelheiten von Hochzeitszeremonien und Kindstaufen erzählten, erschien ihr unüberwindlich hoch. Vielleicht käme ja einmal die Zeit, wo Menschen einander menschlicher behandelten.

Gabriele hatte die von Kandinsky empfohlene Städtereise trotz der Hitze unternommen, und ohne August Macke. Hagen, Elberfeld, Barmen, Düsseldorf, Essen, Köln, was einem Zickzackkurs auf der Strecke gleichkam. So unsystematisch konnte nur eine Frau vorgehen! Aber sie hatte sich doch nur an die Anweisungen des Direktors der Barmer Ruhmeshalle gehalten. Gabriele mußte sich gegen das Gelächter bei Mackes heftig wehren. Einen Augenblick war es ihr dann peinlich, August plötzlich so verdrossen zu sehen, so schweigsam. Hatte sie ihn beleidigt, als sie allein losfuhr? Sie fühlte, daß auch seine Frau Elisabeth und die andern verstimmt waren, daß sie deshalb mit unfreundlichen Gesichtern da saßen.

Was verübelte man ihr? Also, nach Amerika war sie doch auch schon ohne männliche Begleitung gereist. Oder verübelte man ihr, daß sie es so rasch so weit in ihrem Beruf gebracht hatte? Jetzt interessierte sich sogar der gute Onkel Bernhard Koehler für ihr Bild ‚Gelbes Haus'. Aber, vielleicht wollte man sie als malende Frau auch gar nicht ernst nehmen. Wie Schuppen fiel es ihr von den Augen. Die kleine Auseinandersetzung neulich abends. Macke: „Sie scheinen Kandinskys Kunst ins Herz geschlossen zu haben, es ist erstaunlich, wie sehr er Ihre Arbeiten beeinflußt. Sie ahmen ihn gern nach, nicht wahr?" „Das stimmt nicht. Da haben Sie ein falsches Bild von mir", hatte sie erwidert. „Ich arbeite ganz allein." „Wirklich? Von Kandinsky beeinflußt zu werden, ist doch keine Schande." „Gewiß nicht, aber in meinem Fall ist es anders. Ich habe nicht seine Art und will sie auch gar nicht haben. Nur was den Ernst bei unserer Arbeit betrifft, stimmen wir überein." Macke schien auf seinem Standpunkt zu beharren, sonst wäre nicht dieser mitleidige Zug in seinen Mundwinkeln gewesen.

Auch ihrem Sachverstand maß man wohl wenig bei. Sowas hat man im Gefühl. Gabriele hätte bloß Marcs Brief an Macke lesen müssen: „*Schreib mir doch bitte genau, wie Du den Eindruck, den Deine Arbeiten auf Münter gemacht haben, einschätzt, – nicht um der besonderen Wichtigkeit halber, die ich Münterschem Urteil beimesse, sondern nur, um mir aus den beiden Berichten (Deinem schriftlichen und dem mündlichen von M.) ein klares Bild dieses Eindrucks zu machen. Sie ist schließlich der einzige fremde Künstler, der Deine ganzen Arbeiten jetzt kennengelernt hat und völlig unbefangen vor sie getreten ist.*"

Auch Wassja blies ins selbe Horn, schrieb böse. Erst jetzt wurde ihr bewußt, daß man ihr die Verhandlungen nicht zugetraut hatte, die Public Relation Tour für den Verein. „Ich glaube, ich habe mit Erfolg über deine Bilder gesprochen, lieber Wassja", sagte sie in der Stille des Abends vor sich hin. „Man versteht sie jetzt, deine Aussagen, die du mit deiner Kunst machen willst. Ich habe sie Macke und den Museumsdirektoren erläutert, so wie du sie mir erklärt hast: *Daß der Mensch – so wie alle Natur – als Element des Weltalls zu ständiger, vielleicht ewiger Bewegung geschaffen ist.* Deshalb willst du zeigen, wie Körper sich auflösen und wieder verfestigen, wie Licht und Finsternis ständig wechseln. Den Betrachter willst du geistig fordern, er soll selbständig den Zusammenhang, den ‚inneren Klang' des Bildes aufspüren, selbst soll er die Anhaltspunkte finden, an denen er die Dinge nach und nach wiedererkennt, den Menschen, das Tier, die Kirche, den Berg."

Ihr Zimmer in der Schloßstraße kam ihr auf einmal so groß vor, so leer. Sie las Wassjas Brief ein drittes Mal: „Schade ist es schon, daß Du ohne Macke losgezogen bist." Und weiter, daß Marc mit ihm über Charly gesprochen hatte. Daß er nicht viel davon hielt, wenn Kandinskys Bilder bei Carl Münter angeboten würden. „*Für den öffentlichen Kampf taugt die Wohnung der Münters nicht so gut. Man kriegt die Leute so schlecht hin.*" So hatte Macke an Marc geschrieben.

Na, ich kann meinen Bruder Charly nicht ändern, dachte sie

ein paar Tage später und sah zu dem Geige spielenden Engel auf an Robert Schumanns Grabmal. Sie war heute über den schattigen Alten Friedhof gegangen. Es war ein so schöner Nachmittag und für Gabriele der letzte Tag in Bonn. Merkwürdig ist es schon, dachte sie, was für ein starkes Familiengefühl ich besitze, obwohl ich doch so eine Abneigung habe gegen Charlys lautes, prahlerisches Wesen. Und als sie bei Mackes die Fotos abgab, verabschiedete sie sich sehr knapp, sagte: „*Die Bilder sind nicht sehr schön geworden. Habe noch welche bestellt. Wenn ich endlich dazu komme, schreibe ich auch mal. Lassen Sie mal was von sich hören.*" Sie schloß die Tür in der Bornheimer Straße hinter sich, heftiger als nötig, und es war, als wollte sie sich aus diesem Kreis der fröhlichen Großfamilie ausschließen. „Eklig." Mackes Bemerkung hatte sie wohl gehört. Nein, verstellen konnte sie sich nicht. Wenn Gabriele ärgerlich war, ließ sie es merken. Die verbindlich lächelnde Form lag ihr nicht. Dann saß sie im Zug nach München und las Wassjas letzten Brief noch einmal: „*Aber wenn Du auch nichts Direktes auf Deiner sehr energischen und mutigen Reise erreicht hast, so hast Du doch viel gesehen, und mehrere wichtige Leute haben Dich gesehen, was immer vorteilhaft ist.*" Soviel Rummel!

22

‚Die Zeit ist ein galoppierendes Pferd', hätte Gabriele über die Jahre 1911 und 1912 schreiben können. Jetzt, wo sie Kandinskys Holzschnitt in Händen hielt, wurde ihr das so richtig bewußt. Vorwärtsdrängendes, Aufbruch, Bewegung, sie spürte das Stürmen in den Konturen des Tierkörpers. Gestreckte Linien wie bei einem steinzeitlichen Pferdebild.

Kein Projekt nahm Kandinsky und Gabriele so in Anspruch und brachte ihnen soviel neue Bekannte ins Haus wie die Arbeit am Almanach, Kandinskys und Marcs Programmschrift zur Kunst, die weltweite Bedeutung gewinnen sollte.

Gerade kam Gabriele von der Post zurück, nachdem sie einen Brief an Julie eingeworfen hatte, da hörte sie aus der Laube im Garten Wassjas Stimme. Er sprach sehr akzentuiert und eindringlich:

„Auch wenn die Grundideen von dem, was heute gefühlt und geschaffen wird, schon vor uns bestanden haben, lieber Marc, so sprießen sie doch an allen Enden Europas in neuen Formen hervor. Das muß verkündet werden. Ich will in meinem Buch die neueste malerische Bewegung in Frankreich, Deutschland, Rußland zeigen. Ich will zeigen, wie sie mit der Gotik in Verbindung steht, mit der Kunst der Primitiven, mit der Kunst in Afrika und im großen Orient. Ja, daß ihre Verbindungsfäden zu der ausdrucksstarken und ursprünglichen Volkskunst reichen, selbst zur Kinderkunst. Ich will beweisen, daß die Malerei in Verbindung zu sehen ist mit der modernsten musikalischen Bewegung Europas und den neuesten Bühnenideen unserer Zeit." Künstler sollten in seinem Buch über ihre Kunstideen schreiben. „Wir brauchen Mitarbeiter, Marc! Das Buch muß groß werden."

Er nahm keine Notiz von Ella, es schien ein reines Männergespräch zu sein. Erst später, nachdem Franz Marc nach Sindelsdorf zurückgeradelt war, nahm er sich einen Augenblick Zeit, bat sie um Hilfe für die jetzt anfallende Korrespondenz, überzeugt, daß sie sich nicht für die theoretischen Abhandlungen interessierte, und bat sie, Karten für ein Schönberg-Konzert zu besorgen.

Es war einer dieser Sommertage, an denen es ihr einfach nicht gelang, etwas Gutes zu malen. Sie machte Versuche, zwang sich. Sie schüttelte den Kopf über das Stilleben von vorgestern: Sesseltisch mit Blumen und Madonnenfiguren. Und das von gestern war auch nicht besser. *„Es ist nichts von dem geworden, was ich damit wollte, dumm, nicht innerlich, nicht schön, nicht richtig.*" Sie setzte ihren Strohhut auf. „Wohin willst du", fragte Wassja, der eben in den Flur trat. „Eier einkaufen." „In dieser Hitze solltest du nicht gehen." „Wassja, ich bitte dich, ich bin schon bei schlimmerer Hitze unterwegs gewesen. Und außerdem brauche ich die Eier fürs Omelette." „Kannst du dir nichts anderes für die Abendmahlzeit ausdenken?" „Nein", sie drängte an ihm vorbei. Fanny hatte dann zusätzlich eine erfrischende Sauermilchsuppe zubereitet. Wassja lobte sie sehr. In dem Omelette stocherten sie lustlos herum.

Gabriele und Wassja fuhren getrennt nach München. Er noch am selben Abend, sie nahm den Morgenzug. Aber am übernächsten Tag besuchten sie mit Marcs gemeinsam das Schönberg-Konzert.

Arnold Schönbergs ‚Streichquartett op 10' und die ‚Drei Klavierstücke op 11'. Kandinsky ahnt, daß hier die Zukunftsmusik begonnen hat. Gabriele sieht sein verhaltenes Lächeln. Sie kennt es. Kandinsky ist jetzt hellwach. So hat sie ihn bei einem Gespräch gemalt, am Teetisch sitzend mit blauem Jacket, die blauen Augen wie auf ein unsichtbares Seil gespannt. So ist es, wenn er gefesselt wird von einer Idee. Geistesverwandtschaft verspürt er in der Musik. Franz Marc formuliert das später so: „Mich erinnerte das Konzert an Kandinskys Kompositionen. Auch darin findet man nicht die gewohnte Harmonie." Schönberg hatte in seinen Musikstücken, in denen er Gedichte von Stefan George vertonte, die Tonarten ständig gewechselt, bis hin zur extremsten Dissonanz.

Kandinsky beschließt, mit dem Komponisten in Kontakt zu treten. Gabriele muß die Adresse ermitteln. Wien, XIII. Bezirk, Hietzinger Hauptstraße 113. Die beiden Künstler korrespondieren miteinander. Sie tauschen Bilder aus, auch Schönberg malt. Sie teilen sich ihre Ansichten über Kunst mit. Arnold Schönberg soll Texte liefern für den neuen Almanach. Gabriele schreibt Bittbriefe, schreibt Dankbriefe und sagt ihre Meinung: *„Artikel ist sehr schön! Bloß über Porträt denke ich anders."*

Sie sucht in der Sammlung des alten Krötz Glasbilder aus, die man als Beispiel für Volkskunst im Almanach abbilden will, ‚Winter', ‚Die Geburt Christi', ‚Tod eines Heiligen'. Sie fotografiert in der Murnauer St. Nikolaus-Pfarrkirche die Votivtafeln, Weihebilder als Dank- oder Bittgaben der Gläubigen. Sie ordnet die Korrespondenz nach Eingängen. Sortiert die Fotos, die Zeichnungen. Sie verwaltet das Archiv.

Gabriele im Wohnzimmer in der Kottmülleralle. Es war

Anfang September. Sie schrieb am Abend, wenn ein leichter Wind die Vorhänge blähte, wenn man aufatmen konnte. Sogar das Fremdenzimmer auf der Nordseite war von der Sommerhitze erwärmt. Arnold Schönberg und seine Frau hatten gut darin geschlafen. Gabriele dachte an den Besuch vor acht Tagen, jetzt waren Schönbergs schon von München abgefahren und in Berlin. „*Könnten Sie vielleicht am Sonntag zu uns kommen?*" hatte Wassja am 25. August 1911 geschrieben. „*Wir verbringen den Tag zusammen, Sie übernachten hier, und am nächsten Morgen (natürlich! wenn Sie dazu Lust haben) gehen wir zu Fuß nach Sindelsdorf, wo mein guter Freund Franz Marc (Maler) und seine Frau leben, die sich sehr für Sie interessieren. Wenn Sie Murnau noch nicht kennen, werden Sie viel Freude daran haben.*"

Gabriele legte den Stift hin, dann gähnte sie, lehnte sich im Stuhl zurück. Am liebsten hätte sie Schluß für heute gemacht. Aber da mußte noch eine Mahnung an Schönberg nach Berlin hinterhergeschickt werden. „*Lieber Herr Schönberg! Hier kommt die Erinnerung. Bitte, seien Sie doch so gut zu veranlassen, daß Ihr Artikel ‚Verhältnis zum Text' baldmöglichst in Kandinskys Hände kommt. Sie würden auch ein sehr gutes Werk tun, wenn Sie gute Reproduktionen (Fotos oder Klischees) von Kokoschka, der ja auch in Berlin ist, direkt schicken lassen könnten. Wenn nicht, bitten wir um Kokoschkas Adresse, daß wir uns selbst an ihn wenden können. Es soll mit dem Druck angefangen werden, helfen Sie mit! Stürmen Sie mit, damit das Ziel erreicht wird. Ihre ergebene Gabriele Münter.*" Sie schrieb, und gleichzeitig schimpfte sie über die Schnake, die jetzt um ihren Kopf sirrte. Sie schimpfte, als sie in der Dunkelheit auf dem Gartenweg über eine liegengelassene Harke stolperte bei ihrem Gang zum Klohäuschen.

23

Endlich wieder ein Abend in München. Endlich wieder die Wohltat eines bequemen Bades! Am Nachmittag hatte Gabriele kurz einen Besuch bei Anja gemacht. „Siehst du“, sagte Wassja und nahm ihren Arm, „es ist alles so einfach. *Was mich wirklich glücklich macht, sind deine Beziehungen zu Anja.*“ Gabriele hatte ihre Anwesenheit lange Zeit als sehr störend empfunden. Feierten sie Wassjas Geburtstag oder ein kleines Wiedersehensfest, kam er von Reisen zurück, bestand er darauf, Anja einzuladen. Jedesmal, wenn er von Murnau nach München fuhr, besuchte er sie. Gabriele war zuerst sehr verärgert gewesen. Aber im Laufe der Zeit war es auch ihr zur Gewohnheit geworden, eben mal bei Anja hereinzuschauen, sie schließlich an ihrem Leben teilhaben zu lassen.

Heute abend ging sie mit Wassja in den Schelling-Salon, Kandinskys Stammlokal, ein Wiener Café-Restaurant. Sie sah die beiden Männer am Ecktisch zuerst. Den einen kannte sie, es war der junge Schweizer Maler Louis Moilliet, ein Freund von August und Elisabeth Macke. Gestern war Moilliet in die Ainmillerstraße gekommen, er war so angetan von Kandinskys Bildern, daß er ein paar aussuchte für eine Ausstellung in Bern.

Als Gabriele den anderen Gast zum ersten Mal gesehen hatte, war es ein kalter Februartag gewesen. Er ging in dunklem Lodenmantel, die Kapuze über den Kopf gezogen, an ihr vorbei, trug unterm Arm einen Geigenkasten, und für einen Moment sah sie ein kantiges braunes Gesicht mit großen glühenden Augen und einem Oberlippenbart, der sich schmal ums Kinn zog. Später sah sie ihn öfter, wenn er in die Nummer 32 der Ainmillerstraße eintrat. Manchmal hörte sie aus dem Haus Klavier- und Geigenduette. Einmal war sie stehengeblieben, als das Violinkonzert von Beethoven gespielt wurde.

An diesem Abend stellte ihn Moilliet vor: Paul Klee. Zu ihrer Überraschung war er Maler, geboren in Münchenbuchsee bei Bern, aber kein Schweizer. Sein Vater, Musikpädagoge am Lehrerseminar in Bern, stammte aus Thüringen und war nie dazu bereit gewesen, die Gebühr für die Einbürgerung in die Schweiz zu zahlen. „Manchmal nenne ich Paul ‚Araber'", sagte Moilliet forsch, „seine Mutter ist eine Baselerin, doch ihre Familie wurzelt in Südfrankreich, und irgendwie sollen auch Beduinen durch den Stammbaum geritten sein." Klee hatte schon mit zehn Jahren Geige gespielt als außerordentliches Mitglied im Berner Orchester, aber nach dem Abitur Kunst studiert.

Sie tranken ihr Bier, rauchten. Gabriele klopfte die Asche ab, verschränkte die Arme. Was hatten wir für einen heißen Sommer! Er hätte ihm fast das Gehirn ausgedörrt, sagte Klee. Kandinsky stimmte zu: „*Jeden Morgen sah ich beim Erwachen den glühenden, blauen Himmel. Ich hatte das Gefühl, daß mein geplagter Körper glüht, daß die Haut reißt, daß der Atem vergeht. Plötzlich kam mir die Natur weiß vor. Alles war weiß, war ein großes Schweigen voller Möglichkeiten. Seitdem ist mir bewußt, welch ungeahnte Kräfte diese Urfarbe in sich birgt.*"

Zuletzt sprachen sie von August und Elisabeth Macke, die den September im Schwarzwald verbrachten, Urlaub machten in Kandern bei Augusts Schwester. Als junges Mädchen hatte Elisabeth bei Moilliets Mutter Französisch und Haushalten gelernt. Später freundete sich die Schweizer Familie auch mit August Macke an, und Louis Moilliet begleitete Elisabeth und ihren jungen Ehemann sogar auf der Hochzeitsreise nach Paris. Da hätte er mit den beiden etwas erlebt! Eines Nachts mußte er den Gynäkologen einer Klinik herausschellen, weil bei Elisabeth starke Blutungen eingesetzt hatten und August hilflos umherschlich, zu keiner Handlung fähig. Aber Elisabeth war stark. In diesem Spätsommer, als Mackes von Kandern aus die Moilliets besuchten, hatte sie auf dem Thuner See gerudert und gesegelt.

„Ich habe August Macke Briefe und Karten geschrieben", sagte Gabriele, „habe ihn gemahnt wegen eines Artikels für unseren Almanach." ‚Almanach', das war das Stichwort für Kandinsky. Und sie sprachen noch lange von seinem Projekt.

An diesem Abend gingen sie zu viert die Barerstraße entlang, in die Ainmillerstraße zurück. Louis Moilliet übernachtete in der freistehenden Mädchenkammer bei Klee. „Wir müssen ganz leise ins Haus gehen", mahnte der, „denn Felix, mein kleiner Sohn, schläft schon und sicher auch Lily, meine Frau." Sie hätte morgen wieder einen anstrengenden Tag. Sie verdiente als Musiklehrerin das Geld für den Haushalt.

Klee macht Besuch in der Ainmillerstraße 36. Sie unterhalten sich in Gabrieles großem Arbeitsraum. Gabriele skizziert ihren Gast, sagt: „*Als er in meinem großen Nachdenksessel saß, sah ich ihn plötzlich ganz bildhaft, und der Mann war in lauter Rechtecke mit dem Sessel und den Bildern an der Wand verwachsen.*"

An jenem Tag war Klee in weißer Sommerhose gekommen. Wer sich so selten etwas leisten kann, fällt mit neuen Sachen auf. Und so leuchtet die weiße Hose mitten im Bild.

24

Sie hatten alle wenig Geld. Auch Kandinsky. Die Drucklegung seines Buches mußte finanziert werden. In dieser Zeit war er unruhig, litt unter Schlaflosikgeit.

Als Franz Marc von Kandinskys Schwierigkeiten hörte, stand er gerade in seinen selbstgeflochtenen Strohsandalen vor der Staffelei oben im Speicher und setzte letzte Farbakzente auf sein Bild ‚Blaues Pferd'. Kandinsky saß auf dem Sofa daneben, auf dem für gewöhnlich Maria ruhte. Es hatte in der Nacht zum ersten Mal seit langem geregnet, und Marc hatte den Kragen seines alten Kittels hochgeschlagen, weil es unter den Pfannen auf seinem Dachboden ein wenig zugig war.

Marc malte Tiere, war aber kein Tiermaler herkömmlicher Art. Er wollte Tiere malen, aber nicht, wie er sie sähe, sondern, wie sie sich selbst und die Welt erblickten. Das erklärte er denen, die seine roten Pferde bekrittelten, die verdutzt vor seinen gelben Kühen standen, sich fragten, was für eine Milch die wohl geben würden.

Dies blaue Pferd auf der Leinwand war ein kräftiges, junges Tier, noch etwas tolpatschig auf den Beinen. Es tritt aus seiner

Umgebung heraus und bleibt doch in sie eingebunden, ein organischer Teil der Landschaft in ihrer starken Farbigkeit: Grün – Rot, Gelb – Violett, Blau – Orange. War Marc mit diesem Bild zufrieden? Das große über zwei Meter breite Pferdebild, das er draußen auf der Wiese gemacht hatte, war jedenfalls sein Schmerzenskind gewesen. Als es im Frühjahr hier im Bodenraum durchregnete, zerschnitt er es und nagelte die Leinwand zum Abdichten unter die Dachpfannen. 1936 wird man die Fragmente wiederfinden und sie zusammenfügen. Dann ist Franz Marc schon 20 Jahre tot.

„Unsere Programmschrift muß einen Verleger finden", sagte Kandinsky jetzt und guckte nachdenklich durch die offene Tür. Sie führte auf einen kleinen hölzernen Balkon. Gabriele und Maria standen dort und schauten über die Straße auf die Wiesen hinunter, wo Kühe grasten, Pferde trabten. Hier hatte Franz die Bewegungen der Tiere studiert. „Demnächst will er sich ein paar Rehe halten", sagte Maria. „Und was sagt Russi dazu", meinte Gabriele und bückte sich zu dem sibirischen Hirtenhund, der zu ihren Füßen lag. Sie kraulte sein weißes Fell und schaute zu Maria auf, die ihre stämmigen Arme auf die Brüstung legte, sich mit ihrem schweren Oberkörper darüber beugte, Lichtreflexe in ihrem dichten blonden Haar. „Ach", klagte sie, *„der Franz macht mich noch schwach mit seinem Gemäkel über meine Dickheit."* Und nun plage sie sich mit Gymnastik. Einmal monatlich nach München zum Turnen. Ob's was half? Die Tochter eines Berliner Bankiers, deren Mutter von einem Gut in Gendrin, Abelischken in Ostpreußen stammte, paßte eigentlich gut in die bayerische Landschaft. Gabriele mußte daran denken, daß Maria, die ein Jahr älter war als sie, auch auf der Malakademie in München studiert hatte. Maria hatte ihren Franz bei seinen Studien in der freien Natur nicht nur begleitet, sondern selbst gemalt. Gabriele wunderte sich, daß Maria jetzt kaum noch etwas daran tat. Wichtiger für sie schien es zu sein, den Haushalt zu führen, obschon sie keine Kinder hatte und ein Hausmädchen da war. Daß sie auch Glasbilder malte, hin und wieder einen Wandbehang bestickte, fand Gabriele sehr richtig.

Und daß sie oft in Zeitdruck war, weil sie Texte für den Almanach abschreiben mußte, verstand Gabriele gut. Maria Marc wollte so gern bei Frau Klee Klavierstunden nehmen.

„Also, mit dem Verleger geht alles klar. Reinhard Piper wird drucken", sagte Marc, „das heißt, wenn wir für die Kosten aufkommen." Für einen wie Kandinsky, der fremd war in München, war Marc mit seinen Beziehungen ein Glücksfall. Solche Mitarbeiter konnte er gebrauchen. Marc, ein Eiferer und zugleich einer seiner größten Bewunderer. Kandinsky war zufrieden.

Es ging vorwärts mit dem Buch, dachte er und freute sich, daß das Projekt bislang gegenüber der Neuen Künstlervereinigung geheim bleiben konnte. Einen Geldgeber würden sie auch finden. „Wir werden uns an Bernhard Koehler wenden", sagte Marc und legte sein Malzeug beiseite. Der Kunstsammler aus Berlin hatte entschieden auf ihn gesetzt. Zahlte ihm monatlich zweihundert Mark Unterhaltsgeld gegen das Vorkaufsrecht auf alle Bilder. „Heute abend schreibe ich noch nach Berlin", sagte Marc. „Sehr gut, einverstanden", lobte Gabriele, die hinzugetreten war und nicht merkte, daß ihr Kommentar Franz Marc sehr amüsierte. „Einverstanden", wiederholte Kandinsky, erhob sich und bückte sich schnell, um nicht wieder an einen der vielen Balken zu stoßen. Und in diesem Moment rief das Hausmädchen, daß man zum Kaffee kommen möchte.

An diesem 20. September war es noch so warm, daß man sich draußen in der Laube an den Tisch setzen konnte. Das Licht flutete tief durch die Gitterstäbe. Von den silberbronzierten Metallspitzen der Latten vom Gartenzaun schossen Lichtpfeile her, und Maria zog den bunten Vorhang auseinander. Die Rosen am Eingang waren längst verblüht, und die Büsche im Garten hatten auch durch die Hitze des Sommers gelitten. Gabriele und Kandinsky saßen nebeneinander auf der Bank, von wo aus man die Front des modernen, ganz und gar nicht alpenländischen Hauses des Schreinermeisters Niggl betrachten konnte. Allerdings war die Wohnung der Marcs mit den großen Zimmern in der ersten Etage sehr preisgünstig, und die beiden hatten sie so geschmackvoll wie möglich gestaltet. Maria goß den Kaffee ein, sie hatte das Service mit dem Efeublatt decken lassen, und Kandinsky lobte ihren guten Apfelkuchen. Ein strenger Duft wehte von den Pferdekoppeln herüber.

„Eine Frage noch", hatte Franz Marc vorhin im Atelier gemeint. „Haben Sie sich schon Gedanken gemacht über den Titel, den wir unserem Werk geben wollen?" Und nun wurde die Frage wieder aufgegriffen. Er hätte ‚Der Sturm' vorgeschlagen, wenn nicht im März vergangenen Jahres in Berlin eine Zeitschrift mit gleichem Namen gegründet worden wäre, diese Monatsschrift für Kultur und Künste. Gabriele spürte bei Marcs Frage die Erregung, in die Kandinsky geriet, wie immer, wenn ihn etwas sehr beschäftigte.

„Hören Sie", sagte Kandinsky, „der Titel soll durch eine Figur symbolhaft verkünden, daß jetzt die Epoche des großen Geistigen beginnt. Unsere Vision soll zeigen, daß in diesem neuen Jahrhundert das materielle Denken in seine Schranken verwiesen wird." „Sehr richtig", Marc nickte. Er fügte hinzu, daß ein verlorenes Gleichgewicht wiederhergestellt werden solle, sagte: „In der Figur, die das verkündet, sehe ich einen apokalyptischen Reiter." „Warum also nicht einen Reiter als Titelfigur?" Beide hatten es wie aus einem Mund gerufen. Ein Reiter, ein Ritter, ein Herold, der die Botschaft vom Sieg des Geistigen anzeigte. *„Und für das Geistige steht bei mir die Farbe Blau"*, sagte Marc. Blau *das männliche, das geistige Prinzip,* eine geistige Richtschnur sei das für ihn. Und dann war der Name gefallen, der Titel, der ein Markenzeichen wurde: „Der Blaue Reiter".

Gabriele nickte. Der blaue Reiter. Kandinskys Lieblingsmotiv war es, solange sie ihn kannte. Durch seine Kinderträume war der Reiter galoppiert. Als Wappenbild hatte er ihn über die Tür in Murnau gehängt. Als den Vorwärtsstürmenden durch eine kahle Landschaft in einem wehenden blauen Mantel und mit Barett malte er ihn im Herbst 1903. Gabriele strahlte Kandinsky an, dachte: *„Und wenn er seinem Sammelband den Namen ‚Der Blaue Reiter' gibt, ist es nichts anderes, als wenn er darauf geschrieben hätte: ‚Ich'."*

Aber als sie dann in ihrer unverblümten Art fragte, wie denn Maria Marc zu diesem Titel stünde, wich Franz Marc zurück: „Sieh einer an!“ Und zum zweitenmal an diesem Tag verwunderte er sich. Sich derartig herauszustellen wie die Münter, vertrug sich schlecht mit seinem Bild von der Frau. Maria hätte zum Almanach keine andere Meinung als er, sagte er bestimmt, und Maria nickte.

Im Oktober 1911 kamen August Macke und seine Frau Elisabeth nach Sindelsdorf. Hoffentlich schlägt das Wetter nicht um, dachte Gabriele und schaute durchs Fenster aufs Murnauer Moos. Mackes und Marcs waren übermorgen den ganzen Tag ihre Gäste in der Kottmüllerallee.

Gabriele beneidete August Macke um seine Fähigkeit, schnell Verbindungen herzustellen, rasch Entschlüsse zu fassen und auszuführen. So war er im Frühjahr in München in die Schellingstraße 23 zu Franz Marc ins Atelier gegangen, nachdem er ein Bild von ihm in einer Ausstellung bewundert hatte. Sie wurden schnell Freunde.

Es war ein frischer Tag, als die drei Männer ins Haus gingen, um einige Artikel zum Blauen Reiter zu besprechen. „*Ein sonniger Tag, ein trüber Tag, wir wollen das Betrügerische entlarven!*“ rief Macke, drehte sich in der Tür nochmal um und winkte den Frauen zu. Das war ein Zitat aus seinem Beitrag zum Almanach. „Er geht ihm nicht aus dem Kopf“, lachte Elisabeth. „Ich kann den Text auch schon auswendig“, sprach's und im selben Atemzug: „Was haben Sie für einen schönen Garten!“ Sie hüstelte. Gabriele zuckte zusammen. „Immer in Gedanken?“ fragte Elisabeth. Und Gabriele staunte, wie jung sie war. Elisabeth hatte ihre Jugendliebe geheiratet. 1903, als die beiden sich zum ersten Mal begegneten, war Elisabeth fünfzehn gewesen und August nur um ein Jahr älter. 1903 war Gabriele sechsundzwanzig und hatte sich mit Wassja in Kallmünz verlobt. Vor acht Jahren war sie diese Gewissensehe mit ihm eingegangen. Natürlich hatten die Jahre Spuren bei ihr hinterlassen, Ängste, Spott, Erschöpfung, Zurückweisungen in ihr Gesicht eingegraben. Sie hatte viel von ihrer früheren offenen Herzlichkeit verloren. Sie lebte zurückgezogener, scheute die große Geselligkeit. Jetzt, als sie wieder dem Haus zugingen, wurde ihr bewußt, wie schnell sich die Ehepaare Marc und Macke angefreundet hatten. Duzfreunde waren sie geworden, während Kandinsky Abstand hielt. Nie hätte er Franz Marc, Paul Klee oder einem Arnold Schönberg das Du angeboten.

Und jetzt hörte man plötzlich, wie Radfahrer unter lautem Gehupe die Allee hochgehechelt kamen. Ja, tatsächlich, es waren Helmuth Macke und Heinrich Campendonk, die beiden jungen Krefelder Maler, die auch in Sindelsdorf wohnten. „Nein, das ist doch nicht möglich", rief August, der nach draußen gelaufen war, und schlug seinem Vetter Helmuth auf die Schulter. „Was wollt ihr denn hier, ihr Symboldsdörfer?" „Dasselbe wie du, alter Kulissenschieber", keuchte Helmuth und wischte sich den Schweiß von der Stirn, „nämlich eine zünftige Brotzeit."

Selbstverständlich lud Kandinsky nach dem Essen im Lokal zum Tee oben bei ihnen ins Haus ein. Er komplimentierte sie ins Wohnzimmer, war ganz Liebenswürdigkeit und sehr besorgt um seine Gäste. Er setzte selbst das Teewasser auf, verteilte die Tassen, holte die Teekanne, an der ein grüner Hahn mit knallrotem Kamm als Henkel diente. Und Gabriele machte sich nicht einmal die Mühe, den Tee einzuschenken. Sie gönnte es sich, einfach dazusitzen gegenüber von Elisabeth und August, die sich zärtlich umarmt hielten. Es verwirrte sie, wenn sie öffentlich gezeigte Zuneigung mit ansehen mußte.

Was hatte Elisabeth gerade gesagt? Sie haben ein schönes Haus? Aber so allein hier wohnen, das könnte sie nicht. Elisabeth und Maria warfen sich Blicke zu. „*Was macht der Geist, Fräulein Münter? Erscheint er noch täglich zum Frühstück und geht mit schlafen abends?*" Elisabeth lachte. Seit neulich, da Gabriele ihnen von spiritistischen Sitzungen erzählt hatte, verulkte man sie. Diese Sitzungen lagen doch Jahrzehnte zurück, und ein Medium war sie niemals gewesen. So etwas lag gar nicht in ihrer Natur. Man nahm sie überhaupt nicht ernst.

Die Gäste tranken gerade ihre dritte Tasse Tee, als Kandinsky aufstand und sich im Nebenzimmer ans Harmonium setzte. Kandinsky, der Musikfreund, dessen Leidenschaft es war, Konzerte zu hören und dann selbst ein Instrument zu spielen. Wenn er am Harmonium sitzt, vergißt er Ort und Zeit. Elisabeth und Maria blickten sich belustigt an. Ihre Ehemänner schnitten Grimassen, langweilten sich. Gabriele spürte das Unbehagen der Gäste. Helmuth Macke und Campendonk wurden ungeduldig. Diese Musik! Sie waren doch zum Vergnügen hier. Kandinskys Spiel war direkt dazu angetan, um einem die Laune zu verderben. „Laßt uns Witze erzählen!" platzten sie los. Gabriele empfand, daß das Kichern und schallende Gelächter Kandinsky arg beleidigte. Wenn Wassja leiden sollte, litt sie mit und umgekehrt. Einer stand für den anderen. „*Wenn ich auch wegen dir so intensiv leiden kann*", hatte er einmal gesagt, „*so zeigt es nur, wie mir alles nahe geht, was dich betrifft.*" Sie fühlte sich für ihn verletzt, wünschte, sie könnte den Gästen in richtiger Weise antworten. Aber ihr fehlte die Redegewandtheit von Maria, die sorglose Natur von Elisabeth. Sie fühlte sich in die Enge getrieben. Spürte wieder den Druckschmerz hinter den Schläfen. Sie murmelte etwas von Kopfschmerzen und wankte los. Im Augenblick der allgemeinen Verblüffung, als sie die Tür hinter sich schloß, hörte sie zwischen Lachanfällen die bissige Bemerkung: „*Die Motte!* Diese Motte, da flattert sie hin. Mein Gott, versteht ihr das Getue der Münter?" Gabriele flüchtete die Treppe hoch ins dunkle Schlafzimmer, und während sie lief, rieb sie sich die brennenden Augen.

Die Motte? Als ob Gabriele Wassja umflatterte! Das übliche Gerede über die unverheiratete Gefährtin eines Mannes. Es war ihr so zuwider.

25

In der Nacht erwachte sie. Der Fußboden hatte geknackt, die Holzdielen arbeiteten. Ein breites Lichtband zog sich vom Fenster über den Flecklteppich zum Toilettentisch. Jetzt sah sie das

Bild auf dem Schubfach, der blaue Reiter, der sich nach der Reiterin umdreht. In ihrem Kopf lief ein Film ab. Rückwärts lief er und ziemlich schnell, wie es der Vorführer im Kino zum Vergnügen der Zuschauer gern machte. 1911: August, Juli, Juni. Städtereisen: Bonn, Herford, Berlin. Jetzt steigt sie in Herford aus bei Julie, kocht Stachelbeeren ein, kauft weißen Musselinstoff für eine Bluse. Sie haben eine so fabelhaft schlanke Figur, sagt die Schneiderin, aus dieser Stoffmenge kann ich ein Kleid nähen.

Der Mond war weitergewandert. Das Lichtband knickte ab vor der offenstehenden Tür von Wassjas Schlafzimmer, sie konnte ihn in seinem Bett nur ahnen.

Im Frühjahr 1911 war er von Anja geschieden worden. Es war einer jener unwirklich klaren Tage vor einer Regenperiode gewesen, wenn man weit in die Ferne schauen kann, als die Scheidungsurkunde ankam. Erst am Abend hatte Wassja Zeit gefunden, sie ihr zu zeigen. Sie standen oben in seinem Arbeitszimmer und schauten zum Kirchhügel hinüber. „Sprachen wir nicht vor langer Zeit über meine Scheidung?" begann er. „Jetzt ist es soweit." „Es ist soweit?" wiederholte sie. „Ja, freut es dich nicht?" „So viele Jahre habe ich darauf gewartet, und es müßte mich eigentlich freuen, nicht wahr?" Aber der bisherige Zustand hielt sie für einen Augenblick noch zu tief im Bann. Und in diesen Augenblick hinein sagte Wassja: „Ich habe mich auch so sehr an unser Leben gewöhnt, laß uns eine Zeitlang so tun, als hätte sich nichts geändert. *Das mit der Scheidung mußte so sein, so kommen, das weiß ich jetzt besonders klar, früher fühlte ich es nur dumpf. Trau auch du den Mächten und laß auch du alles reifen. Dann kommt die richtige Frucht von selbst.*"

Gabriele hatte zu früh aufgeatmet, und die Schwester in Berlin, der Bruder in Bonn warteten vergebens auf den Termin ihrer Heirat. Nitschewo. Nichts. Keine freudige Mitteilung.

Sie träumte, Wassja ginge mit ihr zum Standesamt. Bei der Schneiderin in Herford hatte sie gedacht, daß Wassja sagen würde, das ist dein Hochzeitskleid. Sie mußte daran denken, wie sie gestern mit Wassja vorm Kleiderschrank stand. Was anziehen? Die Frage war überflüssig, denn sie wußte auf einmal, daß er nicht mehr darauf achtete, wie sie sich kleidete. Überlegungen deswegen anstellen, das durfte sie nicht. Sie stellte harmlose Fragen wegen der Garderobe beim Frühstück, sie streute wegen der Heirat kleine Bemerkungen ein, wenn sie manchmal zusammen im Garten arbeiteten, wenn sich die seltene Gelegenheit bot, mit ihm allein Tee zu trinken. Sie wartete auf seine Antwort, eine würgende Angst im Hals. Nur ein leichtes Abwinken, eine kleine unaufmerksame Umarmung. Später, Ella. Liebes, ich bin noch ziemlich durcheinander, muß mein Gleichgewicht erst wiederfinden.

Es folgten schlimme Tage. Kandinsky und Gabriele konnten nicht aus dem Haus, konnten nicht mit dem Fahrrad nach Sindelsdorf fahren. Es stürmte und regnete in einem fort. Am Eßtisch, beim Frühstück sich gegenübersitzend, brütete Wassja düster vor sich hin. Auch ihr mache das Wetter zu schaffen, sagte Gabriele und schnupfte und hustete. Wassja schwieg beinahe herausfordernd. Sie bemerkte, daß er doch eigentlich weniger essen wollte, trotzdem nähme er das zweite Ei, das Fanny gekocht hatte. Er reagierte nicht. Sie stellte ihre Tasse hart auf den Tisch. Es störte sie, daß Fanny wieder an der Tür stehenblieb und den Tisch beobachtete. Sagte: „Es zieht", und empfand es als Unverschämtheit, daß Fanny sich an K. wandte und fragte, ob sie die Tür schließen solle. „Nein", sagte K. und blickte kurz auf. Gabriele sah ihn empört an, stöhnte, „mein Zahn schmerzt wieder." Dann schwieg sie. Sie schwieg auch in den nächsten Tagen. „Warum regst du dich bloß über Fanny auf. Was hast du nur", sagte er. „Du hättest sie nicht einstellen sollen", rief Gabriele. Und dann stritten sie sich. K. packte seine Reisetasche und fuhr nach München. In dieser Atmosphäre könnte er nicht arbeiten. Aber dann beruhigten sich beide wieder. Und jedesmal, wenn sie getrennt voneinander waren, hieß es in den Briefen, die sie sich schrieben: *„Ich werde schrecklich froh sein, wenn Du wieder hier bist. Viele Grüße. Deine Ella."* Und Wassja schrieb: *„Laß Dich nicht kränken wegen nicht sehr* *wichtiger Sachen. – Liebchen klares, Liebchen teures und viel viel Geliebtes! – Also sei mir gut und hab viel Geduld mit mir! Du liebe, reine. Dein Was.*"

Und in ihrer Liebe zu ihm, in ihrem Glauben an seine Treue verließ sie sich auf seine Bekenntnisse, schriftliche wie mündliche. Bezeichnete er sie nicht offiziell als seine Frau? Wie hieß es doch in einem Brief an Arnold Schönberg: „*Ebenso hat große Freude an Ihren Bildern und Briefen meine Frau, Gabriele Münter.*" Hatte Schönberg diese Bezeichnung doch gerade erst in seinem Brief vom 11. November 1911 wieder aufgenommen: „*Viele herzliche Grüße an Sie und Ihre Frau von mir und meiner Frau.*" Beweise, daß ihre Gewissensehe anerkannt wurde.

Sie war überzeugt, daß sie nicht mehr lange warten müßte. Übersah sie die Abstände, die zwischen den Beteuerungen immer größer wurden? Wassjas stummes Dasitzen, seine Abwesenheit, wenn sie mit ihm reden wollte? Sie wollte es nicht wahrhaben. Sie hatte auch keine Zeit zum Grübeln.

26

Auf dem Viktualienmarkt standen Weihnachtsbäume unter den Straßenlampen merkwürdig blaugrün im Licht. Die Marktfrauen rieben sich die Hände vor Kälte an diesem Dezembertag. Es war glatt auf dem Bürgersteig, der Schnee war zu Matsch getreten, und Gabriele hatte schon nasse Füße. Das Gedränge zwischen den Ständen war groß, und sie machte, daß sie nach Haus kam. Bei Oberpollinger war sie gewesen wegen der Weihnachtseinkäufe. Hoffentlich hatten sie einen ruhigen Abend. Sie trat ins warme Wohnzimmer. Da stand Wassja ganz grau im Gesicht und zerriß ein Schreiben in winzig kleine Schnipsel. Er käme sich allmählich vor wie ein Trottel. Diese Kleinigkeitskrämer machten alle künstlerische Tätigkeit zunichte, und diesmal wäre er das Opfer.

Was war passiert? Mitglieder der Neuen Künstlervereinigung München hatten ihm sein Bild ‚Jüngstes Gericht', das er für die dritte Ausstellung eingereicht hatte, zurückgegeben mit der Begründung, es wäre um vier Zentimeter zu groß. Er hatte deswegen eine Stunde lang mit ihnen gestritten. Ohne Erfolg. Kandinskys Beitrag wurde abgelehnt, weil man sonst allen Künstlern größere Bildermaße erlauben müßte, und Kandinsky hätte diesen Punkt selbst in die Satzung des Vereins hineingebracht. Ihm sei vor Ärger ganz übel, sagte er und stopfte sich nervös eine Pfeife. Gabriele sah ihn an: „Das ist doch nur der Neid, weil man dich international anerkennt. Oder es ist ihre Dummheit, die deine abstrakte Malerei nicht verstehen will und sich auch keine Mühe deswegen gibt."

„Da sollte man doch gleich aus dem Verein austreten", sagte Kandinsky. „Mach das!" rief Gabriele und war selbst voller Zorn. Sie knallte die Zeitung auf den Tisch, die sie eben gekauft hatte, und feuerte ihn an. Viel zu uneigennützig wäre er bisher gewesen. Einen neuen Verein sollte er gründen. Da würden die anderen ganz schön dumm dastehen. Aber er wollte keinen Streit. Wassja war auf einmal müde. „Ich spreche noch einmal mit Werefkin", sagte Gabriele. Aber als auch die an der Satzung festhielt, obschon sie es bedauerte, Kandinskys gutes Bild nicht zeigen zu können, war der Bruch da. Kandinsky legte den Vorsitz nieder. Eine neue Münchener Sezession! Revolutionäre waren sie plötzlich, Kandinsky, Marc und Münter. Gabriele war Feuer und Flamme.

„Ich werde mich den Abspaltern anschließen", sagte Alfred Kubin, der Maler, den man den ‚Pfaffen des Grauens' nannte, und lud die drei in die Mandlstraße 28 ein, in sein Atelier, wo es Affen gab, Reptilien und Mäuse.

„Jetzt machen wir unsere Ausstellung selber", rief Franz Marc. Also denn! Ein schneller Entschluß. Wer's eilig hat, darf keine überflüssigen Wege machen. Mit Droschken wird gefahren. Bis zum Odeonsplatz, dann zu Fuß weiter in die Theatinerstraße. Der Galerist Heinrich Thannhauser überrumpelt, überredet. Die Hälfte der Ausstellungssäle, die der Neuen Künstlervereinigung zugesagt waren, überläßt er Kandinsky,

Marc und Münter. Gabriele ist in Hochstimmung. Kandinsky weiß, wie die Ausstellung werden soll, international, auf der Höhe der Zeit. Nach Paris wird geschrieben. Robert Delaunay antwortet, schickt seine Bilder ‚Eiffelturm', ‚Saint Séverin', ‚Stadt'. Auch Bilder von Henri Rousseau werden geliefert, der leider im letzten Jahr verstorben war, ‚Straße mit Hühnern' und ‚Landschaft'. Gerahmt müssen sie werden. Schneller arbeiten, länger. Bis in die Nachtstunden hinein. In der Eile müssen es billige Holzlatten tun. Sie werden bunt bemalt wie alte Glasbildrahmen. Und dann haben sie die Säle mit schwarzem Tuch bespannt und die Bilder gehängt. Farben leuchten auf dunklem Untergrund. Neben Delaunays ‚Stadt' gleich im Eingangsraum hängt Gabrieles Bild ‚Landstraße im Winter', Öl auf Holz 87 cm mal 72 cm. Ein schneebedeckter Hügel mit schwarzen aufgetauten Erdplacken. Wie Strichzeichnungen ein paar Bäume. Aber keine Trostlosigkeit. Häuser verraten menschliche Wärme, und die eisblauen Schlangenlinien des Weges steigern das Gelb des Sonnenlichts, das irgendwo hinter den Schneemassen des Himmels leuchtet. Sechs Bilder insgesamt stellt Gabriele aus.

Glück gehabt. Morgens am 18. Dezember 1911, als die Luft noch wie gefroren war und ein eisiger Wind durch die Straßen fegte, standen die verfeindeten Gruppen fröstelnd vor der Galerie Thannhauser und warteten, daß aufgeschlossen wurde. Die Ausstellung der Neuen Künstlervereinigung und die der Sezessionisten wurden gleichzeitig eröffnet. *„Ich meine doch, die Ausstellung der Blaue Reiter hat viel erreicht"*, wird Gabriele ein paar Tage später zu Maria Marc sagen, *„in vielen Köpfen ist was ins Wanken geraten. Dem Thannhauser danken wir die Möglichkeit, obgleich er nicht weiß, was er tut."* Und dann viel Fragerei von überallher, großes Geschrei, wie nennen sich diese Abspalter, diese Sezessionisten? Wer zeichnet verantwortlich für die Ausstellung? ‚Die Redaktion Der Blaue Reiter'! Und dann geht es wie ein Lauffeuer durch die Kunstszene Münchens, wird nach Berlin telegrafiert, daß Kandinsky und Marc eine Schrift zur Kunst herausgeben wollen. Nie gehört, daß sich die mit einer Programmschrift beschäftigen. Kandinsky, Marc und Münter lachen sich ins Fäustchen. Ein halbes Jahr lang haben sie ihr Buchprojekt geheimhalten können.

Noch mußten sie letzte Hand anlegen, noch war das Buch nicht in Druck. Aber warum bildete Gabriele sich ein, sie wäre bei jeder Besprechung zum Blauen Reiter vonnöten? Kam man nicht ohne ihre Ansichten aus? So selbständig, wie sie auftrat. „Was tut Fräulein Münter?“ fragte Franz Marc verblüfft. „Sie verhandelt mit dem Verleger Piper?“ „Na und?“ Gabriele fragte nur im Auftrag von Kandinsky, wohin der Verleger die ersten Exemplare ausliefern würde. Unverschämt genug hatte Piper ihr geantwortet. Hatte sie ihm zu wenig geschmeichelt? *„Du weißt ja“*, sagte sie noch am selben Tag zu Wassja, *„daß ich den Fehler habe, mich oft so auszudrücken, daß es unliebenswürdig aussieht, und es ist doch gar nicht so gemeint.“* War Gabriele als Frau keine ebenbürtige Geschäftspartnerin? Sie bemühte sich noch im nachhinein, ihrem Gesicht einen geschäftsmäßigen Ausdruck zu geben.

27

Anfang des neuen Jahres merkte sie, daß sich im Verhalten der anderen ihr gegenüber etwas verändert hatte. Man lehnte sie als Gesprächspartnerin ab. Warum fiel ihr jetzt die Szene von gestern nachmittag wieder ein? Besuch von Franz Marc. Sie konnte ihn nicht dazu bringen, sich Kandinskys neues Bild auf der Staffelei anzusehen. Obwohl sie ihn regelrecht bedrängte. Er beachtete sie nicht. Sie konnte nicht mit ihm sprechen. Sie hätte Marc viel von der Entstehungsgeschichte erzählen können. Marc ging, ohne ein Wort zu sagen, zu Kandinsky hinüber und schloß die Tür hinter sich. Sie hatte eine Kälte verspürt. Sie fühlte sich in ihrem Stolz verletzt. Mehr und mehr liefen alle Diskussionen über Kunst jetzt an ihr vorbei. Sie hatte Maria Marc gefragt, warum sie sich plötzlich von den Redaktionssitzungen fernhielt, warum sie ihre Reproduktionen für den Almanach diskret zurückzog. Maria konzentriere sich auf andere Arbeiten, sagte Marc lakonisch.

Auch Macke hatte gemeint: „*Der Lebensberuf der Frau, der Mutter, ist so ungleich, heilig und hoch, daß es geradezu lächerlich ist, wie die Emanzipierten noch dazu das Feld des Mannes haben wollen. Der Mann wirkt eben außerhalb, die Frau innerhalb der Familie. Der einzige Beruf, den sie gleich gut wie der Mann ausüben kann, ist der der Künstlerin, da er auf Empfindung und Seele beruht.*" Von miteinander diskutieren, von Gedankenaustausch hielt Macke auch nichts.

„Ich fahre jetzt nach Sindelsdorf und arbeite mit Marc. Wirst du mit dem Abschreiben heute fertig? Vergiß nicht den Brief an den Bildhauer und Maler Hans Arp! Kannst du noch die Bilder für den Versand fertig machen? Später als morgen dürfen wir sie nicht zurückschicken." Gabriele betrachtete Wassja. Na, schön. Sie hätte Lust, einen Streit anzufangen, aber Kandinsky hatte seine verschlossene Miene aufgesetzt, die sie stumm machte. Nein, sie hatte heute auf gar nichts Lust. Morgen würde sie die korrigierten Textstellen abschreiben. Artikel anfordern. Teilnehmerlisten aufstellen. Die Namen hatte sie zusammen: Delaunay, Gauguin, Campendonk, Cézanne, Kandinsky, Klee, Kokoschka, Marc, Matisse, Münter. Wilhelm Morgner, dem begabten, zwanzig Jahre jungen Maler aus Soest in Westfalen mußten noch Arbeiten zurückgeschickt werden. Das müßte Marc übernehmen.

An diesem Nachmittag geht Gabriele langsam durch den Burggraben. Sie hat beim Bauern Milch geholt. Ein Anblick läßt sie stehenbleiben: eine Frau in blauem Kleid mit ihrem Sohn, wahrscheinlich Sommerfrischler, die spazierengehen. Gabrieles Augen verweilen auf diesem Bild. Sie verspürt eine Wärme, sie atmet gelöst und gleichmäßig. Ihr ganzer Körper entspannt sich. Ein Impuls zum Malen will sich einstellen. Und da plötzlich drängt sich ein anderes Bild vor ihre Augen, das Annerl, eins dieser Murnauer Bauernkinder, steht oben in ihrem Haus. Es bringt die Zeichnungen, die es in der Schule malte. Denn im Blauen Reiter wollte Kandinsky auch Kinderzeichnungen abbilden, und vielleicht hatte das Annerl ja eine passende. Der Gedanke an die vielen Aufgaben, die Gabriele für den Almanach übernommen hat, macht ihren Malimpuls zunichte.

Ja, man brauchte sie, wenn solche Arbeiten anlagen, wie Briefe schreiben, Bilder für den Versand fertigmachen. Da schonte man sie nicht, aber bei Entscheidungen sollte sie die Rolle der Zuschauerin übernehmen. Würde Kandinsky sie jetzt nicht mehr auffordern, seine Artikel zu lesen, nicht mehr mit ihr über die der anderen diskutieren? War ihm an ihrem Urteil nichts mehr gelegen?

Ihr Tisch war mit Papieren bedeckt, mit Briefen, Briefentwürfen. Ein Brief lag dabei von Henri Matisse aus Paris mit der netten Antwort, daß der Blaue Reiter alles von ihm reproduzieren dürfe, was er wolle. Und da lag der Brief vom Verleger Reinhard Piper. Er wollte Veränderungen, wollte Franz Marcs flüssigen Stil, nicht den geschwollenen von Kandinsky. Piper mochte den Franz, glaubte, sein Entdecker zu sein. Doch jetzt drohte er, das Projekt Blauer Reiter platzen zu lassen. Es war auch dumm von Kandinsky, einen Artikel nach dem anderen schreiben zu lassen, ohne auf den zur Verfügung stehenden Platz zu achten. Dumm, den Ladenpreis auf zehn Mark festzusetzen, ohne das mit Piper abzusprechen. Immer diese leidigen Geldangelegenheiten! Selbst Gabriele war es mulmig geworden, als sie den Vertrag vom 28. September 1911 gelesen hatte, daß Franz Marc und W. Kandinsky die Kosten allein tragen sollten. Gott sei Dank hatte Bernhard Koehler, der wohlgesonnene Kunstmäzen aus Berlin, die Garantiesumme von dreitausend Mark gestiftet. Gabriele war zuversichtlich, Piper wird drucken.

Sie ging in die Küche, trank schnell zwei Tassen Kaffee hintereinander. Sie fühlte sich müde. Ich sollte einfach einmal nichts tun. Es lief darauf hinaus, daß sie die Skizzen von der ‚Dorfstraße im Winter' zerriß. Sie hätte das Bild gern ein zweites Mal gearbeitet, nachdem Franz Marc das erste bei einer Auktion für dreißig Mark ersteigert hatte. Nichts gelang ihr heute. Ich bin einfach zu müde. So müde war sie lange nicht gewesen. Sie kam nicht mehr allzu oft zum Malen.

Und in diesem Jahr 1912 malte sie das merkwürdige Bild, das sie ‚Nach dem Tee' nannte. Zehnmal hatte sie die kleine Szene als Zeichnung mit Bleistift, zweimal in Öl gemalt. Eine beachtliche Leistung. Es bewies, wie Gabriele sich mühte. Die Grundkomposition blieb immer gleich, zwei Männer miteinander im Gespräch und zwei Frauen, die unbeachtet hinter ihnen stehen. In der letzten Ölskizze lehnt sich die Frau im blauen Kleid kraftlos an einen Sessel. Natürlich konnte man Kandinsky auf dem Bild erkennen, auch den Kunsthändler Goltz, der oft mit seiner Frau zu Besuch kam, der die zweite Ausstellung des Blauen Reiters in seinem Verkaufsraum arrangieren wollte. Man brauchte auch nicht viel Fantasie, um in der Frau im braunen Kleid Gabriele zu erkennen. Sie hatte eine Szene gemalt, die wie erstarrt wirkte. Wie Marionetten stehen oder sitzen die Figuren im Wohnzimmer der Ainmillerstraße. Die Frauen isoliert, von der Diskussion ausgeschlossen. Wollte Gabriele diese entlarvende Aussage vertuschen, auslöschen, als sie am 25. April die zweite Ölskizze als Vorlage für eine Abstraktion nahm und Personen und Gegenstände unkenntlich machte? Allerdings, das Blau des Kleides tauchte als blaues Dreieck an derselben Stelle wieder auf, das Trapez des Schaukelstuhls ebenso, und der rote Fleck mitten im abstrakten Bild war als das Rot der Blumen zu identifizieren. „Was man doch alles hinter einer Abstraktion verstecken kann", dachte Gabriele, und sie betrachtete eingehend Kandinskys letztes Ölgemälde, das August Macke als Vexierbild, also als Suchbild, bezeichnete.

Mitte Februar hatte die Krise begonnen. Lag es daran, daß sie alle überarbeitet waren? Hatte August Macke recht, wenn er behauptete, sie muteten sich viel zu viel zu? „*Ich räsonniere nicht gegen den Blauen Reiter, sondern gegen verschiedene lahme Stellen an seinem Pferd*", hatte er an Marc geschrieben. „*Einer muß räsonnieren. Ihr seht sonst wahrhaftig zu blau.*" Nervöse Gereiztheit bestimmte nach und nach ihren Umgangston. „*Macke verschlampt wieder das Antworten auf wichtige und eilige Fragen von Kandinsky. Kandinsky ist in solchen Sachen selbst sehr gewissenhaft*", beklagte sich Gabriele bei Maria Marc.

Und dann schrieb August Macke: „*Ich glaube, Kunst kommt nicht von Wollen, auch nicht von Müssen, sondern von Können.*" Die Tatsache, daß Macke schon einige Male sehr skeptisch Kandinskys Bildern gegenüber gestanden hatte, war Gabriele und Wassja bekannt. Nun hieß es: „*Ich mag den Leuten Ihre abstrakten Figuren gar nicht erklären. Es geht nicht immer. Auf dem großen ‚Jüngsten Gericht' mit dem Nabel Gottes wendet sich ja auch unten rechts Fräulein Münter aus dem Rahmen.*" Gabriele am Tisch, Wassja gegenüber, sah hoch, wußte keine Antwort. August Macke wurde ihr fremd. Sie aßen schweigend zu Mittag.

„*Ich würde mich natürlich freuen*", sagte Kandinsky plötzlich, „*wenn der Blaue Reiter von mir sein Gewand bekommen würde.*" Und hielt einen Moment inne, um dann fortzufahren, „ich schrieb Franz Marc, daß mir allein das Recht zukommt, das Titelbild für den Blauen Reiter anzufertigen. *Nicht aus Eitelkeit, aber aus dem einfachen Grund, daß der Blaue Reiter als Embryo lange Jahre in mir saß, so daß ich ihn innerlich als eine Frucht meines geistigen Leibes empfinde.*" Und er hätte das Aquarell für den Umschlag des Almanachs beigelegt. Gabriele kannte es, die Gestalt des heiligen Georg. Links vom Reiter mit dem Helm der geschuppte schlangenartige Drache, rechts vor dem sich aufbäumenden Pferd die befreite Prinzessin. Kandinsky nannte es: Der Sieg des Geistigen über das Niedere in der Kunst.

Bei Freunden muß man genauer sein. Versteht Franz Marc Kandinskys Brief? Gabriele auf dem Weg zur Post, sie wünscht, sie könnte Marc erklären, welch ein komplizierter Mensch Kandinsky ist. Sie fühlt sich für K. verantwortlich. Sie fühlt sich persönlich angegriffen, wenn jemand sich über ihn lustig macht. Wenn jemand seine Rechte beschneidet, muß sie eingreifen.

Ärgerlich war Schönbergs Text gewesen. Sie hatte Schönberg zurechtgewiesen, schrieb: „*Sehr geehrter Herr Schönberg! Beim Durchlesen der allerletzten Korrektur fällt mir noch einmal die Stelle auf, die mir schon einmal komisch vorkam. Und da ich glaube, daß es nur aus Flüchtigkeit so gekommen ist, möchte ich*

Sie fragen, ob es Ihnen angenehm ist, wenn in Ihrem Artikel der Name Kokoschka vor dem Namen Kandinsky stehenbleibt. Ich hörte, Kokoschka ist noch sehr jung, und soviel ich weiß, hat er außer talentvollen Bildern noch nicht viel gemacht und auch kaum Zeit zu einer bedeutenden Entwicklung gehabt. Sie wissen wohl, daß die Reihenfolge Bedeutung hat. Danke Ihnen, lieber Herr Schönberg, vielmals für Ihre freundliche schnelle Antwort. K. schreibt Ihnen nächstens." Arnold Schönberg reagierte, wie sie es erwartet hatte. Jetzt lautete die Textstelle in seinem Artikel: „*Und wenn Karl Krauss die Sprache Mutter des Gedanken nennt, W. Kandinsky und Oskar Kokoschka Bilder malen, in Farben und Formen phantasieren, so sind das Symptome für eine allmählich sich ausbreitende Erkenntnis von dem wahren Wesen der Kunst.*"

Es war ein frostkalter Februarnachmittag. Gabriele eilte durch die Brienner Straße zur Kunsthandlung von Hans Goltz. Der Blaue Reiter veranstaltete hier seine zweite Ausstellung. ‚Schwarz-Weiß' lautete das Motto. Es waren lauter Druckgrafiken ausgestellt. Vorm Eingang blieb Gabriele stehen und pustete einmal tief durch, um den schnellen Atem zu beruhigen. Wie schon so oft war sie in letzter Minute gekommen. Bald würde Goltz schließen, und sie wollte heute noch intensiv die Drucke von Paul Klee und Hans Arp ansehen. Sie ahnte schon, wie die meisten Besucher auf die Bilder reagieren würden. Wie sie die Bemerkungen wiederholen würden, die in den Zeitungen gestanden hatten. Doch schlimmer als man die erste Ausstellung des Blauen Reiters beschimpft und ausgelacht hatte, konnte es nicht werden. *Plunder, Schwindel – Schönbergs Bilder versetzen direkt in Wut, diese grünäugigen Wasserbrötchen mit Astralblick.* Bloß, was tun mit solcher Abneigung gegen moderne Kunst?

Gabriele verließ nachdenklich die Ausstellung, ohne sich umzublicken, und den jungen Mann, der fröhlich auf sie zukam, nahm sie erst wahr, als er vor ihr stehenblieb. Es war der Maler Richard Seewald. Er wollte gern mit ihr eine Tasse Kaffee trinken. Kandinsky war vor einiger Zeit auf ihn aufmerksam geworden, als er bei Alfred Kubin Zeichnungen von ihm gesehen hatte, und schon einige Male war Seewald bei ihnen in der Ainmillerstraße gewesen. Gabrieles Bilder gefielen ihm außerordentlich gut.

Jetzt im Café Stephanie berichtete der junge Maler, daß er Kandinskys Bühnenkomposition ‚Der Gelbe Klang' im Deutschen Künstlertheater in München zusammen mit einem Züricher Kabarettisten aufführen wollte. Seewald kannte Künstler in München und Berlin, so vieles wußte er zu berichten. Er erzählte Gabriele, wie August Macke auf die Ausstellung des Blauen Reiters und auf den Almanach reagiert hatte.

Macke war beleidigt. Sein schönes Bild ‚Die Lautenspielerin' hatte Kandinsky nicht mit ausgestellt, *dafür sechs Bilder von der Münter, und warum mußte die Münter auch im Blauen Reiter Almanach reproduziert werden? Das wäre Klüngel, Eigenliebe, Blindheit, Pantoffelheldentum.* Gabriele hörte zu. Sie spürte, wie sie zitterte. Sie wußte, die Bilder auszuwählen, war nicht allein Kandinskys Angelegenheit gewesen. Sie schloß für einen Moment die Augen. Wie nannte Macke Kandinsky? Einen *Oberlehrer*! Sagte, „*er tut oft wie ein Papst!*" Gabriele nahm alles zur Kenntnis. Was sollte man antworten, wenn Macke sagte: „*Eine Tischplatte ist für mich mystischer als alle Bilder Kandinskys.*"

Gabriele erhob sich. Seewald half ihr in den Mantel, hielt ihr die Tür auf beim Hinausgehen. Neulich im Café Odeon hatte Franz Marc ihr den Vortritt nicht gelassen. Jedenfalls hatte Gabriele das so empfunden. Er hatte sie nicht gegrüßt, sie nicht so behandelt, wie das einer Malerfreundin zugestanden hätte. Sie war Luft für ihn gewesen. Das hatte sie ihm an einem der nächsten Tage mit scharfen Worten an den Kopf geknallt. Nach diesem Vorfall weigerte sich Marc, mit ihr zusammenzutreffen. „*Ich bin ihm unsympathisch wie fast allen Leuten*", sagte sie sich und sagte es Wassja, „*Einfachheit wird schwer vertragen, ich bin doch wohlwollend und freundlich, aber es scheint mir, daß ich Antipathie erwecke.*"

Auf dem Heimweg in die Ainmillerstraße überdachte sie das

Gespräch mit Seewald. Sie sagte sich, ich bin auf ein Schlachtfeld geraten. Sie fühlte sich für Wassja getroffen. Das war ihre große Schwäche, nichts, aber auch gar nichts ließ sie auf Kandinsky kommen. Wassja ein Pantoffelheld! Er war in letzter Zeit nicht der netteste gewesen, er sagte ihr manches Unangenehme, aber man durfte ihn nicht beleidigen, nicht immer wieder solchem Spott ausliefern.

28

Es war ein verhängnisvoller Tag, als Heinrich Campendonk sie aufsuchte. Wahrscheinlich wäre es nicht zu diesem Zerwürfnis zwischen den Freunden gekommen, wäre Gabriele an jenem Tag nach Murnau gefahren und hätte so den Besuch von Heinrich Campendonk in der Ainmillerstraße verfehlt.

Als er kam, war sie allein im Atelier. Zwei Tage lang hatte sie an der kleinen Skizze aus Sindelsdorf gearbeitet, versucht, mit leuchtenden Ölfarben auf schwarzem Tonpapier dem weißgestrichenen Bauernhof vor dunkelgrünem Tannenwald und gelben Birken die Atmosphäre eines stillen Herbsttages zu geben.

In den letzten Monaten, in denen sie mehr als einmal mit Campendonk zusammengetroffen war, hatte sie ihn als ausgezeichneten Maler kennengelernt. Sie hatten bei Marcs zusammen mit seiner Freundin Adda Kaffee getrunken, und seine unbeschwerte Jungenhaftigkeit, die Verliebtheit der beiden fand sie sympathisch. Aber es gab auch Momente, wo sie sich über das Sorglose, das Ungezwungene der beiden ärgerte, wo es sie sogar aggressiv machte. Und jetzt, als sie das Bild ‚Sindelsdorf' beiseite legte, kam der Ärger wieder hoch.

Sie hätte ihn noch ertragen und wäre ruhig geblieben, wenn Campendonk nicht mit dieser Bitte gekommen wäre. Darauf war sie nicht gefaßt. Einen Augenblick saßen sie und Kandinsky, der hinzugekommen war, steif auf ihren Stühlen. Kandinsky rührte mit seinem Löffel in der Tasse herum. Es ging um eine Ausstellung in Moskau, an der August Macke teilnehmen wollte. Macke war der Meinung, daß Kandinsky statt seiner die Korrespondenz führen sollte, nach den Transportbedingungen fragen sollte, nach den Frachtkosten. Campendonk sagte, daß Mackes Leinwände etwas zu knapp wären zum Aufspannen. Er empfahl, in Moskau Nesseltuch kaufen zu lassen, es aufzuspannen und die Bilder daraufzukleben.

Gabriele erwartete, daß Kandinsky im nächsten Moment loswettern würde. Dann, mit einer Heftigkeit, die die Männer hochfahren ließ, sprang sie auf, schrie wie wild, man solle doch endlich Kandinsky mit solchen Nebensächlichkeiten verschonen! Sie fände es unverschämt, wo er sowieso seine Zeit für die Freunde verschwendete. Was fiel Campendonk eigentlich ein! „Dann lassen wir es eben!“ rief dieser scharf und verließ mit beleidigtem Gesicht die Wohnung.

Kandinsky blieb wehmütig lächelnd sitzen, sagte nichts, erwähnte den Vorfall auch nicht, nachdem Gabriele von der Post zurückgekommen war. Sie hatte regelrecht in Panik gehandelt. Sie hatte die Bilder von August Macke herausgesucht, die er Kandinsky zur Ansicht geschickt hatte, hatte sie verpackt und beleidigend grußlos darunter geschrieben: *„Herrn Macke, Bonn. Da ich höre, Sie sind in Verlegenheit um Arbeiten, so möchte ich Ihnen Ihre Sachen nicht weiter vorenthalten und stelle sie Ihnen hiermit zur Verfügung. G. Münter.“* War es nicht kindisch, wie sie ihren Zorn abreagierte?

Der große Krach war da. Tage später. Wassja saß an seinem Schreibtisch. Er musterte sie, sagte streng: „Schlimm, wie du aussiehst! Zieh dich erstmal um.“ Es lief ihr kalt über den Rücken, und das lag bestimmt nicht daran, daß sie regennaß mit herabhängendem Haar von draußen hereingekommen war. Stand nun auch Wassja auf der anderen Seite? Stand er mit den Mackes, mit den Marcs in einer Phalanx, in einer geschlossenen Front feindlich ihr gegenüber? Für wen hatte sie sich denn seit Monaten eingesetzt? Um wen hatte sie sich gekümmert? Um wen sich Sorgen gemacht? Wegen wem war sie so traurig, so niedergeschlagen? Wie konnte Wassja nur dasitzen und sie ansehen wie eine Fremde?

Erst am Abend ging sie wieder zu ihm. Hier, sagte Kandinsky und ließ sie seinen Brief lesen: „*Ihr Ton, Herr Marc, änderte sich mehr und mehr. Ich weiß auch nicht, woran es lag, es klang aber anders als früher. Sie wurden kalt. Ganz besonders merkwürdig verhielten Sie sich auch zu Ella. – Ja, und noch etwas. Ella hat keine Aufforderung für eine Ausstellung beim Sonderbund in Köln bekommen. Mich machen ja solche Stumpfsinnigkeiten wirklich böse und traurig. Böse, da die Männer sich erlauben, Frauen so blöd zu behandeln.*"

Die Wärme, die auf einmal in ihr hochstieg, machte Gabriele strahlend. Da war die Angst vorbei, die sie seit Tagen nicht losgelassen hatte. Diese Angst, diese Furcht seit Kinderzeit, ausgeschlossen zu werden. Nichts ging ihr über den harmonischen Einklang untereinander, nichts über eine gesicherte Gemeinschaft.

Es tat ihr leid, daß sie Wassja dieses offene Bekenntnis zu ihr nicht mehr zugetraut hatte. Sie hätte doch wissen müssen, daß er nicht feige war, daß er sich für sie einsetzte, daß er sich hinter sie stellte. Denn er schrieb, daß er dem Sonderbund, diesem Verein der Kölner Kunstfreunde, keine Bilder schicken würde für die Ausstellung, auch wenn man ihn auslachte wie den Berliner Maler Wilhelm Trübner, der gesagt hatte: „*Wenn meine Frau nicht genommen wird, ziehe ich meine sämtlichen Bilder zurück.*" Das war es, was Gabriele immer wieder an Kandinsky glauben ließ, er hielt zu ihr, wie sich das für einen Lebenspartner gehört.

Leider entging ihren Ohren nichts. Sie hatte bereits mitbekommen, was getratscht wurde. „*Das Luder*", hatte August Macke Gabriele geschimpft. „*Die typische alte Jungfer schlimmster und dümmster Sorte.*" Und Franz Marc hatte wütend gesagt: „*Fahr wohl, Blauer Reiter, es kam eine Motte dazwischen! – Jetzt ist er schon hin. Viel fehlt wenigstens nimmer. Jedenfalls hat dieses Frauenziefer auf meine Freude am Blauen Reiter bös gespuckt. – Ich könnte dieses Frauenzimmer direkt kaputtschlagen.*"

Gabriele war nachdenklich geworden. Sie durfte nicht immer

die Kontrolle über sich verlieren. Sie sollte über die Vorwürfe der Freunde einmal nachdenken, zum Beispiel auch über ihre Beziehung zu Elisabeth und Maria. Es hieß, sie hätten sie in Briefen grüßen lassen. Elisabeth hätte ihr einmal Blumen mitgebracht. Ein Wort des Dankes aber nicht gehört. Da war doch auch etwas falsch. Kleinigkeiten, aber in Ordnung war das nicht. Nun war diese Gelegenheit unwiederbringlich vorbei. Wer weiß, wann Elisabeth Macke wieder einmal nach München kam. Da war ein Riß in der Freundschaft. Sie mußte einen Vorstoß wagen, um wieder mit Marcs und Mackes freundschaftlich umgehen zu können. Jetzt, nachdem Wassja diesen Brief geschrieben hatte, der seine Treue zu ihr bewies, schrieb sie ihrerseits einen Brief an Marc.

Blödsinn. Kopfschüttelnd lasen Franz und Maria Marc das Schreiben, das sie Marc mit einem schüchternen Lächeln eines Abends in die Manteltasche gesteckt hatte: „*Daß Herr Campendonk in meiner Abweisung wegen Kandinskys Schreiben nach Moskau für Mackes Bilder Bosheit hörte, lag in seinen Ohren und zeigt mir nur wieder, wie ich beurteilt werde, und wie Sie alle über mich sprechen. Wobei ich aber nicht leugnen will, daß ich manches Mal in anderen Fällen in meinen Äußerungen einen überaus gereizten Ton hatte. Aber in diesem Fall hatte ich vor, Herrn Campendonk nachmittags ausführlich ruhig zu erklären, wie meine Äußerung am Morgen gemeint war.*

Wo ist die Logik, daß Herr Macke sich durch diese kurze Karte von mir noch beleidigt fühlen kann, nachdem er mir doch längst mit größter Deutlichkeit zeigt, daß ich Luft bin für ihn. Ich habe ihm aber die Zeichnungen nur geschickt, weil ich hörte, daß er in Verlegenheit um Arbeiten ist, und weil ich finde, daß diese, von allem, was ich kenne, zu den besten gehören. Wollen Sie mir wirklich verdenken, wenn ich meine Verstimmung nicht ganz verbergen konnte (Murnau), so ich sah, daß bei freundlichen Gesichtern man etwas nur verbirgt, was mich betrifft, anders über mich spricht. Wollten Sie mich wirklich zum Hypochonder oder launischen Kränkling stempeln, weil meine ganze Natur nach Offenheit und Klarheit verlangt und unter jedem

Hinterhältigen leidet. Aber da Sie mich ausschelten wollten für mein Unrecht, so wollt ich das Ihnen ein bissl von meiner Seite zeigen. Sie sehen, ich antworte nicht mit Schweigen (und mache noch Klexe dazu). I sogs, wies is, und drum nix für ungut! Wenn es Ihnen nun der Mühe wert, bitte ich Sie, mir ganz rückhaltlos zu sagen, was ich so Schlimmes verbrochen habe! Papier ist zu End, die Litanei auch. Trotz und alledem freundlichen Gruß! G. Münter."

Gabriele wollte die Scherben kitten. Aber sie bedachte dabei nicht, daß ihr Ärger, ihre Wut nicht nur mit der Person August Macke oder Franz Marc zu tun hatte. Ihre Wut richtete sich im Grunde gegen ihre eigene unklare Situation. Sie bäumte sich auf gegen ihre Scheinehe, und sie wollte eigentlich Wassja treffen, der sie wieder und wieder mit Versprechungen hinhielt.

Erst einige Zeit später, im Mai 1912, als sie das erste gedruckte Exemplar des Blauen Reiters in Händen hielt und Kandinsky und Franz Marc sich so freuten, als hätten sie leibhaftig ein Kind zur Welt gebracht, entspannte sich die Lage endgültig. Maria Marc schrieb das auch nach Bonn: „*Über Kandinsky wollen wir nun Frieden schließen. Sein letztes Bild begeistert mich wieder, und in München wars recht behaglich bei ihm und Münter.*" Und was Franz Marc selbst betraf, so war Gabriele bald wieder Ansprechpartnerin und Vermittlerin, besonders, als im Juli Kandinsky wegen einer Leistenbruchoperation im Krankenhaus lag. Marc bat sie, sein Bild ‚Kühe rot, grün, gelb' rahmen zu lassen, es ihm zuzuschicken. Sie telegrafierten miteinander wegen verschiedener Ausstellungen. Sie sprachen von allem möglichen, vermieden aber noch eine Zeitlang persönliche Themen.

29

1913 bring euch Glück und Frieden, hatte Gabriele auf die selbstgestaltete Neujahrskarte geschrieben. Ein Holzschnitt war es mit einer schönen Szene: Leute beim Schneiden und Ernten des Riedgrases und beim Schichten des Heiztorfs. Im Hintergrund eine Idylle, eine Familie neben dem Wohnhaus, Vater, Mutter mit einem großen und einem kleinen Kind. Gabriele hatte alle mit ihren Grüßen bedacht, Verwandte und Freunde. Sie strich die Namen auf der Liste durch. Die beiden letzten waren Herwarth Walden in Berlin, Herausgeber der Kunstzeitschrift ‚Der Sturm', Karl Wolfskehl, Schriftsteller in München. Heute abend wollten Kandinsky und sie sich mit Marcs und Klees bei Hanna und Karl Wolfskehl treffen. Es war ein kalter Januartag.

Literarischer Abend des Stefan-George-Kreises bei Karl Wolfskehl in der Römerstraße. Das war etwas ganz Besonderes. Ein Ereignis in der Kulturszene Münchens. Gabriele, mitten unter den Gästen, beobachtete den Dichter George, der von den anderen begeistert empfangen wurde, weil er wieder von Berlin zurückgekehrt war, wo er jedes Jahr von Oktober bis Dezember lebte. „Mit mattem munde murmelt es, wie bin ich der blumen müd", zitierte er aus seinem ‚Teppich des Lebens', und Karl Wolfskehl streckte begeistert seinen Kopf in die Höhe, daß sein Zeusbart wie ein Degen in der Luft stand. „Karl Wolfskehl ist ein sehr sensibler Mensch", sagte Gabriele später zu Maria Marc, „er hat ein Gespür für die leise schwingenden Saiten des Lebens." Auch Wolfskehl schrieb Gedichte, hatte mit George das große dreibändige Werk ‚Deutsche Dichtung' herausgegeben. Aber Gabriele brauchte heute nicht länger nachzudenken, sie wurde von Maria Marc in Beschlag genommen, die sich herzlich, wie das ihre Art war, mit Hanna Wolfskehl unterhalten hatte. Maria berichtete von Berlin, wie sie im Café ‚Größenwahn', im Café des Westens, die Dichterin Else Lasker-Schüler kennengelernt hatten, Herwarth Waldens erste Frau. Maria lachte: „Die korrespondiert jetzt eifrig mit Franz. Selbstgemalte Kartengrüße schicken sich die beiden. ‚Prinz Theben' nennt sich Lasker-Schüler darin, manchmal ‚König Jussuf'."

Schon drei Jahre später wird Else Lasker-Schüler furchtbar trauern und im Gedicht schreiben „Als der blaue Reiter war gefallen, griffen unsre Hände sich wie Ringe." Ein literarisches Denkmal für ihren ‚lieben, lieben, lieben blauen Reiter Franz, ihren geliebten Halbbruder, ihren blauen Reitersreiter'. Und Franz Marcs Postkarte an Else Lasker-Schüler mit dem Bild ,Turm der blauen Pferde' wird einmal als farbiger Entwurf das einzig Erhaltene von seinem berühmten Gemälde sein.

„Völlig mit den Nerven herunter ist die Dichterin", sagte Maria Marc. „Sie haust in schäbigen Pensionen, lebt wochenlang nur von Obst und Nüssen. Wir müssen etwas für sie tun, das sagt auch Franz." Er wäre sehr besorgt gewesen, als er diesen Brief von ihr bekam: *„Du willst wissen, wie ich alles zu Hause angetroffen habe? Meine Spelunke ist ein langer banger Sarg. Ich nehme schon seit Wochen Opium, dann werden die Ratten Rosen, und die Sonnenflecke tanzen über mein Sterbehemd. O, ich bin so lebensmüde.*" Aber das stille Sindelsdorf, wohin man sie eingeladen hatte, war nicht das Richtige für den unruhigen Gast. Obschon die Unglückliche verschiedene Entziehungskuren hinter sich hatte, waren Nervosität und Depressionen geblieben. Jetzt war sie in München untergebracht. Karl und Hanna Wolfskehl kümmerten sich auch. Eine Auktion zugunsten Else Lasker-Schülers war geplant.

Else Schüler aus Elberfeld, Dichterin, Zeichnerin, mit ihrem vierzehnjährigen Sohn. 1900 von dem Berliner Arzt Dr. Jonathan Lasker geschieden, 1912 von dem Redakteur und Verleger Georg Levin, dem sie den Kunstnamen Herwarth Walden gegeben hatte. Einen Namen, den er beibehielt. Eine hysterische Caféhausliteratin nannten sie die einen, den schwarzen Schwan Israels, eine neue Sappho die anderen.

Am nächsten Tag las Gabriele in Else Lasker-Schülers Gedichtband ,Meine Wunder', den Maria Marc ihr ausgeliehen hatte. Sie las das Gedicht ,Versöhnung', das Franz Marc mit einem Holzschnitt für den ,Sturm' illustriert hatte:

Es wird ein großer Stern in meinen Schoß fallen ...
Wir wollen wachen die Nacht,
In den Sprachen beten,
Die wie Harfen eingeschnitten sind.
Und unsere Lippen wollen sich küssen,

Was zagst du?
Grenzt nicht mein Herz an deins –
Immer färbt dein Blut meine Wangen rot.
Wir wollen uns versöhnen die Nacht,
Wenn wir uns herzen, sterben wir nicht.
Es wird ein großer Stern in meinen Schoß fallen.

Gabriele saß da, erstarrt, und die Heftigkeit, mit der sie das Buch zuklappte, verriet ihre Erregung. Liebe, Treue, Unsterblichkeit durch Gemeinsamkeit. „Grenzt nicht mein Herz an deins." Wann hatte sie das erfahren, was dort geschrieben stand? Eine Ewigkeit war das her. Glück des Zusammenseins. War das Utopie? Sie ging von einem Zimmer ins andere, betrachtete ihre Wohnung wie eine fremde Behausung. Dann hörte sie Wassja an der Haustür. Sie legte das Buch beiseite und setzte das Teewasser auf. Sie stellte ihm gleichmütig die Tasse hin. „Denk bitte daran, ein Bild für die Versteigerung zugunsten Else Lasker-Schülers auszusuchen", sagte sie.

Am 5. März versammelten sich die Blauen-Reiter-Künstler vor dem Münchener Bahnhof. „Ich hätte nicht geglaubt, daß man mir solch einen Empfang bereitet", rief Herwarth Walden und eilte auf die Gruppe zu, das lange, blonde, zurückgekämmte Haar wehte wie ein Schweif. „Er kommt wie der Sturmwind in Person", rief Marianne Werefkin. Herwarth Walden war nach München gereist, um nach besonders geeigneten Bildern für eine Ausstellung zu suchen. Er wäre der Gerissenste in seiner Branche, sagten die einen, die anderen, er wäre der einzige, der sich mit Leib und Seele der neuesten Kunst verschrieben hätte. Wie sonst könnte ein ehemaliger Pianist als völliger Außenseiter plötzlich diese Monatsschrift ‚Der Sturm' gründen, sie meistens kostenlos verteilen, um junge Künstler vorzustellen? Tatsächlich, Herwarth Walden setzte sich für junge Künstler ein. Oskar Kokoschka hatte er als erster groß herausgebracht. Gerade entdeckte er einen Marc Chagall. „Und dich hat er in einer Sonderschau vorgestellt", sagte Kandinsky zu Gabriele. Das war wirklich ein Erfolg für sie.

Am 6. Januar 1913 hatte Herwarth Walden in Berlin eine Sonderausstellung für Gabriele Münter eröffnet, vierundachtzig Gemälde aus den letzten zehn Jahren. Sie wurden ausgestellt in den Räumen seiner Galerie ‚Der Sturm' in der Potsdamer Straße 175.

Herwarth Walden, den nervösen, umtriebigen Verleger mit dem kantigen, ausgemergelten Gesicht und dem dicken Kneifer, hatte Gabriele im Herbst 1912 kennengelernt. Maria und Franz Marc führten ihn in der Ainmillerstraße ein. Er hatte schmächtig und klein vor ihren Bildern gestanden, den großen Kopf in den Nacken gelegt, dann ein paarmal genickt. Von diesem Besuch hatte sie Kandinsky geschrieben, der in Moskau war: *„Sonntagnachmittag war Walden wieder lange bei mir, und ich habe ihm viel gezeigt. Er ist sehr nett und gefällt mir gut, nur ein bißchen süß ist er gegen mich."* Und in ihrer sachlichen Art, die sich nichts vormachen läßt, hatte sie hinzugefügt: *„Vielleicht denkt er, es ist nötig mir gegenüber. Er lobte meine Sachen sehr und ehrlich, sicher wenigstens bis zu einem gewissen Grade."* Und nun sollten schon wieder Bilder von ihr im Sturm ausgestellt werden. „Man kann die neue Kunst nicht oft genug vorstellen, da der Durchbruch nicht sofort gelingt", hatte Walden gesagt.

„In diesem Jahr muß ich es schaffen, den ‚Ersten Deutschen Herbstsalon' zu eröffnen", sagte er jetzt und schaute in die Runde. „Er soll dem berühmten Salon d'Automne in Paris ähneln, der die neueste Kunst herausbringt." Kaum einer von den Künstlern hier ahnte, was er, Herwarth Walden, deshalb alles organisieren müßte. Manchmal wüßte er nicht, wo ihm der Kopf stünde. Sie saßen bei einem Arbeitsfrühstück im Café Odeon, und Marianne Werefkin und Alexej Jawlensky gehörten dazu. Sie waren schließlich auch aus der Neuen Künstlervereinigung ausgetreten. Walden erzählte, daß er tagelang von schwarzem Kaffee lebte und daß Nell, seine zweite Frau, ihm manchmal nachts noch schnell ein Beafsteak braten mußte. „Wenn man Nell braucht, ist sie immer da", lobte er. Eine Weile wurde dann darüber diskutiert, wieviele Bilder jeder Künstler für den Herbstsalon geben sollte. Dann fiel plötzlich der Name Else Lasker-Schüler und daß sie bei Wolfskehls zu Gast sei.

Einen Moment sah es so aus, als wollte Herwarth Walden aufspringen und seinen Arm um Nell legen, die ihm gegenübersaß. Einige Augenblicke später hatte er sich wieder unter Kontrolle. Nur Nell zitterte, war ganz blaß geworden. Den Grund erfuhr man später. Eines Tages war Else Lasker-Schüler im Büro von Herwarth Walden erschienen, hatte einen Revolver gezogen und die Sekretärin bedroht. Sie hatte geglaubt, das blonde Schreibfräulein wäre Nell, die neue Frau von Herwarth. „Ich würde alles dafür geben, wenn ich bloß wüßte, daß das nicht wieder passiert", hatte Nell gesagt.

Zwei Tage darauf in der Ausstellung von Franz Marc in der Galerie Thannhauser. Maria Marc und Gabriele Münter im Foyer. „Im Februar erwartet Elisabeth Macke ihr zweites Kind." Maria erzählt, während sie auf Else Lasker-Schüler und Franz Marc warten.

Gabriele gibt sich Mühe, das Gespräch in Gang zu halten. Es klappt ganz gut. Seit der Verstimmung im letzten Jahr haben die beiden Frauen eine freundlich distanzierte Umgangsform gefunden, mit der man gut leben kann. Dann hören sie Türenschlagen. Außer Atem und mit angespannter Miene, in seidener karierter Pluderhose, mit flatterndem Obergewand und Glöckchen an den Schuhen stürmt Else Lasker-Schüler herein. Die dunklen, großen Augen unter dem schwarzen Pagenschnitt flackern. Die unechten Ringe, die Ketten um Handgelenk, Hals und Ohren klimpern. Sie gestikuliert, ruft: „Ich war gerade bei Marianne Werefkin, schenkte ihr ein Gedicht: Man hört vom Turm Geläut, malt sie den Sonntag. Mariannes Seele und ihr unbändig Herz spielen gern zusammen Freud und Leid, wie sie so oft die Melancholie himmelt mit zwitschernden Farbentönen." Die Dichterin stürmt voran in den Ausstellungssaal, weist mit großer Geste auf die Bilder an den Wänden: „Nie habe ich einen Maler gesehen, der *gotternster und sanfter die Tiere malt* wie mein lieber Franz Marc. *Seine glückseligen blauen Pferde sind lauter wiehernde Erzengel und galoppieren alle ins Paradies hinein.*"

Kandinskys Bilder sagten ihr nichts. Gestern mittag in der Ainmillerstraße war die Dichterin nicht bereit gewesen, auf seine Glasbilder mehr als einen Blick zu werfen. Sie tat sie mit einer müden Handbewegung ab. Diese Heiligenlegendchen töteten ihr den Nerv. Und Kandinskys abstrakte Bilder? Darin fände sie kein Leben. Mit den Bildern, die ihr blauer Reiter malte, könnten sie nicht konkurrieren. Ja, der liebe Franz. Gabriele war sehr blaß geworden, und Kandinsky hatte ein sphinxhaftes Lächeln gezeigt.

Die drei Frauen gehen langsam durch die Ausstellung. Plötzlich sagt Else Lasker-Schüler: *„Dies Bild hat mich am stärksten berührt."* Und dreht sich zu den anderen um. Gabriele fragt ganz sachlich: *„Was berührt Sie daran?"* Und ist einverstanden mit der Erklärung: *„Das Gefährliche in dem Bild."* Die drei Frauen gehen weiter. Else Lasker-Schüler wieder voran. Gabriele, den Kopf vorgeneigt, will sich noch einmal mit dem Gefährlichen dieses Tigerbildes beschäftigen, als ein Ausruf sie hochschreckt und sie Else Lasker-Schüler auf sich zukommen sieht, puterrot im Gesicht, als wollte sie sich auf sie zu stürzen. *„Gnädige Frau"*, schreit sie, *„wie kommen Sie dazu, mich zu beleidigen? Ich bin Künstlerin durch und durch!"* Gabriele starrt die Dichterin an, die weiterschreit, *„ich bin Künstlerin, ich bin ganz stark, ein ganz starker Mensch und lasse mir das nicht bieten von solch einer Null!"* Else Lasker-Schüler ist ganz Tigerin und Tollheit. Es ist eine Szene wie in einem Melodrama. Gabriele versteht nichts. Sie sieht nicht den geringsten Anlaß für diesen plötzlichen Ausbruch. Was geht im Kopf der hocherregten Dichterin vor? Fühlt sie sich beleidigt für ihren lieben Reiter Franz, wenn Gabriele keine enthusiastische Begeisterung zeigt vor seinen Bildern? Gabriele tanzen Farben vor den Augen.

Else Lasker-Schüler schreit noch immer, und hinter sich hört Gabriele die Schreckensrufe von Maria. Sie muß sich um beide bemühen, Else abwehren, die mit Fingerkrallen auf sie eindringt, und Maria Marc beruhigen, die sich die blonden Haare rauft. Ist ja gut, ist ja schon gut. Saalwärter eilen schließlich herbei. Schließlich Franz Marc. Else Lasker-Schüler wird still. Eine Vermittlerrolle braucht Marc gar nicht mehr zu übernehmen.

Hätte Maria Marc diese Geschichte nicht immer wieder in allen Einzelheiten geschildert, man hätte sie für einen bösen Traum halten können. Zwei verschiedene Ansichten darüber kamen in Umlauf. Die eine hielt Kandinsky zwei Tage später in Händen, als sich Maria Marc für eine Tasche bedankte und ihrem Schreiben hinzufügte: *„Es tut uns wirklich leid, daß Frau Lasker-Schüler diese plötzliche Szene verursachte, und es ist uns schmerzlich, daß Münter die Betroffene war. Wir bedauern die Geschichte um so mehr, als wir gehofft hatten, zwischen Ihnen beiden und Frau Lasker-Schüler ein künstlerisches Verstehen und freundschaftlichen Verkehr herbeizuführen. Abgesehen von ihrer Kunst, die wir sehr schätzen, denke ich an das wirklich schwere merkwürdige Schicksal, das sie als Frau durchlebte. Aber dies soll nicht etwa eine Entschuldigung sein, denn es gibt nichts, was solche Szenen entschuldigen könnte. Ich schreib es nur, weil ich Frau Lasker-Schüler auch von einer anderen Seite kenne. Auf Unberechenbarkeit war ich bei ihr nicht gefaßt. Mit den herzlichsten und freundschaftlichsten Grüßen für Münter und Sie von uns beiden – Ihre Maria Marc.“*

Eine andere Sicht des Ereignisses schrieb Maria an Lisbeth und August Macke nach Bonn. Und fast andächtig wiederholte Fanny die Sätze, die sie irgendwo aufgeschnappt hatte: *„Ja, was sagt Ihr nun? Ihr hättet Euch ‚kapot‘ gelacht. Lasker-Schüler hat einen fabelhaften Instinkt, und Münters Seele lag vom ersten Moment an offen vor ihr; sie kann unheimlich gut Menschen beobachten.“*

Gabriele selbst gab dem Vorfall keine ernsthafte Bedeutung, sie hatte daraus nur den Schluß gezogen, daß Else Lasker-Schüler sehr krank sein mußte.

1913 bring euch Glück. 1913 das Jahr der drei Künstlerhochzeiten in Sindelsdorf. Die Einheimischen vorm Gemeindeaushangkasten lesen die Aufgebote. Heinrich Campendonk und Adda Deichmann. Na endlich! Auch der stille Schweizer ist verzeichnet, der auf der Wiese steht und Vögel füttert, bis sie ihm auf Schulter und Kopf sitzen, der beim Bäcker wohnt und oben im Speicher zwischen Strohballen seine Vogelbilder malt. Also, der Jean Blois Niestlé heiratet seine Französin Marguérite Legros, die bei ihm in der Wohnküche schläft, die von ihm Deutschunterricht bekommt und der Maria Marc zeigt, wie man kocht und den Haushalt führt.

Daß zur gleichen Zeit in München Franz Marc und Maria Franck im Kasten hängen, bleibt nicht lange Geheimnis. Seit 1908 haben die beiden auf die Dispens von Franzens Ehe mit Marie Schnür gewartet. „Lächerlich", sagt Marc und schreibt an Kandinsky: *„4. 6. 1913. Lieber Kandinsky, ich bedaure, daß ich Ihnen und Klee nicht den Spaß gemacht habe, gestern unsere Trauzeugen zu machen, die spielen auf dem Münchener Standesamt eine Komödie, die schon die Grenzen des Erlaubten und Vorstellbaren überschreitet. Wir beherrschten uns Gott sei Dank alle, so daß die Sache ohne unangenehmere Zwischenfälle verlief, aber die Komik, war grausig. Herzlich 2 x 2 Fz. M."*

Kandinsky mußte lachen, spöttisch, von gesetzlichen Regelungen hielt er nichts. Erschreckender Hochmut! Als könnte man sich außerhalb aller verbindlichen Gesetze stellen, als sei eine offizielle Eheschließung nicht notwendig. Nie würde Gabriele davon abgehen, daß ihre Gewissensehe nur ein Provisorium war, etwas Vorläufiges. Und dann fragte sie ihn: *„Ich habe noch immer gemeint, vielleicht hast Du gute Gründe gegen das Heiraten, und wenn Du sie mir sagtest, so würde ich vielleicht einverstanden sein wie immer."* Aber Wassja lächelte nur und sagte nichts.

Schon in ihrer Kindheit hat Gabriele gelernt, eine Frau muß heiraten, sonst ist ihr Leben nichts wert. Sie bleibt ungeborgen, unbehaust. Auch wenn sie Erfolg hat in ihrem Beruf, ohne Ehemann ist sie für die Gesellschaft ein Nichts. Die Ehe bildet eine Art Schutzwall, sie vermittelt der Frau Zuflucht und Geborgenheit, und die Regeln, die innerhalb dieser Zone herrschen, befolgt Gabriele, wie es schon ihre Mutter tat. Sie unterwirft sich dem Mann, obschon sie rechtens dazu nicht verpflichtet ist, obschon ihre Gewissensehe nur auf Versprechungen beruht. Sie kann sich nicht ändern. Seit der Verlobung hat sie es weitgehend aufgegeben, Entscheidungen allein zu treffen, obgleich sie doch früher allein für sich entschieden hatte.

Warum wehrt sie sich nicht gegen diese überlieferten Vorstellungen? Warum führt sie kein Eigenleben, das sie unabhängig macht? Ist ihre Arbeit, ihre Malerei, ihre Kunst nicht Begleitung genug? Nein, Gabriele ist nicht selbstsicher, ist nicht stolz auf ihr Können. Und weil sie nun schon so lange, so viele Jahre, so viele Demütigungen wegen ihres unehelichen Zusammenlebens ertragen hat, braucht sie letztlich die Trauung als Genugtuung. Mein Gott, wo ist die leidenschaftliche Liebe der ersten Jahre geblieben! Sie sucht verzweifelt, und dann taucht eine verschwommene Erinnerung an die Verlobung in Kallmünz auf. Sie verschwindet sehr schnell wieder.

Gabriele liegt im Bett, fiebernd. Und am nächsten Morgen der Druckschmerz in Kopf und Magen. Sag mir doch um Himmelswillen, wie das mit uns weitergehen soll, Wassja. Wassja ist in Moskau. Sie ist da in etwas hineingeraten, das sie nicht zum Halten bringen kann. Irgendwo hier ist etwas gefährlich und falsch, durchfährt es sie. Das Leben rennt an mir vorüber. Habe ich Wassja verloren? Sie packt die Koffer, will fort, irgendwohin. „Will Fräulein Münter auch verreisen?" Sie hört Fannys Stimme und sieht, wie man sie durchdringend anblickt. Da dreht sich Gabriele um und läuft in den Englischen Garten. Will nie mehr in die Ainmillerstraße, nie mehr nach Murnau zurück.

Habe ich Wassja verloren, bohrt es in ihr. Ein Nieselregen durchnäßt ihr das Haar. Sie beachtet das nicht. Was hat sich zwischen ihr und Wassja verändert? Die Liebe ist nicht mehr stürmisch, ist abgeklärter. Aber ist das nicht normal in einem langen Zusammenleben? Gabriele glaubt sich mit Wassja verbunden wie mit keinem anderen Menschen auf der Welt. Dagegen, daß er in ihr lebt, kann und will sie nichts machen. Spät in der Nacht, als selbst Fanny besorgte Miene zeigt, kehrt sie in die Wohnung zurück.

30

Sommeranfang 1913. Franz Marc verlangte ihren Einsatz, als Kandinsky in Moskau war. „Wissen Sie, wer die Vorabzüge zum Katalog des Blauen Reiters hat? Wissen Sie, wo die Zeichnungen von Robert Delaunay geblieben sind? Sie müssen nach Paris nachgeschickt werden! Haben Sie schon an Kandinsky geschrieben, angefragt, welche Bilder er für den Großen Herbstsalon in Berlin geben will?" Ja, lieber Franz Marc, dachte Gabriele. Ich werde alles erledigen. Ich werde auch für Maria die Adresse des Kunststopfers besorgen, wie ich es versprochen habe, damit sie nicht weiter bekümmert ist wegen des zerrissenen Kleides. Ich werde ihr auch die Erdbeerpflanzen bringen und berichten, was sich in der Kunstszene in München tut. Gabriele wird schreiben, daß sie sich mit den Texten des französischen Dichters Paul Claudel befaßte, sie wird sie nach Sindelsdorf schicken. Sie wird Franz und Maria Marc den Roman ‚Die andere Seite' schenken, verfaßt von ihrem gemeinsamen Malerfreund Alfred Kubin, diese fantastische Beschreibung von Orgien und Weltuntergängen. Sie wird auch Kandinskys Wünsche erfüllen, sie wird seine Manuskripte ins Reine schreiben, Korrektur lesen. Sie wird in Berlin mit Herwarth Walden über Kandinskys Bücher sprechen. Wer wollte ihr Untätigkeit vorwerfen? Gabriele spürte, wie ihre Hände matt wurden, wie sie den Füllfederhalter zur Seite legen mußte. Wie müde sie sich fühlte.

Frau Münter sei so unruhig in letzter Zeit, hatte Franz Marc bedauert. Gabriele konnte nur den Kopf schütteln, und weil Wassja fort war, um sich zu erholen, entschloß sie sich am 17. Juli, ihre Verwandten in Berlin, in Herford, in Bonn zu besuchen.

Abfahren, ankommen, Gabriele lebt ein Wanderleben, das sich viele Stunden auf Bahnhöfen abspielt, das oft seltsame Sprünge tut, wenn sie den Anschluß nicht verpassen will. In diesem Jahr hat sie das Gefühl, als Gesprächspartnerin von Marc anerkannt zu sein. Sie sitzt im Zug nach Berlin und sieht Franz

Marc vor sich, wie er in ihrem Wohnatelier in der Ainmillerstraße steht, wie er ihre Bilder für den Großen Herbstsalon bei Herwarth Walden zusammenstellt. Und sieht ihn in Murnau dasselbe tun. Es ehre ihn, daß er ihre Arbeiten auswählen dürfe, hat Marc gesagt. Drei Wochen später nach dem Besuch in Berlin, als sie am 2. August weiterfährt nach Herford, denkt sie darüber nach, ob auch sie jene Bilder aussortiert hätte, von denen Marc schreibt: „*,Welke Blumen' und ,Stilleben mit weißen Blumen' wirken vor allem für die Ausstellung trübe und nicht fertig. Eine schwere Frage ist ,Mann im Sessel'. Was ich dagegen habe, ist, daß es auf mich unfertig wirkt, ungleich in seinen Teilen. Manches ist unmotiviert flach, manches zu naturalistisch.*" Mit ,Mann im Sessel' meint er Münters Gemälde von Paul Klee mit der weißen Sommerhose.

War es nicht eine Ausrede von ihr gewesen, sie hätte keine Zeit, als sie Marc die Bilder aussuchen ließ? War es nicht vielleicht so, daß sie froh war, daß Marc diese Aufgabe übernahm? Dabei hätte sie inzwischen wissen müssen, daß sie Frau genug war, das selbst zu tun. War ihr Name als Künstlerin doch schon seit Jahren bekannt. Wie oft hatten ihre Bilder ein Lob bekommen, während man andere Künstler ablehnte. Noch im Januar letzten Jahres hatte die Vossische Zeitung in Berlin geschrieben, Gabriele Münters Arbeiten wären ,wunderschön', während man andere als Belanglosigkeiten und Franz Marcs Bilder abschätzig als Kunstgewerbe abtat. Woran lag es nur, daß sie sich selbst so gering einschätzte? Warum sagte sie dies von sich: „*Ich empfinde mich nur als kleinen Anfänger und denke nicht daran, mich mit irgend jemand zu vergleichen. Als wir 1909 die Vereinigung gründeten, sträubte ich mich aus Bescheidenheit, als Mitbegründer zu unterschreiben, und doch waren einige Mitglieder in der Kunst nicht älter als ich, sie schienen mir aber viel fertiger und waren selbstbewußter. Kandinsky zwang mich zu unterschreiben. Ich hielt mich auch für viel zu wenig, eine Künstlervereinigung zu gründen zusammen mit bedeutenden Malern.*" Sagte sie das, weil sie sich als jüngstes Kind in der Familie immer ganz klein vorgekommen war? Lag es daran, daß sie sich angewöhnt hatte, sich zurückzuhalten, um niemanden auf ihre ungeklärte Ehesituation aufmerksam zu machen?

Verbitterung hatte sich angehäuft. Wie Wassja sie quälen konnte, wenn er plötzlich seine Briefe an „*Frau Münter*" adressierte! Sie wehrte sich dagegen, die Bezeichnung ‚Frau' war für Gabriele das Ergebnis einer legalen Eheschließung. Sie sagte ihm: „*Jedenfalls ist es nur an Dir, mir das Recht auf den Titel zu geben. Ich lasse diese Anrede als Ausdruck der Höflichkeit nur von allerbesten Freunden gelten.*" Wassja wußte doch, was ihr den Schlaf raubte, woher diese panische Angst kam vor gemeinsamen Übernachtungen in Pensionen und Hotels. Daß Gabriele noch immer auf den Anmeldebögen die Standesbezeichnung ‚ledig' eintragen mußte. Er wußte doch, welchen Schock sie bekam damals in Sindelsdorf. Der Polizei wollte man sie melden, weil sie mit Kandinsky im selben Gasthaus abgestiegen war. Gabriele war übersteigert ängstlich geworden. Wollte lieber auf eine Reise mit Wassja verzichten, als das noch einmal erleben. Bei der Eröffnung des Herbstsalons in Berlin wird sie nicht zugegen sein.

Sie hätte sich dort gut mit Nell Walden unterhalten können. Nell, geborene Roslund aus Schweden, die Herwarth Walden aus seinem Kaffeehausdasein, das er mit Else Lasker-Schüler geführt hatte, herausholte in eine normale Wohnung, eingerichtet mit ihrem schwedischen Mobiliar. Nell, die bis in die Nächte nach Diktat ihres Mannes Aufsätze tippte, weil er wegen einer Sehstörung mit der Schreibmaschine nicht arbeiten konnte. Als sie im Sommer Gabriele zum Tee einlud und die beiden zwischen Bücherwänden unter Bildern von Oskar Kokoschka in der Potsdamer Straße 134a saßen, sagte Nell: „Ella, kommen Sie nur zu uns." Gabriele war ihr sympathisch. Und Gabriele schenkte Nell das kleine Ölbild ‚Schwarze Maske in Rosa'.

Bei Schroeters hingegen fühlte sich Gabriele unverstanden. Emmy hatte sowieso alle Hände voll zu tun. Im Hause Schroeter, jetzt Luisenstraße 56, wurde gefeiert. Georg war Direktor des Instituts für Veterinärchemie geworden. Er hatte den Roten Adler Orden bekommen für den vorbildlichen Neubau seines

Instituts, den er geleitet hatte. Emmy konnte sich nicht um die Probleme der Schwester kümmern.

September 1913, Berlin. Große internationale Kunstausstellung. Mit acht Bildern war Gabriele dabei. Mit vierzehntausend Mark hatte Bernhard Koehler dafür gebürgt, daß Herwarth Walden seine Ausstellung ‚Erster Deutscher Herbstsalon' eröffnen konnte. Walden hatte in der Potsdamer Straße 75, dritte Etage, Ausstellungssäle gemietet, zwölfhundert Quadratmeter. Es sollte ein Überblick über die neue Bewegung in den bildenden Künsten aller Länder gegeben werden. Marc Chagall wurde hier zum erstenmal der Öffentlichkeit vorgestellt.

Geschäftstüchtig und werbewirksam hatte Walden die Besucher geködert, geschickt Reklame gemacht, Ungeheuerliches würden sie hier genießen, und er gebrauchte die Worte, mit denen man vorherige Ausstellungen beschimpft hatte: ‚Üble Schmierereien'. ‚Verbrecherischer Bluff'.

„Theaterdonner, vollkommen überflüssig", sagte Kandinsky, ihm wäre ein Hinweis auf die Bedeutung der Bilder lieber gewesen, und Gabriele gab ihm recht. An Wassjas Gedankengänge war sie gewöhnt, nur noch nicht an sein neues Gesicht. Marc war sehr neugierig geworden auf den bartlosen Kandinsky, als der schrieb, daß er sich das Gesicht glattrasiert hätte und nun einem Pfarrer ähnlich sähe.

1913 bring Euch Glück. Viel Glück hatte ihnen Wassjas Mutter gewünscht, die im Frühsommer zu Besuch in Murnau war. Sie hatte ihren Sohn ermahnt, sich um die Heiratspapiere zu kümmern. Und wieder hatte sich Wassja vorsichtig zurückgezogen, Zeitmangel vorgeschützt. So war das eben immer, wenn es sein Privatleben anging. Keine Zurückhaltung dagegen übte er in Sachen Kunst. Im November hatte er sein berühmtes Bild ‚Komposition VII' fertig, 2 m mal 3 m groß. Und wieder war Gabriele im Einsatz. Sie tat es gern. Mit ihrem Fotoapparat stand sie am 26. November gespannt und aufmerksam neben der Staffelei. Gegen Mittag, als die Sonne hinter den Wolken hervorkam, machte sie das Foto von der ersten Malphase. Ein zweites Foto schoß sie noch am selben Nachmittag, als Kandinsky die groben Umrisse in der Vorzeichnung übermalt hatte. Als sie den Auslöser am 29. November betätigte, tat sie es wie ein Kind, das sich über ein Geschenk freut. „Das Bild ist fertig“, jubilierte sie. War es wirklich Kandinskys Motiv gewesen, den Begriff der Harmonie darzustellen mit diesen zerrissenen Linien, mit den zerschlagenen Bändern? War für ihn der Gegensatz, der ständige Widerspruch das, was er unter Harmonie verstand?

„Das Bild ist wunderschön geworden“, sagte Gabriele am nächsten Tag, als Lily und Paul Klee zum Abendessen bei ihnen waren, und sie freute sich für ihren Wassja.

31

Im April 1914 kam Paul Klee dann nach Murnau, um sich vor der Tunisreise zu verabschieden, die er mit August Macke und Louis Moilliet unternehmen wollte. Im Mai suchte Gabriele ein Sommerquartier für Arnold Schönberg und seine Familie, holte Angebote von den Murnauer Vermietern ein, verglich die Preise. Sie fertigte Skizzen von den Ferienwohnungen und Ferienhäusern an und war froh, als Schönbergs sich entschlossen, die Wohnung in der Seidlstraße Nr. 6 bei Joseph Staib zu nehmen. In einem einfachen Bauernhaus. Die Zimmer waren frisch gestrichen, in jedem stand ein Ofen, es gab eine gut eingerichtete Küche und extra ein Zimmer fürs Dienstmädchen. Letztlich hatte die Nähe zu Apotheke und Arzt eine Rolle gespielt, sowie die zu den Freunden in der Kottmüllerallee.

Als sie im Juli die neuen Kompositionen hörten, die Schönberg ihnen auf seinem Klavier vorspielte, flogen in Berlin Steine gegen die Fenster der Russischen Botschaft, kam es zu Hamsterkäufen der Berliner Hausfrauen. Nell Walden schrieb von langen Warteschlangen vor den Markthallen, von Einkaufstaschen, gefüllt mit Mehl, Eiern, Haferflocken.

Eines Abends spielte Schönberg das Lied von der Waldtaube. Es handelt vom Tod der Geliebten, die der König betrauert,

‚sein Streitroß, das oft ihn zum Sieg getragen, zog den Sarg'. Sie lauschten gebannt. Sie waren alle ganz ruhig. Mochte auch Franz Marc schon zur Musterung fort sein, mochte er schon die Uniform des Feldartilleristen angezogen haben, sie dachten in diesem Moment nicht an Krieg. Gabriele und Kandinsky erzählten lieber von Marcs wunderschönem neuen Haus, das er seit diesem Frühjahr besaß. In Ried lag es bei Benediktbeuern. Wie glücklich hatte er ihnen beim Abschied zugewinkt, dort vorm Waldrand, seine Maria am Arm und zu seinen Füßen seinen Hund Russi und seine Rehe.

„Morgen abend laden wir zu einem Spaziergang um den Staffelsee ein", sagten Schönbergs. Sie begleiteten Gabriele und Kandinsky ein Stück die Kottmüllerallee hoch. Man schrieb den 31. Juli 1914. Es war Freitag und ein warmer lauer Sommerabend, der letzte Abend, den Gabriele und Wassja gemeinsam in ihrem Haus in Murnau verbrachten.

Am 1. August 1914 brach der erste Weltkrieg aus. Beide fuhren sofort nach München. Am 3. August mußte Kandinsky als Ausländer Deutschland verlassen. Halsüberkopf reiste er mit Gabriele, mit Anja, mit Fanny und drei russischen Verwandten ab. In Windeseile packen, das hatten sie geübt, aber noch nie unter diesen Umständen. Da stand man nun in der überfüllten Bahn und stöhnte, hatte den Rucksack auf dem Rücken, einen Koffer zwischen den Beinen und eine Tasche am Arm. Das Ziel war der Bahnhof von Lindau. Die Rettung das Schweizer Dampfschiff an der Anlegestelle. Eine furchtbare Wegstrecke zu Fuß dahin, von bewaffneten Soldaten bewacht. Ein Spießrutenlauf durch eine Menschenmenge, die die Emigranten verfluchte, bespuckte.

Furchtbar, stöhnte Jawlensky, den sie mit Marianne Werefkin, dem kleinen Andreas und Helena auf dem Schiff nach Rorschach trafen. Sie hatten Möbel und Kunstgegenstände zurücklassen müssen, hatten nicht einmal ihre Katze mitnehmen dürfen. Marianne Werefkin zuckte die Schultern. Mit ihrer sogenannten Familie emigrierte sie an den Genfer See nach St. Prex. Kandinsky mit seinem Anhang kam in Mariahalde bei

Goldach unter. Der Besitzer ihrer Münchener Wohnung vermietete ihnen dort seine leerstehende Villa.

„Außer der persönlichen Frage, wohin wir dann sollen, ist mir der Krieg schrecklich", sagte Kandinsky, *„ich fühle so stark die Teufelshand darin, daß es mir kalt wird. Die schrecklichen Möglichkeiten können sich ins Unendliche entwickeln, und die schmutzigen Folgen werden lange ihre stinkende Schleppe über den ganzen Erdball ziehen. Oh, ich denke an die Berge von Leichen!"* Gabriele verstand ihn. Sie verabscheute den Krieg ebenso, wollte nicht glauben, daß einige ihrer Freunde Begeisterung empfanden.

Hin und her zwischen Mariahalde und München mußte sie nun fahren, die Wohnung aufräumen. Sie holte Sachen, brachte Neuigkeiten mit. August Macke und sein Vetter Helmuth kämpften an der Front in Belgien, Franz Marc mit seiner Truppe vor Metz. Maria Marcs elterliches Gut in Ostpreußen war von den Russen besetzt. Gabriele packte Päckchen mit Schweizer Schokolade für Franz Marc. Briefe gingen ins Feld.

Im Dezember 1914 war der Krieg noch immer nicht beendet. Alle hatten geglaubt, daß der Krieg nur vier Wochen dauern würde.

Kandinsky wurde unruhig, wollte nach Rußland. Mit drei Landsleuten wollte er von Zürich aus über Brindisi per Schiff nach Saloniki, dann weiter über Üsküb, Sofia, Bukarest nach Odessa und Moskau. Ein gefährliches, abenteuerliches Vorhaben.

Gabriele, die seit August einen sehr schweigsamen Wassja erlebt hatte, der sich ins Gartenhaus der Villa in Mariahalde zurückzog, mit ihr nur das nötigste Geschäftliche besprach, war jetzt überrascht von seiner plötzlichen Gesprächigkeit. Auch sein Ton veränderte sich. In der Hektik des Aufbruchs freute er sich über das Leben, das er nun ganz allein führen könnte. Trotzdem sagte er wie schon früher: *„Ich möchte etwas, aber was? Ich habe Sehnsucht, aber wonach."* Und dann: *„Vielleicht habe ich einmal richtig geliebt und diese Liebe in diesem Leben nicht mehr getroffen. Vielleicht suche ich sie."* Daß Wassja sich in Wunschträume hineinsteigern konnte, war Gabriele schon so lange bekannt, daß sie gar nicht mehr hinhörte. Sie gehörten zu Wassjas sensiblem Wesen. Immer strebte er nach dem Absoluten, nach Vollkommenheit. Es war nicht das erste Mal, daß er sich kurze Zeit später wieder mit ganz gewöhnlichen Dingen beschäftigte.

„Du möchtest also am liebsten, daß ich in Moskau die Heiratspapiere besorge“, fragte er eines Tages. „Ja, natürlich, und auch Anja sagt, höchste Zeit wäre es, daß unsere Beziehung gesetzlich geregelt wird.“

Selbstverständlich hatte Wassja recht, wenn er sagte, der Rechtsakt der Ehe sei nur eine Formsache. „Aber“, sagte Gabriele, „da wir nun einmal in dieser Gesellschaft leben, *ist es richtig, daß wir diese Form mitmachen, wenn auch spät.*“

„Dann liebst du mich eben nicht“, sagte Kandinsky. Für ihn stehe die wahre Liebe über allem. „Sie braucht keine Genehmigung durch eine Behörde. Sie ist über jeden gesetzlichen Zwang erhaben. Die Liebe, die frei und absolut ist, kümmert sich nicht um das, was andere dazu sagen.“ Gabriele jedoch schiele immer nach dem, wie die Welt ihre Liebe beurteile. Ihre Liebe verlange den Trauschein, stelle Bedingungen, übe Zwang aus. „Also ist sie nicht vollkommen. *Ein Leben zusammen als Mann und Frau ohne diese absolute Liebe ist ein Kompromiß mit einem Begleitgeschmack von Lüge.*“

Mein Gott, Gabriele hörte zu und verstand überhaupt nichts mehr. Hatte er nicht das Gesetz bemüht, um sich von Anja scheiden lassen zu können? Er selbst hatte Form und Sitte gewahrt, als er sich bei ihren Geschwistern vorstellte. Er selbst hatte nichts dagegen gehabt, daß seine Eltern Gabriele offiziell als Schwiegertochter begrüßten. Wenn es Kandinsky paßte, bemühte er die Gesetze, hielt er an Anstandsregeln fest. Wenn nicht, dann lehnte er sie hochmütig ab.

Mit einer Wetterfahne ist er zu vergleichen, dachte Gabriele zornig, und hat sein Leben lang den Helden spielen wollen, den makellosen, fehlerfreien. Sie schaute ihm fest in seine wasserblauen Augen, sah das Entrückte in seinem Blick und erinnerte seine Angst, als man einmal vor seinen Bildern sagte, sie offenbarten sein Wesen. Wie hatte ihn das geärgert: *„Es scheint, man öffnet meine Seele und kratzt und schabt sie und guckt unter die verhüllende Kruste.“* Was, wenn seine Unstetigkeit, seine Unentschlossenheit offenbar würden? Hatte er vor Gabriele nicht sein Innerstes preisgegeben? Nur sie hatte in den Turm seines Wesens, wie er es nannte, eintreten dürfen. O ja, Kandinsky war stolz. Und er wußte, welcher Hochmut in ihm steckte. Sich selbst charakterisierte er so: *„In meinem persönlichen Leben weiß ich nicht, wem ich was geben soll und möchte. Nur in der Kunst weiß ich wirklich, ausschließlich und unfehlbar, was ich will. Deshalb erreiche ich auch etwas.“* Gabriele nickte, dachte, wie recht hatte August Macke doch gehabt, wie sehr hatte er Wassja durchschaut, als er von ihm sagte, Kandinsky hielte sich für unfehlbar wie ein Papst.

„Ja, jede Beschränkung ist ein wirkliches Leiden“, wiederholte Kandinsky, er für seine Person beanspruche alles absolut, Liebe, Freiheit und Einsamkeit.

Mit dieser Aussage wischte er alle Fragen nach Legalisierung ihres Verhältnisses vom Tisch.

Daß sie ein Leben lang seine Mätresse sein sollte, davon war nie die Rede gewesen, obschon sie vor der Welt diesen Status innehatte. Nein, sie hatte die Schmähungen in Murnau, in München, die Zweideutigkeiten, frivolen Bemerkungen, das hämische Grinsen in Berlin nicht vergessen. Ohne den immer wieder versprochenen Rechtsakt der Eheschließung war ihre Ehre zerstört. Wassja zog ihr ganzes Leben in den Schmutz. Immer wieder verspürte sie das bittere Gefühl, ein Mensch zweiter Klasse zu sein. Unfähig war sie geworden, sich heiter, frei und locker zu geben.

Wassja war kein Ehrenmann. Man konnte seinem Wort nicht trauen. Als Gabriele das sagte, ärgerte ihn das sehr. Gabriele hatte wieder starke Schmerzen im Unterleib. Litt sie etwa seinetwegen? Noch bevor sie die Medikamente eingenommen hatte, beschwichtigte Wassja sie. *„Ich möchte wirklich nur eins, daß niemand meinetwegen leidet. Ich möchte es allen recht ma-*

chen", er stöhnte, „*und das Resultat ist, allen geschieht Unrecht.*"

Aber am letzten Tag, den Kandinsky in Mariahalde verbrachte, versicherte er Gabriele, daß er nun endlich in Rußland die Heiratspapiere besorgen wollte. „*Ich denke*", sagte er, „*ich heirate Dich, damit wir einander gehören, aber leben werden wir nicht zusammen.*" Ihr Leben mit ihm erschien Gabriele wieder wie eine Berg- und Talfahrt, rauf ging es und runter.

Abschied auf dem Züricher Bahnhof. Selbstverständlich würde sie die Wohnung in der Ainmillerstraße auflösen. Sie nickte, sie versprach. Und dazu der kalte Wind auf dem Bahnsteig, das naßkalte Schneegestöber. Wie der Zug abfuhr und sie allein auf dem Bahnsteig zurückblieb, die Hände in den Muff steckte und schaute und schaute. Und sie sah einen Zug nach dem anderen abfahren, und sie konnte nichts mehr erkennen, die Schneeflocken hatten ihre Wimpern verklebt, und sie dachte, warum durfte ich Wassja nicht begleiten.

Wie sie vorläufig miteinander korrespondieren würden, war geklärt. Kandinsky würde seine Post über Bekannte in Zürich schicken. Wie Anja in die Heimat zurückkäme, war noch ungewiß. Wird sie wohl über Schweden reisen dürfen, hatte sich Wassja gesorgt. Es waren gefährliche Zeiten. Aber in seinem Brief vom 28. Februar 1915 meldete er Anjas Ankunft in Moskau, und daß sie zu ihrer Mutter gezogen sei. Nun bot sich aus Stockholm der Schwager von Nell Walden als Postvermittler an. Gern übernähme er das, Unkosten könnten nach Kriegsende erstattet werden.

Gabriele ging voller Unruhe durch die Wohnung in der Ainmillerstraße. Sie starrte in die Zimmer, in denen sie die Bilder von den Wänden genommen hatte, aus denen sie die Möbel wegbringen ließ, die Teppiche, die sie zusammenrollte, so daß ihre Schritte nun hohl und laut auf dem Fußboden schallten. Menschen brauchte sie um sich. Sie besuchte Karl und Hanna Wolfskehl in der Römerstraße. Zu Kubins ging sie, wartete, bis er seine Pelzmütze aufgesetzt, seine Gummigaloschen angezogen hatte, und betrachtete voller Interesse seine Zeichnungen,

Totengerippe über den Schlachtfeldern. Nell Walden schrieb, am Reichskanzlerplatz in Berlin würde zur Zeit ein Schützengraben ausgehoben. Wolfsgruben außen entlang und Drahtverhaue. In München wie in Berlin gab es jetzt Brotkarten. Kriegsbrot wurde gebacken, das einen bestimmten Zusatz von Kartoffeln und Roggenmehl haben mußte. Frau Kubin fragte, ob Ella den Film mit Henny Porten gesehen hätte ‚Überfall in Feindesland'? Deutscher Offizier liebt französische Edeldame, fällt im Kampf, und die Feindin bringt die Nachricht den Eltern. Wie hätten die Leute im Kino geweint!

Gabriele lud Maria Marc ein und Lily Klee. Sie sprachen über die Kriegstoten.

Am 26. September 1914 fiel August Macke an der Somme, aber erst am 20. Februar 1915 hatte Elisabeth die offizielle Mitteilung vom Kriegsministerium erhalten. Helmuth Macke war schwer verwundet, Marias Bruder in Rußland gefallen. „Wofür leben wir eigentlich, hat mich gestern Heinrich Campendonk gefragt", sagte Gabriele. „Campendonk will nicht für Volk und Vaterland sterben." Gabriele holte neuen Tee. Sagte jetzt, daß sie jeden Krieg verabscheut. Wie einst ihr Vater sich für die liberale Idee einsetzte, stritt sie nun für die Ächtung des Krieges. Das solle sie sofort zurücknehmen! Lily Klee sprang auf, erregt, rot im Gesicht vor Zorn. Tee schwappte auf den Boden. Und ehe Gabriele fragen konnte, wieso, sagte Lily: „Ich kann hier nicht in Frieden meinen Tee trinken, wenn man die Ehre der Soldaten angreift, zu denen jetzt auch mein Mann gehört." Sie schäme sich für Campendonk und für Gabriele Münter. Maria Marc begann hemmungslos zu weinen. Und verließ mit Lily Klee die Wohnung. Gabriele war mit ihrer Ansicht gehörig angeeckt.

Tags drauf schrieb Maria Marc diesen Entschuldigungsbrief. *„23. 4. 1915. Meine liebe Münter, ich möchte Ihnen heut ein paar Worte schreiben; denn es tut mir leid, daß ich bei Ihnen einen Augenblick die Herrschaft über mich verlor. Sie wissen, wie ich den Krieg hasse und verabscheue, aber ich sage, in dem Moment, wo das Schicksal an einen herantritt, darf man nicht mit der*

Wimper zucken, weil man um sein liebes Leben Angst hat. Wieviele Menschen mag es geben, die gegen ihre tief innere Überzeugung in diesen Krieg zogen. Aber sie zogen, und das ist das Versöhnliche daran, daß dieser Opfermut bei uns wie bei allen andern Völkern so fabelhaft war. Die Menschen müßten sagen: wir wollen uns nicht bekriegen. Aber wenn es Krieg gibt, hat keiner das Recht, wenn er gesund ist, zu sagen, ich will nicht in den Schützengraben. Nochmals, liebe Münter, ich bereue, daß in dem Augenblick bei Ihnen dieses Weh über mich kam, ich wollte, ich wäre ganz weit fort und ganz allein gewesen. Auf Wiedersehen und herzliche Grüße von Ihrer Maria Marc."

In den nächsten Tagen fuhr Gabriele nach Murnau und packte weiter. In München hatte sie sich Porzellankisten besorgt und Wassjas und ihre Habe hineingepackt. Soviel hatte sich angesammelt in ihrem gemeinsamen Haushalt. So vieles mußte aus den Schränken, aus den Truhen heraus, in Papier eingeschlagen und eingeordnet werden. Sie ahnte nicht, daß sie wenige Jahre später Bücher und Noten, Serviettenringe, Leuchter und Vasen, kurz alles, was sie jetzt mühselig verpackte, unter notarieller Aufsicht auseinander sortieren mußte. „Mein Rücken schmerzt von all dem Packen", schrieb sie an Maria Marc, und daß sie nach Berlin fahren wollte und dann nach Stockholm.

Am 30. Juni dann: „*Bin froh, daß Klee nur zu Garnisonsdienst genommen wird.*" Wegen des Krieges dauerte die Bahnfahrt von Berlin nach Warnemünde fast einen Tag lang. Gabriele konnte mit der Dänenfähre nach Gedser übersetzen. Und schließlich betrat sie schwedischen Boden. Hier im neutralen Ausland würde sie Kandinsky treffen. Sie glaubte fest daran.

32

„Wissen Sie, wer in Stockholm ist?" fragte der Kunsthändler Carl Gummeson und nickte bedeutungsvoll: „Gabriele Münter!" Der Maler Isaac Grünewald, der gerade den Kunst- und

Papierladen im Strandvägen Nr. 17 betreten hatte, nickte ebenfalls, erinnerte: Künstlerin beim Sturm in Berlin, Blauer Reiter, als der zweite Kunde im Laden lächelte und still vor sich hin wiederholte: Gabriele Münter. Er, Carl Palme, erinnerte, wie er mit ihr in der Phalanx-Schule in München bei Kandinsky studiert hatte, wie er 1903 in Kochel und Kallmünz beim Sommerkurs dabei gewesen war, wie leidenschaftlich verliebt Kandinsky gewesen war. Ein netter lieber Kerl die kleine Münter und so begabt!

Gabriele war nach ihrer Ankunft am 17. Juli 1915 gleich am nächsten Morgen zu Gummeson gegangen. Die Adresse hatte ihr Herwarth Walden gegeben, der eine Verbindung zur schwedischen Kunstszene herstellen wollte. Sie konnte in Ruhe ihre Koffer, ihr Malzeug auspacken, sich einrichten in den beiden Zimmern ihrer Pension am Stureplan 2 im vierten Stock. Die Wohnung, die sie sich ausgesucht hatte, lag sehr zentral.

Stockholm, Mitte Juli. Ganz versessen war Gabriele sofort auf die Farben des Himmels, auf das unwahrscheinliche Licht des Sommers, das bis nachts um elf Stadt und Umgebung so erhellte, daß man die Zeitung draußen lesen konnte. Sie hatte die ersten Nächte nicht schlafen können, war die Birger Jarlsgatan hinunter über den Nybroplan zum Strandvägen gelaufen. Am Eisengeländer der Brücke nach Skansen blieb sie regelmäßig stehen, blickte auf die Schiffe rechts am Kai, auf die Segelboote. Bilder waren das, die Freiheit vermittelten, eine Leichtigkeit in frischem Wind. Sie besuchte in der nächsten Zeit Museen und Kirchen, streifte durch die Altstadt. Sie saß im Café Berns beim Kungsträdgården, während sie zum erstenmal seit langem alle Sorgen um Wassja vergaß. Sie malte in neuen Farbtönen, ganz hell, gelb, grün, rot.

Grünewalds waren es dann gewesen, die Gabriele mit hinausgenommen hatten, einluden zu Bootsfahrten durch die Schären. Noch im selben Monat, Mitte August, war sie bei ihnen zum Krebsessen eingeladen. Sigrid Hjertén, auch Malerin, die zarte Frau von Isaac Grünewald, sagte: „Das ist schwedische Tradition“, und führte Gabriele in ihrer großen Wohnung im

Katarinavägen zu Tisch. Brot und Käse waren dort angerichtet und die große Platte mit den in Dill gekochten Krebsen. Papierlaternen schaukelten in der Abendluft. Gabriele konnte durchs offene Fenster direkt auf Slussen sehen, auf die Schleuse, dort, wo der Mälarsee in die Ostsee übergeht. Und als es in dieser Augustnacht endlich dunkel wurde, sangen die Schweden Trinklieder. Morgen wollte sie anfangen, schwedisch zu lernen, Gabriele versprach's, hielt es, konnte nach zwei Jahren flüssig sprechen und schreiben.

Gabriele Münter war nach Stockholm gekommen. Carl Palme und seine Frau freuten sich sehr. Sie wirkte selbstsicher, tatkräftig, sehr bewandert in allem, was abstrakte Kunst betraf. Da saßen sie zusammen in Gummesons Kunstsalon, in den großzügigen Atelierräumen von Grünewalds, Stunden um Stunden und diskutierten und sprachen über das, was seit Cézanne und Matisse die Maler bewegte. Gabrieles Wirkung auf die neuen Bekannten war erstaunlich. Niemand unterbrach sie, wenn sie Kandinsky zitierte. Sie war anerkannt als expressionistische Malerin. Sie war geschätzt wegen ihrer Verbindung zu dem berühmten abstrakten Maler. Texte aus dem Blauen Reiter, Kandinskys Bühnenkompositionen hatte sie korrigiert und abgeschrieben. Immer, wenn sie das erinnerte, dachte sie daran, daß Wassja bestimmt im September nach Stockholm kommen würde.

„Du fehlst mir oft“, hatte er ihr in diesen Tagen aus Moskau geschrieben. *„Oft möchte ich mit Dir ausgehen, reden, eine Spazierfahrt machen. Dazu gesellt sich Trauer und Angst um Dich, um Dein Einsamkeitsgefühl, um Deine Angst vor der Zukunft. Wenn ich an Dich denke, so schmerzt das Herz manchmal zum Zerspringen, und ich möchte Dir mein Blut abgeben. Du mußt nie vergessen und ständig fühlen, daß ich, der Dein Leben verdorben hat, wirklich bereit bin, Dir das Blut abzugeben. Das sind keine übertriebenen und keine kleinen Worte, Du liebe, liebe, gute, herzige Ella!“* Solche Worte waren typisch für ihren Wassja, der immer das Absolute, das Außergewöhnliche wollte, aber nicht das Einfache tat, das Selbstverständliche.

Brief um Brief häufte sich auf ihrem Tisch, aber auf Wassjas Ankunft wartete Gabriele vergebens. Trotzdem, sie fühlte sich für Wassja in die Pflicht genommen. Neben ihrer Unruhe, ihrer Angst spürte sie auch einen gewissen Stolz, sie trug Verantwortung.

Woche für Woche hatte sie nicht nur für sich bei Gummeson vorgesprochen, sondern auch wegen einer Ausstellungsmöglichkeit für Kandinsky. Er bat sie sogar darum, er brauchte Geld. Auch Gabriele mußte sich sehr um ihre finanziellen Angelegenheiten kümmern. Jetzt, wo sie von Deutschland kaum Unterstützung erhielt, mußte sie Bilder verkaufen, um leben zu können. Lange genug war sie bei Kandinsky in die Lehre gegangen, wußte, mit Kunsthändlern umzugehen. Das kam ihr nun zugute. Carl Gummeson versprach ihr eine Gemeinschaftsausstellung mit der Malerin Lilly Rydström für Ende September.

Und dann lautete die Kritik im Svenska Dagbladet: *„Eine robustere moderne Künstlerin als Lilly Rydström ist die Deutsche G. Münter. Sie zeigt einige Stilleben und Landschaften, chaotisch im Arrangement, jedoch malerisch von Saft und Gewicht, was man sofort spürt."*

Erst am 23. Dezember 1915 stand Wassja in Stockholm auf dem Bahnsteig. Als Gabriele ihn dort stehen sah, eilte sie ihm entgegen. Er küßte ihr die Hände, legte aber nicht seinen Arm um ihre Schulter. „Du hast dir schnell eine großartige Stellung geschaffen, und deine Bilder sind sehr interessant." Gabriele hörte ihn loben. Eine bekannte Künstlerin zu sein, auf sie machte das keinen Eindruck. Sie versuchte zu lächeln. Sie konnte ihm nun all das zeigen, was sie hier kennengelernt hatte.

Sie wanderten durch die krummen Gassen der Altstadt. Weihnachtsbäume auf den kleinen intimen Plätzen. Trotz der Verteuerung und der Knappheit der Waren, die der Krieg auch für neutrale Staaten brachte, hasteten die Leute mit Paketen beladen durch die Straßen. Früher hatte Kandinsky es geliebt, mit Gabriele in Kaufläden zu gehen, seine Ella einzukleiden. „Wir werden am Heiligen Abend traditionell schwedisch essen", sagte sie, „Reisbrei mit Milch und Zimt. Und vorher koche ich dir den Lutfisk, den getrockneten Lengfisch. Mit weißer Soße. Frau Palme hat mir gezeigt, wie man ihn zubereitet."

Wie jedes Jahr hatten sich die Stockholmer zur Silvesterfeier auf Skansen versammelt, um das Gedicht ‚Die Neujahrsglocke' von Tennyson zu hören. Läute, Glocke, läute! Läute ein tausendjähriges Friedensreich ein! Würde 1916 der Krieg endlich zu Ende gehen? Gott Nytt År! Ein gutes neues Jahr! Nell Walden schrieb von einem Hungerwinter, schrieb vom Kohlrübenwinter in Berlin. Steckrüben als Brotteig, Steckrüben als Marmelade. Steckrübenpudding. Die Vossische Zeitung schrieb, daß es den Kindern, für die die Weihnachtsbäume hauptsächlich bestimmt seien, eine wertvolle Erinnerung für ihr ganzes Leben bleibe, wenn im Kriegswinter 1915/16 nur eine einzige Kerze an ihrem Baum brennen durfte.

Bei Gummeson drängten sich Künstler und Kunstinteressierte. Sie gingen die paar Stufen hinunter und betraten den Laden an Carl Gummeson vorbei, der an der Tür saß, Eintrittsgeld einsammelte. 1. Februar 1916, Ausstellungseröffnung. Man drängte sich vor Kandinskys Bildern, die Gabriele per Eilpost von Herwarth Walden herkommen ließ. Der große Meister war selbst da. Gefällt Ihnen Stockholm? Aber natürlich, Kandinsky war liebenswürdig, blieb aber reserviert, auch seinem ehemaligen Schüler Carl Palme gegenüber. Die Zeitung Dagens Nyheter schrieb am 2. Februar: *Kandinsky ist ein ruhiger Mensch mit kalten grauen Augen, die eine sehr stille und energische Sprache sprechen wie seine Stimme.*

Gabriele zog das schwarze Samtkleid an, als sie zum Festmahl am Abend eingeladen waren. Die lange Perlenkette mußte sie diesmal selbst umlegen und schließen. Früher hatte sich Wassja das nie nehmen lassen. Früher. Und nun saß sie neben dem Bruder des schwedischen Königs, neben Prinz Eugen, dem Maler, der in Paris Kunst studierte, der mit Grünewald, mit der schwedischen Avantgarde Kontakt pflegte. Und an einem der nächsten Tage werden sie und Kandinsky seine Gäste sein. Sie werden im Terrassengarten des Schlosses stehen, in Prinz Eugens Residenz Waldemarssudde. Sie werden den Ausblick aufs Meer genießen, das Essen, die guten Gespräche.

Wassja und Gabriele gingen in die Pension zurück. Den ganzen Abend hatte er ihr noch kein zärtliches Wort gesagt. Hatte es keine Gelegenheit gegeben, war er nicht in der Stimmung dazu? Dennoch, auch wenn es ihn verstimmen würde, sie mußte endlich mit ihm reden. „Laß uns über die Heirat sprechen. Hast du dich in Moskau um die Heiratspapiere bemüht?" „Mein Gott, nein, in Rußland herrscht Chaos." Er schien mit den Gedanken gar nicht bei der Sache zu sein, notierte sich Titel für seine ‚Bagatellen', diese kleinen Aquarelle, die er in Stockholm malte, sagte: „Ich habe mich mit anderen Problemen herumzuschlagen. Ich kann jetzt nichts ausrichten, später vielleicht; beunruhige dich nicht." „Ich bin aber beunruhigt. Ich kann nicht mehr arbeiten, so wie ich müßte. Ich bin überhaupt nicht mehr in Ordnung. Dieser Zustand macht mich verrückt. Nein, Wassja, komm mir nicht immer wieder mit deinem Später. Du wirst nie Zeit haben! Steh endlich zu deinem Wort." Das klang wie eine Drohung. Ihr Mund schloß sich böse. Wassja hatte den Stift zur Seite gelegt, fragte: „Warum gestaltest du dir dein Leben nicht anders, ohne mich. Anja fragt sich das auch. Wir sprechen oft von dir. Sie trägt ihr Los mit Würde." Aha, jetzt sollte Gabriele die Verantwortung für ihre Situation selbst übernehmen. Mit Anjas Schicksal war ihres doch nicht zu vergleichen. *„Du denkst, daß sie glücklich ist?"* fragte Kandinsky *„Du weißt, was wir beide ihr angetan haben. Sicherlich habe ich mich viel schlechter verhalten als du. Sie bleibt edel, diese kleine Frau. Sie tut ihre Pflicht an ihrer Mutter Seite. Sie führt solch ein trauriges schwieriges Leben, aber sie hat es in Ordnung gebracht, du hast es nicht."* Er stand auf, ging hinaus. „Die einzige, die sich gut und edel verhält, ist Anja!" Wassjas Worte klangen nach. Begriff er noch immer nicht, daß Anja als geschiedene Frau mehr Rechte besaß, mehr Ansehen genoß als Gabriele? Wieviele Zugeständnisse hatte sie ihrem Wassja inzwischen gemacht! Daß sie ihm alle Freiheiten lassen will, daß sie sich kurz nach einer Eheschließung wieder scheiden lassen will, daß sie dann nur von Zeit zu Zeit im Jahr zusammenleben wollen. Sie war erregt. Sie blieb lange Zeit am Tisch sitzen mit heißen brennenden Augen.

Nur bei ihrer Ausstellung vom 1. bis 14. März 1916 wollte Kandinsky noch dabei sein. Zur Eröffnung widmete er Gabriele einen Artikel. Er wollte die Künstlerin in ihr ehren, sprach von ihren Gemälden, in denen *Individualität sei, ein ganz und gar besonderer Ton, was die Werke unsterblich mache.* Und er schrieb: „*Gabriele Münter hat folgende Eigenschaften: eine präzise, diskrete, zarte und doch stark ausgeprägte Zeichnung, die aus den Elementen der Schalkhaftigkeit, Melancholie und Träumerei besteht – echt deutsche Eigenschaften der besten deutschen Zeiten, wie man sie bei alten deutschen Meistern sieht.*"

Zum Geburtstag am 19. Februar schenkte er ihr eine aquarellierte Zeichnung, einen Blumenstock im Körbchen mit lila Schleife. Hätten sie tags zuvor nicht wieder eine Auseinandersetzung gehabt wegen ihres Eheproblems, würde sie sich mehr freuen. Was sollten Geschenke ersetzen? Eine gute Beziehung? „Ach, Ella. *Trotzdem gibt es da etwas Wichtiges, was uns verbunden hat und was immer bleiben wird. Ich liebte von Anfang an Dein Talent, und ich werde es immer lieben, und ich bin vielleicht bis jetzt der einzige, der seine Qualitäten versteht.*" Aber, wenn Wassja, mit dem sie solange zusammengelebt hatte, immer noch an sie glaubte und wußte, daß es umgekehrt auch so war, war das dann etwas anderes als Liebe? Gabriele klammerte sich an diesen Gedanken.

Am Donnerstag, den 16. März 1916, morgens um 6 Uhr 50 standen sie an der Centralstation auf dem Stockholmer Hauptbahnhof. Kandinsky hatte ihre Hände ergriffen, lächelte, sagte: „Ja, ich lege großen Wert auf meine Einsamkeit. Aber ich muß sie ja nicht unbedingt verlieren, wenn ich im Juli wiederkomme und die Heiratspapiere mitbringe." Sie atmete einmal tief durch und antwortete ganz langsam: „Ich werde auf dich warten."

Sie sprachen dann von diesem und jenem, erinnerten nochmal an die Ausstellung bei Gummeson. Sie schwiegen. „Es ist also abgemacht?" sagte sie noch einmal, als der Zug einfuhr und sie sich endgültig verabschieden mußten. „Im Juli wirst du wiederkommen?“ „Ja. Ganz bestimmt.“ Eine letzte Umarmung. Sie hätte gern noch länger sein Gesicht an ihrem verspürt. Konnte sie sich auf sein Wort verlassen?

Wassja im Abteil schob das Fenster herunter. Sie nahm noch einmal seine Hand. Wassja, Lieber! Sie hörte die Pfeife schrillen über ihren Kopf hinweg, es war ein eindeutiger Ton. Und dann Quietschen, Rumpeln, Rattern. Der Zug fuhr, kam in heftige Bewegung. Wassja glitt darin fort, dahin. Sie war zurückgetreten. Es drehte sich ihr vor den Augen. Von ihrer Magengegend aus verbreiteten sich schmerzend Druckwellen. Die letzten Wagen eilten vorbei.

Sie würde immer an ihn denken müssen. Würde er sie zerstören, wenn er für immer aus ihrem Leben verschwände? Einen Tag vor ihrer Abreise hatten sie sich noch bei der A. B. Nordiska Kompaniet fotografieren lassen. Sie stehen nebeneinander, er mit dunklem Hut, sie mit weißer Hermelinkappe. Er steckt die Hände in die Manteltasche. Sie hält mit den Händen ihren Muff schlaff hinunter. Und beide schauen in eine Ferne, in der das große Glück nicht mehr zu finden ist.

Diese zehn Wochen mit Wassja auf engem Raum waren schön und schmerzlich gewesen. Was war wirklich mit Wassja los? Wie konnte man etwas über ihn erfahren, wenn er so verschlossen war? Sie erinnerte sich, daß Marianne Werefkin behauptet hatte, man könne die russische Seele nicht begreifen. Wie konnte Gabriele Zugang zu Wassjas Gedanken, zum Labyrinth seines Fühlens finden? Sie besuchte einen Russisch-Kurs. Fehlte es der Deutschen an Fantasie, wie Marianne Werefkin einmal gesagt hatte? Bloß keine Grübeleien! Und doch, in Gabrieles Bilder kam ein neuer, nie gemalter Inhalt, kamen geheime Zeichen.

Ohne besondere Botschaften hatte sie bislang gemalt, nur Eindrücke vermittelt. Plötzlich malte sie Bilder wie ‚Sinnende‘, ‚Suchende‘; schlanke zerbrechliche Frauen, die in die Ferne schauen. Und auch das war neu, der Blumenstrauß, von dem wenigstens eine Blüte tief herunterhängt, abfallende Linien,

Zeichen des Vergehens. Und nun noch das Motiv der Uhr. Sogar auf ihrem Lieblingsbild ‚Musik'. Und dort sogar zweimal, in der Uhr an der Wand und der Uhr auf dem Tisch. Zeichen der Vergänglichkeit in der Heiterkeit eines schwedischen Sommertages. Mahnmale in diesem Wohnzimmer mit den gelb und grün gestrichenen Wänden, dem dunkelgrünen Teppich auf hellen Dielen, der weißen Gardine, die sich vorm Fenster bauscht. Wem die Stunde schlägt. Eine Melancholie, welche die Dinge, die Personen isoliert. So träumt, versunken in sich, die junge Frau auf dem Stuhl, so steht der Geiger entfernt mitten im Raum, sitzt das Kind abgewandt von beiden vorm Klavier. Alle sitzen für sich. Jeder ist mit sich und seinem Geschick allein. Auch die beiden Frauen auf dem Bild ‚Krank'. Sanft, abwesend und leidend, halb aufgestützt liegt die Rotblonde im Bett. Und die Dunkelhaarige, obgleich der Kranken äußerlich zugewandt, ist mit sich selbst beschäftigt, liest einen Brief. Ein lautloser Schmerz in den vielen Frauenbildnissen, die Gabriele in Schweden malte. Schöne Gesichter sind es mit dieser Frage im Blick nach Zukunft. Sich selbst sah Gabriele anders, unvorteilhafter. Tränensäcke, wehe abknickende Lippen. Traurig, traurig, dachte sie vorm Spiegel. Allein, fremd, verbittert, alles wegen Wassja. Sie nahm die Tuschfeder und schrieb unter die Zeichnung: *Ich bin deutsch.*

33

Es war ein dunkler Vormittag im November 1917. Die feuchte Kälte auf der Centralstation kroch durch die Kleidung bis auf die Haut. Auf dem Bahnsteig war es immer kalt. Gabriele war durch die Halle geeilt und wartete nun mit rotgefrorener Nase und dampfendem Atem auf den Zug, der sie nach Kopenhagen bringen sollte.

Die Dunkelheit hatte auch den Tag fest im Griff, und es schien, als würde nie mehr eine Morgendämmerung heraufziehen. Gabriele konnte keinen letzten Blick werfen, weder auf die Stadt noch auf das Land, in dem sie zwei Jahre und vier Monate gelebt hatte, wo sie gemalt und gewartet hatte. Sie drückte sich in die Ecke des Zugabteils und schloß die Augen. Wenn sie in Gedanken sortierte, was sie aus Stockholm mitnahm, so lagen auf der einen Seite ihre vielen Bilder, auf der anderen Wassjas Briefe und Karten. Nein, Wassja war 1916 nicht wiedergekommen. In fünfundvierzig Briefen hatte sie ihm Rede und Antwort gestanden. Am 21. Juni 1916 hatte er ihr geschrieben: „*Ich habe Dir versprochen, im Oktober zu kommen (spätestens am 1. November, wie Du es selbst sagtest), und ich werde es tun und die erforderlichen Papiere für die Heirat mitbringen. Was daraus werden wird, ich weiß es nicht. Aber ich werde es tun. Quäle mich wenigstens nicht mehr unaufhörlich.*“ Und sein letzter Postkartengruß lautete: „*Ich habe Dein Telegramm erhalten, und ich schicke Dir meine herzlichen Grüße. Mir geht es sehr gut, und ich arbeite hauptsächlich auf Glas und in Aquarell im Stil der Bagatellen, die ich in Stockholm ausstellte. Ich hoffe immerzu, daß ich zu großen Ölgemälden zurückkehren werde. Bisher haben mir dazu die Kräfte gefehlt. In der letzten Woche starb Anjas Mutter, sie ist ganz und gar erschöpft. Beiden Hartmanns geht es gut. Sie singt oft und erfolgreich in Konzerten. Ich küsse Dir die Hand. Kandinsky.*“ Diese letzte Karte war datiert vom 12. Juni 1917. Jetzt schrieb man den 19. November 1917. So lange Zeit ohne Nachricht von ihm war sie noch niemals gewesen, niemals, seit vierzehn Jahren nicht.

Am 7. November 1917 hatten die Extrablätter eine Revolution in Rußland verkündet, die Oktoberrevolution, weil der russische Kalender für diesen Tag den 25. Oktober verzeichnete. Schlagzeilen wie zuklappende Schlagbäume. Gabriele bangte um Wassja. In ihrer Unruhe hatte sie die Koffer gepackt. Aber wohin? Nach Berlin, wie Herwarth und Nell Walden vorschlugen? Als Lehrerin in Waldens Kunstschule arbeiten? Nein, Gabriele wollte im neutralen Ausland bleiben, auf Wassja warten.

Sie versuchte, die Dunkelheit draußen zu durchdringen. Es

war eine Fahrt wie durch einen Tunnel. Die schwedischen Eisenbahnen hatte sie nun im Sommer und im Winter kennengelernt. Im Juli 1916 war sie mit Gertrude Holtz, einer netten schwedischen Dame, die sie bei Gummeson traf, durchs Land gereist. In vier Wochen eintausendachthundert Kilometer bis nach Narvik in Norwegen. Unterwegs Station gemacht in Kiruna, der schwedischen Erzstadt, gewandert bei Abisko in Lappland. Und dann von Svolsvaer mit der Hurtigrute südwärts nach Bergen. Aber voller Angst um Wassja mochte sie gar nicht mehr die Fröhlichkeit der Schiffsreise erinnern, die großartige Fjordlandschaft. Nicht denken mochte sie jetzt an die schöne Fahrt mit der Bergenbahn von Bergen nach Kristiania, der norwegischen Hauptstadt. Erst ab dem 1. Januar 1925 wird sie Oslo genannt. Rauf und runter war die Fahrt gegangen durch dreihundert Tunnels, über zweihundert Brücken, durch tiefe Täler und Berge hoch bis über die Baumgrenze. Geradezu ein Sinnbild des Lebens. Gabriele im Zug nach Kopenhagen dachte nun doch an die Carl Johan, die Hauptstraße in Kristiania, an Blomquists Kunstladen, den berühmten, wo Munch ausstellte. Walden hatte dort eine Ausstellung für sie arrangiert, die Christian Haug, der Kritiker von Aftonposten, schlichtweg abgelehnt hatte: *Gabriele Münter malt ganze Figuren mit Armen und Beinen. Alles selbstverständlich und so unprofessionell und kindlich wie möglich; so naiv, wie man es von harmloser Idiotie nur erwarten kann. Die Farbe ist bei dieser Person auch die Hauptsache. Ansonsten ist nichts gefühlt, sondern falsch und außerordentlich häßlich.* War dieses Urteil für Gabriele vernichtend? Wohl kaum. Damit mußte man leben können.

Vier große Ausstellungen und nur zwei Bildverkäufe. Rechnete sich das? Die anderen dreißig bis vierzig Bilder gingen ins Magazin des Händlers zurück. Gabriele brauchte Geld. Sie brauchte Aufträge. Die brauchten viele Künstler, besonders in diesen Kriegszeiten. Jeder hat diese Sorgen, sagte Carl Palme. Aber man half Gabriele. Unterkunftsmöglichkeiten wurden beschafft, mal bei diesen Bekannten, mal bei jenen. Und Arbeit. Gabriele in Schweden unterwegs: Einmal im Südwesten bei

Borås auf einem Hof in Arnäsholm. Gabriele malte und malte. Das helle Holzhaus mit sehr viel Platz an einem kleinen See, Kiefern, die bis ans Ufer wachsen. Dann ging es ostwärts nach Stocksund, 6 km vor Stockholm. Mittsommer 1917 nach Arild im Süden, ans Kattegatt, dann nach Landskrona am Öresund. Weiter fuhr sie nordwestlich nach Göteborg, schließlich zurück nach Stockholm. Ein Zickzackkurs. Ihre Notizen verzeichneten, was sie in dieser Zeit malte, wie sie Porträtaufträge bekam. Wie das Rote Kreuz ihr Ausstellungsräume in der Folkskola in Stocksund zur Verfügung stellte. Gabrieles Sorgen, ihre Ängste bezogen sich hauptsächlich auf Wassja.

Sie beschäftigte sich so sehr mit sich und ihren Problemen, daß sie die Kriegswirren nicht zu bemerken schien. Die Nachrichten, die sie aus Deutschland erhielt, kamen für sie wie aus einer anderen Welt. Und sie ging ihren Weg als Frau und Künstlerin ganz allein und mit Erfolg.

34

Nachdem sie in Kopenhagen angekommen war, fand sie für eine kurze Zeit Unterschlupf bei Anna Roslund. „Helfen Sie mir", sagte sie zu ihr, die Schriftstellerin war und wie ihre Schwester Nell Walden aus Karlskrona in Schweden stammte, „ich muß malen können, um Geld zu verdienen."

Sie saßen in Annas Wohnung, und Gabriele blätterte in dem neuen Roman der Dichterin, buchstabierte den Titel ‚Den fattiges Glädje'. Als sie einmal aufschaute, sah sie Anna lässig im Rohrsessel sitzen in ihrer blauen Bluse mit der auffallend roten Brosche. Sie rauchte Pfeife und sah nachdenklich in eine andere Richtung. Dieses Bild malte Gabriele. Es war ihr erstes Porträt in Dänemark. Vielleicht konnte sie ja in der Kunstszene Kopenhagens Fuß fassen.

„Die Ausstellung wird ein Erfolg", sagte Anna Roslund. Sie gingen durch die Räume im Kopenhagener Neuen Kunstsaal. Alle hundert Gemälde hingen. Auch die zwanzig Hinterglasbilder, auch die Druckgraphiken. Bilder, die Gabriele in Skandinavien malte, und Bilder, die Walden aus Berlin schickte. Wunderbar, ausgezeichnet. Gut gelungen war das Plakat am Eingang, das Gabriele Münters Ausstellung vom 7.–13. März 1918 ankündigte. Hoffentlich würde sie in der Presse beachtet. Tatsächlich schrieb die Kopenhagener Zeitung Politiken: *Der Eindruck, den man in der Ausstellung in der Vestervoldgade empfängt, ist der eines Künstlers, dem die Farbe alles gilt. Wie ein fremder Vogel ist Gabriele Münters Kunst bei uns, ein exotischer Gast in unserer nordischen Stadt.*

Man nahm von ihr Notiz, aber man kaufte nichts. Was sollte Gabriele machen? Sie bot Malunterricht an. Sie annoncierte in dänischen und schwedischen Tageszeitungen. Sie hielt 1919 auf Bornholm einen Sommerkurs ab. Stand auf der Klippe bei Sandvig und versuchte, die Stimmung dieses Sommertages einzufangen. Versuchte, nicht an Wassja zu denken, der jenseits des Meeres lebte. Ein Stein kollerte hinunter. Elfriede Nyemann saß unter ihr an ihrer Staffelei, die Dänin aus Kopenhagen, eine von Gabrieles wenigen Schülerinnen in der Malschule. Ein nicht sehr erfolgreiches Unternehmen, obschon sie als Gabriele Münter-Kandinsky mit großem Namen gelockt hatte.

Zurück in ihrem Pensionszimmer in Kopenhagen lebte sie wie eine Gefangene ihrer Hoffnung. Alleinsein war schrecklich. Zuletzt hatte sie Wassja auf dem Bahnsteig in Stockholm gesehen.

Jahrelang wurde sie von diesem Bild verfolgt: Abschied am 16. März 1916. Seine Hand, die ihr zuwinkt, seinen flatternden Schal am Abteilfenster, und dann nur noch der Rauch, der das Bild auslöscht. Seit Jahren hatte sie keinen Brief, keine Karte mehr von ihm bekommen. Sie gewöhnte sich daran, stand nicht mehr jeden Morgen im Flur, wenn der Postbote kam. Das einzige, was sich bei ihr stapelte, waren ihre Bilder. Sie mußte malen, um existieren zu können. Sie wußte, sie brauchte die Kunst als Herausforderung. Sie konnte nicht ziellos in den Tag hinein leben.

Februar 1920. Auf dem Weg zu ihrer Pension stapfte Gabriele durch knöcheltiefen Schnee. Der Wind wirbelte die Flocken umher. Sie ging geduckt an der Börse vorbei, ohne einen Blick zu haben für den merkwürdigen Turm. Vier Drachen, deren Schwänze umeinander verschlungen zur Turmspitze wurden. So also macht man Drachen unschädlich, lieber Wassja, hatte sie an einem Sommertag gedacht, als sie hier lange Zeit gestanden und die Sehenswürdigkeit betrachtet hatte. Sie bog um die Ecke in die Ny Kongensgade ein, stand vor ihrer Pension. Sie schauderte, kalt war es nicht nur im Hausflur, sie wußte, als sie die steile Treppe in die zweite Etage hochstieg, daß eine Eiseskälte sie in ihrem Zimmer erwartete. Bis das Feuer im Ofen einigermaßen wärmte, kroch sie ins Bett, saß da mit hochgezogenen Knien, las die Briefe, die sie bündeln wollte. Briefe aus Deutschland. Maria Marcs Briefe. Sie spürte eine Welle von Zuneigung. Sie schloß die Augen und sah Kandinsky auf dem Feldweg in Ried, wie er stehenblieb und sagte, ja, diesen schönen Besitz hätte Marc verdient. Sein Schlößchen nannte es der Franz. Weiß gestrichen lag es auf einer Anhöhe vorm Wald. Aber dann schob sich ein anderes Bild vor Gabrieles Augen. Maria allein mit ihrem Hund Russi und den Rehen, die auf der Wiese äsen. Franz Marc war am 4. März 1916 bei Verdun gefallen. Seit vier Jahren war Maria Witwe.

„Wenn Sie an mich denken, liebe Münter, stellen Sie sich mich nicht vor, wie ich war. Die Kriegsjahre haben mich sehr verändert. Ich bin anders geworden, aber nicht schlechter und nicht verbittert, dazu liegt zuviele Traurigkeit über meinem Wesen. Wenn Sie später einmal die Briefe von Franz lesen sollten, werden Sie das verstehen, und mich hat fast das meiste der Tod gelehrt. Werden wir uns je wiedersehen, liebe Münter? Wie geht es Ihnen und Kandinsky? Sind Sie viel getrennt, oder können Sie doch manchmal beisammen sein? Oft denke ich an Murnau und an die Ainmillerstraße. Oft nehme ich den ‚Blauen Reiter'. Wieviel mehr weiß ich heute als damals, wie historisch das Buch geworden. Wissen Sie, daß Lisbeth Macke wieder geheiratet hat? Den besten Schulkamerad von August. Sie ist noch so jung, und die unbändigen Kinder kann sie nicht erziehen. Die Freunde in

München sehe ich sehr selten. Einmal war Frau Klee mit Felix da. Bei Niestlés und Campendonks bin ich öfters. In Murnau war ich zweimal und besuchte mit tiefer Wehmut Ihr Häuschen. Wie ist alles so traurig geworden. Leben Sie wohl, liebe Münter, lassen Sie sich die Hand drücken. Herzliche Grüße für Sie beide. In alter unveränderter Freundschaft Ihre Maria Marc."

Die vielen Toten des Krieges! Gabriele war verstört gewesen, als die Nachricht von Marcs Tod verspätet ankam. Sie war am übernächsten Tag die Nørrebrogade entlang zum Assistens-Friedhof gegangen. 1908 hatte sie Grabkreuze gemalt auf dem Friedhof in Kochel, wohin Maria nun ihren Franz überführen ließ. War es nicht seltsam, dieses Bild hatte sich Franz Marc damals von ihr ausbedungen. Es hing seitdem in Marcs Wohnung. Gabriele ging zwischen den Grabreihen auf dem Assistens-Friedhof umher. Wo war Hans Christian Andersens Grab? Ein freundlicher Däne führte sie gern. Ob ihr die kleine Meerjungfrau bekannt wäre? Ja, natürlich. Sie bückte sich und strich über das Eisengitter der Grabumrandung, dachte, ja, ja, das Märchen vom Warten. Viele Bilder vom Warten hatte sie gemalt.

Unheimlich, unwirklich erschien ihr das Leben. Was war mit Wassja los? Mit Wassja, der sich ihr Mann nannte, der mit den Heiratspapieren zurückkommen wollte. Sie wollte wissen, was ihm passiert war.

Vor vierzehn Monaten war der erste Weltkrieg zum Stillstand gekommen. Sie mochte nicht länger in Dänemark warten. Sie mußte fort. Wieder unterwegs sein. Ein letzter Gang über den Rathausplatz, vorbei an der Säule mit den zwei Lurenbläsern, wo sie oft an Wassjas Bild vom jüngsten Gericht gedacht hatte. Und dann zum Bahnhof. Ich werde in den Zug steigen und nach Deutschland fahren.

Farvel. Adieu. Eine lange Zeit in Skandinavien ist vorbei. Sie schrieb es am 28. Februar 1920 in ihren Taschenkalender. Sie fuhr zur Schwester nach Berlin.

35

Sie ging langsam, als müßte sie einen Entschluß fassen, als hielte sie noch etwas zurück. Je weiter sie den Hochangerweg am oberen Bahngleis entlangging, wo erst Ahornbäume und dann Linden Schattenflecke warfen, desto stärker klopfte ihr das Herz. Und dann sah sie es vor sich, ihr Haus unterm kühlen Grün der Eichen und den Garten davor im flirrenden Licht dieses Julitages 1920. Sie ging am Zaun entlang, ein Stück die Kottmüllerallee hinunter, ums Grundstück herum, und stieg wieder zum Haus hinauf. Es kam ihr so unwirklich vor. Sie fühlte sich wie ein Eindringling, als Mutter Streidl ihr die Tür öffnete. Sechs Jahre lang kann man kein Haus leerstehen lassen. Im nächsten Jahr, wenn Streidls Umbau in der Kohlgruberstraße beendet ist, hätte Gabriele ihr Haus wieder für sich allein. Man half ihr, sich in den oberen Zimmern einzurichten. Man fragte nicht viel. Man ließ sie in Ruhe.

Dann stand sie am Fenster, es war ein schöner Sommertag. Sie schaute. Drüben der Kirchhügel. Das Bild schmerzte. Dann das Geräusch. Das Stampfen und Rollen des vorbeifahrenden Zuges. Sie war wieder daheim. Doch immer wieder mußte sie an die Schreckensnachricht denken, die sie aus Herford erhalten hatte. Lange hatte sie gebraucht, bis sie es begriffen hatte. Der Mann ihrer lieben Kusine Julie war am 29. Juni ermordet worden. Wilhelm Busse, Oberbürgermeister von Herford, war bei einem Besuch in Heidelberg, als er vom Städtetag in Stuttgart zurückreiste, einem Raubmörder zum Opfer gefallen. Julie, liebste Julie, sagte Gabriele wieder und wieder und war noch immer entsetzt. Grauenhafter Schicksalsschlag! Unfaßbar, was Menschen einander antun können.

Aus Berlin kam die Schwester mit Tochter Friedel nach Murnau. Die Kriegsjahre hatten auch Emmy verändert. Zupacken hatte sie gelernt. Als in Georgs Institut die Assistenten eingezogen wurden, sprang sie ein, half ihrem Mann im Labor, war Georg dadurch sehr nahe gekommen. Daß Ella nun so verlassen war, tat ihr leid.

Gabriele war wieder daheim, aber sie kam in ein Land, das von Nachkriegswirren, von Revolutionen erschüttert war. Der Kaiser hatte abdanken müssen, mit der Weimarer Verfassung wollte Deutschland Republik werden. Die steigende Inflation war nicht einmal das Schlimmste. Gabriele packte wieder ihre Reisetasche. Jetzt war sie es, die es nirgends aushielt, wie Wassja im Anfang ihrer Beziehung. Zwischen München und Murnau fuhr sie hin und her. Übernachtete mal hier, mal dort. Immer unterwegs wie auf der Flucht. Ein fester Standort, was war das? Sie wußte es nicht mehr. Viele sprachen sie an auf Kandinsky. Wißbegierige, Neugierige, Boshafte. Alle hatten irgendwie erfahren, daß er noch lebte. Die einen schimpften auf ihn als Bolschewiken, die anderen freuten sich, daß er als Kulturbeauftragter der neuen Regierung in Rußland im ganzen Land Museen einrichtete. Wohlhabend sollte er jetzt sein, hieß es. Dann wieder, er wäre bitterarm. Die schwedische Zeitung Dagens Nyeter hatte am 25. April 1919 einen Hilferuf für ihn veröffentlicht. Sie bildete sein Foto ab, setzte darunter den Text „Kandinsky in Not" und bat um Spenden für den berühmten Künstler. Der Gewährsmann schien glaubhaft, aber Gabriele glaubte nichts. Wäre Kandinsky in Not, hätte er sich an sie gewandt. Widersprüche über Widersprüche. Dann hieß es plötzlich, Kandinsky korrespondiere mit Herwarth Walden. Da hakte sie nach. Was war los mit Kandinsky? Walden antwortete, und Gabriele fühlte sich plötzlich allein in einem luftleeren Raum. Denn er schrieb: *„Nach genauer Überlegung habe ich mich entschlossen, Ihnen die Briefe von Kandinsky nicht zu zeigen. Ich wäre zwar dadurch in der Lage, gewisse Gerüchte zu beseitigen, ziehe sie aber einer Indiskretion vor."* Kandinsky lebte also. Daß Gabriele so wenig wußte, das verstand man nicht, und manch einer hatte Mitleid mit ihr. „Käraste Ella-Kind, liebstes Ella-Kind!" schrieb Nell Walden, als ob man Gabriele sehr trösten müßte. Gabriele lebte weiter in ihrem Vakuum.

Und dann eines Tages, man schrieb mittlerweile 1921, wie ein Lauffeuer die Nachricht: Kandinsky wird einen Lehrstuhl am Bauhaus in Weimar bekommen. Kandinsky ist mit seiner Frau Nina in Berlin eingetroffen.

Mit seiner Frau? Gabriele konnte es nicht glauben. Und mußte letzten Endes doch erfahren, daß Kandinsky im September 1916 die vierundzwanzigjährige Nina von Andreewski, eine Generalstochter, kennengelernt hatte, eine Kunst- und Philosophiestudentin. Daß er sie am 11. Februar 1917 nach russisch-orthodoxem Ritus in Moskau heiratete. Wie er sieben Monate später Vater eines Sohnes wurde. Und daß dieser Sohn Vsevolod Vasilievich am 16. Juni 1920 starb. Gabriele rechnete zurück, und eine Schamröte stieg ihr ins Gesicht, sie rief sich Wassjas letzte Karte vom 12. Juni 1917 ins Gedächtnis. Da war er schon verheiratet gewesen. Als Gabriele 1918 und 1919 mit Gummeson wegen der Einnahmen von Kandinskys Bilderverkäufen verhandelte, da führte schon Nina seinen Haushalt.

Gabriele suchte Kandinskys Brief vom 29. Januar 1917 heraus. Sie las Wort für Wort. Sie nahm das französische Lexikon, übesetzte den Brief noch einmal, denn ihre Korrespondenz in Schweden hatten sie auf Französisch geführt. Vielleicht hatte sie 1917 in der Eile nicht genau übersetzt. Vielleicht hatte sie den versteckten Hinweis überlesen, daß Wassja in jenen Tagen mit Nina vor den Traualtar trat.

„*Es sind einige Tage her*", las sie, „*daß ich Deinen Brief vom 13. Januar erhielt, liebe Ella, und ich danke Dir sehr dafür. Ich bin durchaus nicht böse, daß Du jetzt neue Interessen verfolgst, im Gegenteil, ich würde glücklich sein, wenn Du ein interessantes und ein für Dich wertvolles Leben führen würdest. Wenn Du Geld brauchst, bitte, nimm soviel, wie Du auf meinem Konto vorfindest. Ich habe mich entschieden, das Haus zu verkaufen, da ich nicht länger für die Unkosten aufkommen kann. Es ist sehr ärgerlich, daß der Sturm keine Antwort nach Gummeson schickt wegen meiner Ausstellung. Vielleicht ist der Transport unmöglich. Noch bin ich nicht im Dienst, und ich will ein wenig meine Freiheit genießen und eine kleine Reise nach Finnland unternehmen.*"

Als Gabriele damals den Brief bekam, hatte sie Carl Palme gefragt, ob ein Mann von fünfzig Jahren wirklich noch zum Sanitätsdienst eingezogen werden könnte, denn nun hatte Wassja schon zum dritten Mal in seinen Briefen von diesem Dienst gesprochen. Und ärgerlich war sie gewesen, hatte geschimpft, typisch Wassja, muß wieder seine Freiheit genießen. Heute wußte sie, daß die Finnlandreise seine Hochzeitsreise gewesen war.

All die Monate und Jahre, in denen sie um ihn gebangt hatte. Wie diese Bilder in ihrem Kopf schwirrten! Und dazwischen die Frage: Warum? Warum muß ich das alles erst von mir vollkommen fremden Menschen erfahren?

Fünfzehn Jahre ihres Lebens schienen Gabriele gestohlen zu sein. Sie fühlte sich betrogen. Marianne von Werefkin hatte recht gehabt, tausendmal recht. Kandinskys Welt war nicht die Welt der Gabriele Münter.

Dann der Abend bei Karl und Hanna Wolfskehl in München. Das Gespräch ebbte ab, als Gabriele eintrat. Die Zuhörer waren voll von beißendem Spott, wie Leute es sind, die sich über jemand lustig machen, und diesmal galt der Spott Gabriele. Sie merkte es zu deutlich. Alle lachten auf ihre Kosten.

Gabriele hatte Kandinsky verloren. Ein endgültiger Verlust. Doch diese Erfahrung hatte sie schon einmal gemacht, als sie am Grab ihres Bruders August stand, in die dunkle Grube hinabschaute. Dieser Verlustschmerz, der sie damals so grenzenlos traurig gemacht hatte, erschütterte sie auch diesmal. Doch damals hatte sie hemmungslos weinen, immer zum Grab zurückkehren können, es mit Blumen zu schmücken, hatte das Gefühl gehabt, ihren Bruder zu ehren, ihm etwas Liebes zu tun. Sie hatte ihre Trauer zeigen können. Dieses Mal wollte niemand ihren verzweifelten Schmerz wahrnehmen, niemand wollte ihn anerkennen.

Sie fuhr wieder nach Murnau und dachte, Wassja muß doch hierhin kommen, um mir alles zu erklären. Sie dachte, er muß doch kommen, um seine ganze Hinterlassenschaft zu holen, die sie in all den Jahren verwahrt hatte. Was habe ich denn getan, ihr schmerzte der Kopf. Im Dezember 1921 war Kandinsky nach Deutschland zurückgekommen, im März 1922 wurde er Dozent am Bauhaus in Weimar, an der Schule für Gestaltung. Aber

Kandinsky kam nicht nach Murnau, als hätte es den Ort nie gegeben, als hätte es Gabriele Münter nie gegeben. War sie eine Null, wie Else Lasker-Schüler es ihr an den Kopf geworfen hatte? Sie war ein Nichts für Kandinsky geworden. Er hatte sie fallen gelassen. Der Kopf schien ihr zu zerspringen. Auch als Malerin gelang ihr nichts mehr. Sie rannte am Abend aus ihrem Haus, die Kottmüllerallee hinunter bis zur Biegung, wo der Bach rechts aus dem Wald in die Wiesen tritt, da, wo man das barocke Türmchen der Ramsachkapelle sehen kann. Sie starrte übers Murnauer Moos auf die Berge. Ein großer weißer Mond stand darüber. Und nichts anderes fiel ihr ein als Kandinskys Aufsatz ‚Über den Künstler', den er ihr in Stockholm gewidmet hatte und der so begann: *Auf ein Riesenweiß brennt unerwartet ein schwarzer Punkt, er wird größer, immer größer, unaufhörlich größer. In solch einer Zeit, wenn weiß schwarz wird und schwarz dann wieder weiß, glaubst Du dann, daß das Weiß einen Moment vorher schwarz war?* Sie stand und starrte. Was war ihre Schuld? Daß sie einmal liebte? Sie hatte nur den berechtigten Wunsch gehabt, ihr Verhältnis zu legitimieren.

Kandinsky forderte durch einen Anwalt seine Bilder und seine übrige Habe zurück. Persönlich meldete Kandinsky sich nicht, als hätte er Angst vor Gabriele, als könnte er es nicht ertragen, ihr in die Augen zu sehen.

Sein Anwalt, Ludwig Baehr, schrieb: „*Kandinsky hat sich an Ihnen ernüchtert nach starkem Rausch. Das tun wir Männer alle, und wehe, wenn die Frau sich so ernst nimmt, daß sie des Staates entbehren zu können meint, wo sich's um Bindungen handelt. Die staatliche Ehe ist der Frau wegen da. Sie leiden ja unnötig, gnädige Frau. Versuchen Sie doch über Treueschwüre und Sexualitätsvergehen zu lachen. Trauer wegen vergangener Liebe, ja. Aber Anklagen? Sie sind krank, gnädige Frau, alles erscheint Ihnen riesengroß, die Vergangenheit, Kandinskys Untreue, Ihre Vereinsamung. Groß aber ist nur Ihr Irrtum. Seien Sie doch zu stolz, mehr als ein Achselzucken aufzubringen. Ein Frauenleben ist immer im Nachteil, denn seine Passivität ist nicht zu verleugnen, und sie bedeutet Leiden.*"

„Ein Frauenleben ist immer im Nachteil." Gabriele wollte lachen, sie sagte sich, daß Marianne Werefkin nun lachen würde, aber ihr war es unmöglich. Sie hatte ihre Wut und ihren Schmerz erst für sich behalten wollen, aber nun brach alles aus ihr hervor. Diese Zurechtweisung vor aller Welt war tödlich beleidigend gewesen.

Niemand, nicht einmal der Rechtsanwalt Dr. Siegel, den sie nun einschaltete, ahnte, welcher Sturm in ihrem Kopf tobte. Sie schloß sich in ihrem Haus ein. Malen, nein. Essen ordentlich zubereiten, nein. Sie ernährte sich von Resten, hastig zusammengestellten Mahlzeiten. Sie gab sich ganz ihrem Zorn hin, der sie körperlich schmerzte.

Kandinskys Unzuverlässigkeit, seine Rücksichtslosigkeit, die Demütigungen, die Gabriele jahrelang schweigend ertragen hatte, nahm sie nicht mehr hin. Sie blieb ungerührt, als sie hörte, Kandinsky wäre durch eine Hungerepidemie in Rußland stark unterernährt, wäre mittellos, mit zerrissener Kleidung, mit kaputten Schuhen und gestopften Socken in Berlin angekommen.

Kandinskys Bilder, seine Möbel, den Hausrat, die Kleidung, alles, was er in seiner Situation jetzt dringend brauchte, gab sie nicht heraus. Was hatte Kandinsky gesagt? *„Ich will tot sein, für Deutschland und für Gabriele Münter!"* Sie spürte böse Kräfte in sich, höhnte: *„So soll er mir Witwenrente geben. Er soll mir einfach alles, was zu unserem Leben gehört hat, mit allen Rechten vermachen. Und es mir überlassen, was ich ihm davon geben will."*

Niemand hörte, wie sie ein irres Lachen packte, als sie Kandinskys Brief vom 27. Juli 1922 las. Er schrieb ihr als Fremder dieses eine Mal noch und aus einer Entfernung, die sie kalt anwehte. *„Wir beide haben unsere besten Jahre der mißglückten Ehe geopfert. Sogar fremd zu mir stehende Menschen sahen, daß unsere Ehe nichts geworden ist und unser gemeinsames Leben eine ständige Qual für uns beide war. Wir sind beide daran schuld, soweit der Mensch daran schuld ist, daß sein Charakter so und nicht anders ist. Meine Schuld besteht darin, daß ich mein Versprechen, Sie standesamtlich zu heiraten, gebrochen habe.*

Ich hatte immer gehofft, daß wir uns einmal in England treffen, um uns dort – wie verabredet – trauen und sofort scheiden zu lassen. Sie vergessen immer, wie oft ich Ihnen auseinandergesetzt habe, daß unser gemeinsames Leben nicht mehr möglich ist. Von Haß von meiner Seite kann keine Rede sein."

Auseinandersetzungen jahrelang. Und ein Anwalt löste den andern ab, ein Vermittler den andern. Ein kalter Büroton zwischen Menschen, die sich einmal leidenschaftliche Briefe geschrieben hatten. Gabriele kannte kein Pardon. Kandinskys Habe blieb als Pfand in München, in Murnau. Und beinahe gab es noch einen Prozeß wegen der Lagerkosten, für die Gabriele im Laufe der Jahre bei der Speditionsfirma aufgekommen war: „*Barauslagen: zehn Jahre lang monatlich durchschnittlich 27 Mark.*"

Ersatz, Ersatz, Schadensersatz, Vokabeln, die sie nicht mehr aus ihrem Kopf verbannen konnte. Ersatz sollte geleistet werden. Konnte man zerstörte Hoffnung ersetzen?

Erst im März 1926 sollte Kandinsky von ihr sein Hab und Gut zurückbekommen. Als Gabriele seine Wäsche und seine Kleidung aus den Schränken räumte, hatte sie die Sachen geschnappt und wütend auf einen Haufen geworfen. Aber als sie sein Fahrrad aus dem Keller heraufholte, wirkte die Erinnerung verheerend. Nächtelang wurde sie von wilden Träumen geplagt. Mit diesem Fahrrad auf den Touren in Kochel hatte ihr Verhältnis angefangen. Sie konnte nicht weiterpacken. Sie überließ alles den Spediteuren.

Und nun nach sechs Jahren, nachdem die persönliche Habe Kandinskys mühselig aussortiert war aus dem gemeinsamen Besitz, nachdem man seine Bilder aus dem Lager in München ausgeliefert hatte und Gabriele nur noch die behielt, die in Murnau verblieben waren, begann noch einmal ein Kampf, ein Ringen um die Verzichtserklärung.

Gabriele beharrt auf dem Namen Münter-Kandinsky. Sie will ihre Gewissensehe dokumentiert haben. Schwarz auf weiß für alle Zeiten. Und bleibt doch so traurig wie zuvor, als sie endlich Kandinskys Erklärung in den Händen hält: „*Ich anerkenne hiermit, daß Frau Gabriele Münter Kandinsky volles, bedingungsloses Eigentumsrecht an allen Arbeiten hat, die ich bei ihr zurückgelassen habe. Dessau, den 11. April 1926."*

36

Sieben Jahre, das ist eine lange Zeit. Alle sieben Jahre erneuert sich die Haut, heißt es. Es ist Sommer 1927, und Gabriele, um viele Illusionen ärmer, fährt nach Ascona. Marianne Werefkin lebt jetzt dort, und Gabriele hofft, daß sie in dem Ort bei den reichen Gästen, die dort ihren Wohnsitz haben, Porträtaufträge bekommen wird.

Nicht nur in Schweden, auch in München hat sie in den letzten Jahren nach Aufträgen für Porträts gesucht, sie ist deswegen von Kurort zu Kurort gereist und kann sich schließlich mit ihrer Arbeit über Wasser halten.

Gabriele im Zugabteil, draußen die sommerliche Schweizer Landschaft. Sie dachte an den ‚Blauen Berg', ihr Lieblingsbild aus dem Jahre 1908, als Kandinsky, Jawlensky, Werefkin und sie gemeinsam in Murnau malten. Vier Menschen, vier Schicksale. Werefkins Geschichte seit dem Krieg hatte sie von Maria Marc erfahren. Daß sie nach der russischen Revolution 1917 die zaristische Pension verloren hatte. Daß kein Geld mehr da war, um den Unterhalt für sich, Jawlensky, Helene und Andreas zu bestreiten. Und daß Jawlensky eine neue Gönnerin fand, Emmy Scheyer, fünfundzwanzig Jahre jünger als er und sehr wohlhabend. Die gab ihre Malerei auf, um sich ganz Jawlenskys Kunst zu widmen.

Jawlensky verließ Marianne Werefkin und heiratete Helene, die Mutter seines Sohnes. Seinerzeit war die von Marianne aus schlimmen Verhältnissen von der Straße ins adlige Haus geholt worden, angestellt als Hilfe für die Zofe. Eine Geschichte, die Gabriele nicht gern hörte, auch nicht, wie's weiterging. Marianne Werefkin, nun völlig mittellos, arbeitete zeitweilig als Pharmavertreterin. „*Somit kann ich weiterleben*", hatte sie an

Paul und Lily Klee geschrieben, „*aber daß ich, die Künstlerin, statt zu malen, bei Ärzten Medikamente einführen soll, verdanke ich dem Mann, der mir seine ganze Kunst verdankt, von A bis Z. In sein Leben brachte ich eine ganze Familie von Freunden, gab ihm Komfort, gab unermüdliches Verständnis. Und er? Er trennte mich von allen meinen Nächsten. Durch ihn kam mein guter Name ins Schwanken, durch ihn wurden meine Seele und meine Nerven zerrissen.*" Und etwas später erfuhr auch Gabriele von diesem Brief, den Jawlensky als junger Leutnant an Mariannes Vater geschrieben hatte. Sein Manneswort gab Jawlensky darin dem General, daß von nun an bis zum Tode sein Leben Marianne gehöre.

Gabriele erinnerte ihre und Wassjas Liebe in Kallmünz, die sie wie eine Lawine überrollt hatte und die ihr Leben aus der Bahn geworfen hatte. Ich habe die große Gelegenheit nicht wahrgenommen, dachte sie, allein meinen Weg zu gehen. Ich hätte es nach dem Winter in Sèvres 1907 tun können. Hing stattdessen weiter einer Illusion an, wurde verängstigt, lebte voller Gewissenbisse, weil ich keinen Trauschein vorweisen konnte. Nun bin ich eine sitzengelassene Frau, werde einsam sein, verloren. Aber nein, und dann trat sie fest auf, trotzig, dachte, ich werde sicher noch viele gute Menschen kennenlernen, und zudem habe ich doch meine Arbeit.

Sie ging unter den Platanen am Seeufer entlang. Im letzten Haus von Ascona, so hatte man ihr gesagt, da, wo die Straße ins Feld weiterführt, wohnt die Baronessa Werefkin. Dort traf Gabriele mit ihr zusammen, vor ihrem weißgekälkten Haus mit den Fensterläden und dem kleinen vergitterten Balkon im zweiten Stock. Eine der Frauen auf der Straße hatte vor Marianne einen Hofknicks gemacht, zwei Kinder liefen auf sie zu, grüßten, küßten die Hand ihrer Nonna, ihrer lieben Großmutter, und Marianne strich ihnen über den Kopf.

Mager war die Baronin geworden, gelbbraun ihr Gesicht mit den großen vorstehenden Augen. Rock und Bluse waren Gabriele noch gut bekannt, aber die Farben, die schönen Rot- und Brauntöne, waren matt gebleicht vom vielen Waschen. Um den

Kopf hatte Marianne ein rotes Tuch geschlungen, so wie die Asconerinnen, nur band sie es an der Stirnseite zu einer Schleife.

Marianne lachte: „Ich bin tatsächlich eine Asconerin geworden", und bat Gabriele an den Tisch vor der geöffneten Tür, die zum Balkon führte. Gabriele schaute sich um, sah Mariannes Bilder ‚Fischer bei Nacht', ‚Fischer im Sturm', ‚Die Grube'. Diese Szenen aus dem Arbeitsleben waren in eine schwermütig stimmende Umgebung gesetzt, geheimnisvoll, wie Edvard Munch die Natur darstellte. Gegenüber dem Maltisch hing an der Wand Werefkins Ahnengalerie. Von Reichtum war in der Wohnung nichts mehr zu sehen. Auf dem Regal neben der Tür lag ein Stapel Postkarten, welche die Baronin bemalte und verkaufte. Auch Kurzgeschichten für Zeitungen verfasse sie jetzt, hatte man Gabriele erzählt. *„Ich mache Schulden"*, sagte Marianne in Gabrieles Gedanken hinein, *„ich lebe seit Monaten ohne einen Centime. Aber handeln mit Bildern werde ich nicht, auch wenn ich daran krepiere. Ich will meine Bilder nur in liebenden, mich liebenden Händen wissen. Wo diese Hände ganz arm sind, bekommen sie die Sachen geschenkt, wo das nicht der Fall ist, soll mir soviel gezahlt werden, daß ich davon leben kann."*

Marianne Werefkin wohnte seit April 1918 in Ascona. Hier am Lago Maggiore hatte der Baron von der Heydt sein Grand Hotel gebaut. Vor dem Eingang rissen Chauffeure in Livree die Wagentüren auf, zogen die Mütze, wenn die Geldadligen aus den schweren Limousinen stiegen, wenn sie zwischen indischen Buddhas, zwischen original romanischen Heiligenskulpturen speisen wollten und einen Aufzug benutzten, den ein Bild von Picasso schmückte.

Gabriele spürte schon ein bißchen Angst beim Gedanken, in die große Halle eintreten zu müssen. Sie selbst wohnte in einem ärmlichen Hotelzimmer, ernährte sich hauptsächlich von Obst und trockenem Brot, um Geld für die Rückfahrt zu haben. Und dann ging sie entmutigt zurück, den Monte Verità hinunter, den der Baron aus Wuppertal gleich mitgekauft hatte. Ich glaube, ich werde hier nicht vorsprechen, sagte sie sich. Sie befürchtete, in dieser Gesellschaft nicht korrekt aufzutreten.

„Man darf nicht jeden beliebigen Porträtauftrag annehmen. Es glückt nur dann, wenn es sich sozusagen von selbst malt", sagte sie sich und wird später einmal schreiben: *„Ich habe mich an Porträts oft versucht, aber ich muß gestehen, daß mir nicht viele Bildnisse gelungen sind. Man kann ein Porträt auch zu ähnlich machen wollen, ähnlicher, als der Mensch in der Natur erscheint. Da werden einzelne Merkmale herausgehoben und übertrieben. Es entsteht ein schiefes, ungerechtes Bild von der Persönlichkeit, ein Zerrbild."* Unbefangen wie in jungen Jahren porträtierte sie nicht mehr. Sie gab sich Rechenschaft über ihr Tun: *„Man muß Teilnahme und Verständnis haben, um einem Menschen gerecht zu werden. Nur wer etwas Herzlichkeit mitbringt und bescheiden in den anderen sich versenkt, hat Aussicht auf Gelingen. Ohne Respekt vor dem Menschen ist kein wahres Bildnis möglich."*

Ob Marianne dem zugestimmt hätte, fragte sie sich, als sie an diesem Spätnachmittag in ihr Hotelzimmer zurückging: *„Die Darstellung des Menschen ist so bedeutend, daß ich nie versuchen werde, die menschliche Erscheinung aufzulösen und durch gegenstandslose Gebilde zu ersetzen. Ein Bildnis soll ähnlich sein, das heißt, den Menschen erfassen, wie er ist."* Und dann fiel Gabriele ein Gespräch über Kunst ein, das sie damals in Murnau mit Jawlensky geführt hatte. Als der meinte, *ein Porträt brauche nicht ähnlich zu sein. In hundert Jahren wisse ja doch keiner mehr, wie der Porträtierte ausgesehen hat,* hatte sie erwidert: *„Damit verzichtet man aber von vornherein auf Aussagen über Wirklichkeit und malt ein Figurenbild, frei, wie es einem künstlerisch paßt."*

Alexej Jawlensky, der lebte nun seit 1920 in Wiesbaden. Gabriele atmete tief durch, blieb für einen Moment stehen und schaute auf die hohen schmalen Häuser hinter den drei Bogen der Steinbrücke, vor der ein paar Fischer ihre Boote durchs Wasser stakten.

An einem der nächsten Tage auf der großen Piazza sagte Marianne: *„Meine persönlichen Bedürfnisse sind gering, aber meine Kunst verlangt Ausgaben. Ich habe kürzlich den ganzen Tag*

Holz geschichtet. Vor Müdigkeit konnte ich nicht schlafen. Dazu habe ich vom Wetter und von Sorgen eine akute Nervenentzündung im Rücken, die mich entsetzlich quält. Aber am Ende des Lebens ist das einzige, was der Mensch nicht bedauert, das, was er aus der Forderung inneren Pflichtgefühls getan hat."

Gabriele erzählte jetzt ihre Geschichte. Empörte sich über Kandinsky, verurteilte, haßte, zeigte, daß sie oft noch todunglücklich war. Marianne Werefkin hörte zu, billigte es aber nicht, daß man einen so großartigen Künstler wie Kandinsky herabsetzte, ihn kleinlich behandelte. Ihn, den einzigen, dem sie sich geistig verwandt fühlte. Münters Situation wäre schlimm, aber sie sollte sich zusammennehmen. Bemitleiden konnte die Werefkin sie nicht. „*Wir Künstler müssen über dem Zusammensturz unseres Lebens den Tempel der Hoffnung und des Glaubens für andere schaffen, das ist unsere Bestimmung*", sagte Marianne. „*Das ist mein Weg, er ist sehr schwer, aber er gibt dem Leben Sinn. Die Kunst, so verstanden, ist Mission. Alle Enttäuschungen des Lebens verbleichen vor diesem Ziel. Diese Kunst rettet auch den Künstler, weil sie ihn außerhalb von Zeit und Raum stellt.*"

Vierzehn Tage war Gabriele in Ascona, dann reiste sie über den San Bernardino-Paß für kurze Zeit nach Sils Maria, dann über Landeck und Innsbruck zurück.

Sie fuhr wieder einmal nach Elmau. Wer nach Schloß Elmau fährt, das zwischen Garmisch und Mittenwald liegt, sucht die Begegnungsstätte auf, die Johannes Müller, ein evangelischer Theologe aus Riesa, dort eingerichtet hat. In Gesprächskreisen und bei Bewegungstherapie soll seelisches Gleichgewicht wieder hergestellt werden. Gabriele war schon zum siebten Mal hier.

In den ersten Jahren hatten ihre Probleme wegen Kandinsky sie in eine solch depressive Verfassung gebracht, daß sie von sich sagte: „*Ich gehe und arbeite und suche und ziehe, und es ist allein zu schwer. Ich erlahme, ziehe in eine andere Richtung, es ist dasselbe. Ich bin schwach und allein und weiß den Weg nicht. Wie fremd und allein bin ich hier.*" Nun verlagerten sich ihre Probleme wieder mehr auf ihre künstlerische Arbeit, so daß sie klagte: „*Die Welt ist voller Eindrücke, welche soll ich verarbeiten? Was soll ich draus machen? Wo nehme ich die Kraft her, einige von all den Eindrücken und Ideen endgültig zu gestalten. Dieser dumme, gewissenhafte, trockene kontrollierte Intellekt läßt einen doch zu keiner freien, frohen Gestaltung kommen. An diese Landschaft gehe ich jetzt mit übersetzter Sachlichkeit. Und es wird wieder anders. Alles, was ich mache, ist immer anders, gräßlich!*"

Als sie 1908/09 in ihrer großen produktiven Phase in Murnau farbige Ölbilder gemalt hatte, hatte sie ihre Bleistiftzeichnungen vernachlässigt. Nun zeichnete sie wieder, sie zeichnete in Elmau. Sie zeichnete in Berlin, und ein bevorzugtes Modell war die Nichte, wenn Gabriele zu Schroeters in die Luisenstraße kam. Ob Friedel, nun fast erwachsen, noch wußte, wie sie in Murnau Prinzessin spielte mit Blumen im Haar? Soviel war sicher, die Nichte, an der Gabriele mit besonderer Liebe hing, ließ in ihr nicht nur den alten Familiensinn wieder aufleben, im täglichen Umgang mit ihr bekam sie die schönsten Anstöße zum Zeichnen. Friedel am Tisch, einmal müde, einmal träumend. Friedel, die ‚Lesende'. Als ob Gabriele den Stift nicht abgesetzt hätte, in einem einzigen gelungenen Strich war das Porträt der jungen Dame gezogen. Und Gabriele merkte nicht einmal, wie ihre Arbeit sie allmählich gesund machte.

37

„Hallo, daß ich Sie hier treffe, das hätte ich nicht gedacht." Gabriele blickte hoch, überrascht. Vor ihr im Café de la Regence in Paris stand Isaac Grünewald. „Seit wann sind Sie hier? Wie lange ist das her, seit wir uns in Stockholm verabschiedeten?" Er setzte sich. Gabriele schob die Kaffeetasse zur Seite, ein großes Frage- und Antwortspiel begann.

Wer als Künstler in Paris war, traf sich gern mit anderen Künstlern. Gabriele hatte bereits Hans Arp getroffen. Sie traf Münchener Malfreunde. Warum sprach Gabriele nicht bei Matisse vor? Sie hatte mit ihm doch 1911 korrespondiert. Sie wollte sich eben nicht aufdrängen. Also auch kein Besuch bei Sonja und Robert Delaunay, obschon sie 1913 gemeinsam im Herbstsalon in Berlin ausstellten. Was Gabriele in Paris unternahm, war ein Weiterstudium an der Akademie Grande Chaumière.

Eines schönen Tages war sie hier auf dem Gare du Nord angekommen. Ihr Glück, daß Schwager Georg Schroeter das Grundstück in Wilmersdorf verkauft hatte. Seinerzeit hatte er es aus dem Erbteil der Münter-Geschwister erworben. Das beschwingte Gefühl, jetzt bares Geld zur Verfügung zu haben und in Johannes Eichner einen Freund, der sich um sie und ihre Finanzen kümmerte, übertrug sich auf Gabrieles Arbeit.

Gabriele hatte einen neuen Lebenspartner. Es war das erste Mal, daß jemand allein für sie da sein wollte, daß jemand sich so um sie sorgte.

Wenn sich Johannes Eichner selbst vorstellen müßte, hätte er gesagt, daß er als Philosoph promovierte, daß er Kunstgeschichte studierte und sich gründlich mit Psychoanalyse befaßt hatte. Und wenn man ihn nach seiner Beziehung zu Gabriele Münter gefragt hätte, würde er anworten, *daß er von ihrer Persönlichkeit sofort gefesselt war, als er sie kennenlernte, von ihrem Schicksal ergriffen und von ihrer Einsamkeit gerührt. Und daß er davon überzeugt war, daß Gabriele Münter in ihm einem Mann begegnet war, an dem sie alles fand, was sie brauchte, und mit dem sie in glücklicher Gemeinsamkeit zusammenleben konnte.*

Es war auf der Silvesterparty gewesen, 1927 in Berlin, im Haus des Malers und Kunstwissenschaftlers Dr. Hermann Konnerth, und Gabriele war sehr bewegt, als sie merkte, wie sehr ihr Dr. Johannes Eichner zugetan war. Sie sah sich schon an seiner Seite bei ihren Verwandten und bei den Verhandlungen mit Galeristen und Museumsdirektoren. Sie kannte ja deren Meinung über Frauen. Dabei hatte sie doch längst bewiesen, daß sie ihren Weg ganz allein gehen konnte. Dennoch: Gabriele war froh, die Verantwortung für sich abgeben zu können. Nun wird sie Eichner von sich erzählen, wenn er's will, weil sie so gern möchte, daß jemand zu ihr gehört, weil sie doch einfach zu jemandem gehören möchte.

Jetzt, als sie sich von Isaac Grünewald in diesem Pariser Café verabschiedete, nachdem sie lange mit ihm über seine Arbeit in Schweden gesprochen hatte, sah sie Eichner ganz deutlich vor sich. Mittelgroß, ein Mann von zartem Körperbau mit hoher Stirn und Kurzhaarschnitt. Sie sah seine graublauen Augen vor sich, die ernst, streng aber auch heiter versonnen blicken konnten. Sie sah den feinen freundlichen Zug, der manchmal um die schmalen Lippen spielte. Vor der Gartentür in Murnau sah sie ihn, als er sie zum erstenmal dort besuchte in grauem Anzug, grauer Weste, er hob die Hand zum Gruß, und die Uhrkette blitzte in der Sonne. Das Haus mußte ihm wohl gefallen haben, nicht zu vergessen die vielen Bilder und Dokumente, die sie aus der Zeit mit Kandinsky hier verwahrte. Für einen Kunsthistoriker eine wahre Fundgrube, und Eichner würde sich daran begeben, zu sichten und zu ordnen.

Mit diesem Mann wird sie nun dreißig Jahre zusammensein. Eine Leidenschaft wie zwischen Wassja und seinem Ellchen wird sich nicht wiederholen. Er respektiert es und sagt: „*Die Begegnung mit K. war für sie das wichtigste und folgenreichste, man darf sagen, das einzige große Ereignis in ihrem Leben.*“ Johannes Eichner und Gabriele würden bei aller Freundschaft ihr Lebtag das abstandwahrende Sie beibehalten, niemals das *vertrauliche Du* benutzen. Sie wird nie seine Fähigkeit auf dem Gebiet der Finanzen, nie seinen Sachverstand in kunsthistorischen Fragen anzweifeln. Sie wird seine Ratschläge hören, doch nicht immer befolgen. Sie wird mit ihm streiten, sie wird mit ihm lachen. Sie werden eine Zeit erleben, in welcher die Welt auf den Kopf gestellt wird.

Gabriele hatte Johannes Eichner, dem acht Jahre jüngeren, schon bald in aller Offenheit die Briefe und Akten zu lesen gegeben aus der Zeit, als sie sich am Tiefpunkt ihres Lebens glaubte. Er las, wie sie außer sich geraten war, wie sie ihrem ehemaligen Lebensgefährten *mit außerordentlichen Schmähungen* antwortete.

Eichner hatte es beschämend gefunden, wie Gabriele sich verhalten hatte. *„In diesen Jahren haben Sie sich der eigenen guten Natur entfremdet"*, sagte er. Und das konnte man ihr nur nachsehen, wenn man den Spruch beherzigte: Alles verstehen heißt alles verzeihen. Und dann hatte Johannes Eichner Gabriele nach Murnau geschickt, einen Neuanfang zu machen.

Als sie an diesem Septembermorgen 1928 dort aufwacht, hört sie das Rauschen in den Eichbäumen, sieht sie die helle Sonnenbahn, die quer durchs Zimmer verläuft auf das Toilettenschränkchen zu, und der blaue Reiter, der sich nach der Reiterin umdreht, steht im Morgenlicht. Auf dem Fußboden davor stapeln sich Kartons und gebündelte Briefe. Dokumente eines ganzen Lebens.

Sie bringt alles zurück auf den Speicher, den sie sobald nicht wieder betreten wird. Sie sagt sich, daß sie nun über fünfzig sei, eine Malerin, die einmal zu den Bahnbrechern einer neuen Kunst gehörte und nun fast vergessen ist, eine Malerin, die einen neuen Anlauf nehmen muß. Ruhelos läuft sie in Haus und Garten herum, stürzt sich in häusliche Arbeit, putzt Fenster, schrubbt Fußböden, reißt Unkraut aus, um sich wenigstens das Gefühl zu verschaffen, etwas zu leisten. Und dann, als der Makler ihr versichert, ein solches Haus weder vermieten noch verkaufen zu können, fährt sie wieder nach Berlin.

Was Kandinsky ihr angetan hat, vergibt sie nicht so leicht. Ob sie das je vergessen kann? Eichner ist zutiefst erschüttert über dieses Schicksal. *„Dürfte man die Tatsachen tief genug ausschöpfen, so ergäbe sich ein ergreifender Roman"*, sagt er und verspricht: *„Ich werde Ihr Leben in geordnete Bahnen führen."*

Die größte Hilfe dabei bekommt Gabriele durch ihre eigene Arbeit. Gabriele findet den Absprung. Sie fährt 1929 wieder nach Paris. Die Atmosphäre der Metropole verhilft ihr wie schon vor zweiundzwanzig Jahren zu einem neuen Aufschwung. Die Farben auf einem Tisch, das Blau der Siphonflaschen, die Zitrone, die Orange im Glas lassen Gabrieles Malerherz höher schlagen. Sie muß wieder an die Staffelei. ‚Tisch im Gartencafé' entsteht. Sie malt ausdrucksstark, expressiv. Im

Sommer 1930 dann ist sie mit Eichner unterwegs. Sie fahren an die Côte d'Azur, dann nach Chamonix, Lyon, Avignon, Marseille, Toulon. Sie sind zuletzt in Sanary-sur-Mer, einem kleinen Fischerdorf in der Nähe von Bandol. Das Malen geht wieder gut.

Es war Oktober geworden, als sie wieder in Paris Station machten. Sie war noch einmal in den Zug gestiegen, um Sèvres aufzusuchen, den Park von St-Cloud, um die alten Wege zu gehen, den Blick zu werfen auf die Häuser, die sie im Winter 1907 gemalt hatte. Lange hatte sie dort gestanden und in die Richtung geschaut, wo der Eiffelturm sein mußte. Und noch tiefer ging ihr Blick, ging in die Vergangenheit.

Sie sah sich als kleines schmächtiges Mädchen in einer Ecke des Herforder Gartens und nicht weit davon die Mutter. Warf sie der Tochter einmal einen Blick zu? Wohl kaum. Man war nicht sentimental. Läßt die Kleine glauben, daß sie eines Tages genauso würde wie sie. Das war das Los der Frau.

Manche ihrer Probleme lagen in ihrer Familie. Der amerikanische Traum ihrer Mutter. Nach Siglingen an der Jagst, wo sie immerhin ihre ersten neun Lebensjahre verbracht hatte, reiste sie mit den Kindern nie. Wir haben uns nie richtig gekannt, sagte sich Gabriele. Ich habe meine Schwester nie zu meiner Vertrauten gemacht. Ich habe mich zurückgezogen. Fantasiebilder spielten für mich die große Rolle. An der Seite meiner weitgereisten Eltern kam ich mir vor als ein besonderes Kind. Ich habe mir auch später etwas vorgemacht, wenn ich glaubte, nur an Wassjas Seite etwas zu gelten.

Wassja, ein Mann, von dem sie im Grunde nicht viel wußte. Ein Mann mit dieser krankhaften Sucht, jede Spur von einer Gabriele Münter aus seinem Gedächtnis auszulöschen, würde ihr immer ein Rätsel bleiben. Das einzige, woran er sich zu erinnern schien, daß er einmal den Weg von Murnau nach Sindelsdorf ging. Nur davon hatte er Maria Marc geschrieben. Warum hatte Gabriele sich eingebildet, er würde kommen, um seine Erklärung persönlich abzugeben?

Alles ging zu Ende. Sie wischte mit der Hand über das beschlagene Fenster des Zugabteils und wußte, daß ein persönlicher Brief Wassjas, auf den sie in irgendeiner Ecke ihres Herzens noch hoffte, nie eintreffen würde. Und auch der Gedanke daran schmerzte heute nicht sehr.

Johannes Eichner sah sie freundlich an. „Setzen Sie sich in Fahrtrichtung, das ist bequemer." Er legte ihr das Reiseplaid über die Knie und achtete darauf, daß das Fenster nach jedem Öffnen auf einer Station sofort geschlossen wurde, wenn der Zug wieder anfuhr. Noch ehe sie Frankreich verließen und über die Grenze nach Belgien kamen, hatte Gabriele diese Zusicherung von Eichner erhalten: *er wollte ihr das Publikum ersetzen, er wollte ihr Kritiker sein, ihre Ausstellungen betreuen, er wollte ihre wirtschaftlichen Mittel in die Hand nehmen.* Auf ihn konnte sie sich verlassen. Nachdem sie jahrelang ruhelos umhergeirrt war, bot ihr nun jemand eine ständige Stütze.

So reisten sie im September 1931 zurück nach Murnau. In ihrem Haus in der Kottmüllerallee wurde sie wieder zur Malerin, die ihre Umwelt mit Maleraugen wahrnimmt.

Sie steht im Garten an der Klappstaffelei, mischt Farben auf der Palette, malt mit raschem Pinselstrich das Obergeschoß ihres Hauses hellblau auf den ockergelben Unterbau. Braune und orangefarbene Töne nimmt sie für das herbstliche Laub der Bäume, die das Haus umstehen, hüllt es damit warm ein. Sie schaut sich um. Johannes Eichner wirtschaftet zwischen den Blumenbeeten, zwischen Zinnien, Rosen, Sonnenblumen und gelben Astern. Gleich wird er wieder hinter ihr stehen, ihr kritischer Gefährte. Wenn sie an gestern denkt! O je! Da nörgelte er: *„Sieht das Naturvorbild nicht recht langweilig aus?"* Er könnte kein anregendes Motiv darin entdecken. Sie war herumgefahren, nicht nur, weil sie selbst mit dem Motiv nicht zurecht kam. „Pah", hatte sie gefaucht, *„Kandinsky hat mein Talent geliebt und verstanden."* Nein, sie malte in diese Wiese links unten keinen *Baum, nur um eine gute Wirkung zu erzielen.* Und wenn Eichner entsetzt war, weil sie Zäune, Häuser, Holzstadel aus ihrem Bild wegließ, die er ganz deutlich im Tal ausmachen konnte, so berief sie sich darauf, daß sie die Künstlerin sei und dies ihr Bild, ihre Interpretation.

Johannes Eichner war ein paar Schritte zurückgewichen. Lebte Gabriele noch immer in der Vergangenheit? Sie konnte die Frage in seinen erschrockenen Augen lesen. Zum Donnerwetter, ja, sie wollte doch endlich alles richtig machen. Am Abend, als sie im Atelier das Bild ‚Mein Garten' übermalte, hörte sie Eichner plötzlich aufseufzen und gleich darauf tief und vernehmlich Luft holen. Und als sie sich erschrocken umwandte, sagte er, ihre Arbeit ginge so unglaublich schnell und spannend vorwärts, *daß er nicht mitkäme und darüber das Atmen vergessen hätte*. Da mußten sie beide aus vollem Halse lachen.

Ohne Frage, Eichner war ein guter Gefährte. Wie schwierig hatte sie sich das Zusammenleben vorgestellt, und nun klappte es so gut zwischen ihr, einer alleinstehenden Frau, die ein eheähnliches Leben geführt hatte, und ihm, dem eingefleischten Junggesellen. Er, der korrekte, hatte ihr geraten, Hefte anzulegen, in welche sie die Entstehungsdaten ihrer Werke eintragen sollte, die Farben, die sie brauchte, den Malgrund, ob Leinwand, Pappe oder Holz. Leichter sollten in Zukunft die Bilder von Gabriele Münter einzuordnen sein.

Jetzt im Garten an der Klappstaffelei malt sie ins rechte offenstehende Fenster ihres Hauses eine Person mit rotem Pullover. Ein leuchtender Mittelpunkt. Mit diesen Farben, in diesen Formen muß sie arbeiten. Nein, sie wird nie anders malen können. Sie muß an jener Stelle wieder anknüpfen, wo sie vor mehr als zehn Jahren aufgehört hat, nur sind ihre Darstellungen jetzt noch holzschnittartiger, klarer, knapper und kantiger. Sie ist eine gute Malerin gewesen, anerkannt, berühmt. Aber nun, als sie mit Schwung in eine neue Schaffensperiode geht, ahnt sie nichts von den bedrückenden Ereignissen, die auf sie warten.

38

Man schrieb das Jahr 1936. „Ein Glück, daß ich von Berlin weg bin", sagte Richard Seewald zu Gabriele. „Die Städte sind nicht länger Orte, wo man sich frei bewegen kann, Unbeschwertheit kennt man nicht mehr. Abends sind die Straßen leer. Die Leute stehen nicht mehr herum, um zu schwatzen, um zu lachen. In den Cafés geht man, ohne Aufhebens zu machen, zum Tisch, verständigt sich manchmal nur durch Gesten."

In Berlin fühlte sich der Maler Seewald nicht mehr sicher. Sie saßen im Café Stephanie am Fenster, Gabriele und Seewald. Es war sein Stammlokal, wenn er in München war. Wie lange hatten sie sich nicht mehr gesehen! Daß sie ihn einmal auf der Straße vor Goltz' Kunsthandlung fast umgerannt hatte, erinnerte Gabriele heute nicht. Nein, sagte sie jetzt, sie wollte ihm nicht abnehmen, daß man sich vorsehen müßte.

Was Kunst war, bestimmte jetzt die Reichskulturkammer: Kunst hatte deutschnational zu sein, das hieß, naturgetreu, allgemein verständlich, zu Herzen gehend. Und diese Vorschrift galt nun schon seit 1933. Die Galerien und Museen wiesen die Kunst einer ehemaligen Blauen Reiterin, einer Künstlerin beim Sturm zurück.

In diesen Zeiten muß man sich verkriechen. Ob sich Gabriele noch an Ödön von Horváth erinnere, dessen Eltern das schöne Landhaus in Murnau, in der Bahnhofstraße besäßen? Ja, flüchtig hatte sie ihn gekannt, den jungen Mann, der Dramen schrieb, und daß er in jener Januarnacht 1933 als Nazigegner mit den Nazis in Streit geriet. Auch das Ende kannte sie, daß er Murnau verlassen mußte.

Seewald sprach weiter, erzählte die Geschichte seiner Wanddekoration im Münchener Glaspalast, wie er den Ruhe- und Leseraum mit Landschaften ausgemalt hatte. Doch schnell war sein Ruhm wieder verblaßt. Ein großer Brand hatte am 6. Juni 1931 den Glaspalast, das alte Kunstausstellungsgebäude, zerstört. Über hundert Gemälde allein aus der deutschen Romantik wurden vernichtet. Aber nun würde ja seit 1933 am neuen Glaspalast gebaut, ‚Haus der Deutschen Kunst' sollte er genannt werden. Doch wenn er im nächsten Jahr eröffnet wird, würde kein Bild von ihm, von Campendonk, von Klee dort sein, und Seewald fuhr mit sehr leiser Stimme fort: „Klee und Campendonk wurden bereits 1933 aus ihrem Lehramt entlassen."

„Kandinsky auch“, sagte Gabriele, schepperte mit ihrem Teelöffel an der Tasse. Kandinsky hätte sich 1933 mit seiner Frau nach Paris abgesetzt, obschon sie 1928 deutsche Staatsbürger geworden waren. „Soll ich aufzählen, wer inzwischen aus Deutschland verschwunden ist?“ fragte Seewald und blickte schnell nach rechts und links. Die Tische nebenan aber waren gerade nicht besetzt.

„Ja“, fuhr er fort, „Karl Wolfskehl traf ich in Ascona 1933 auf der Flucht. Er wollte nach Neuseeland.“ Wieviel Zeit ist vergangen, dachte Gabriele, seit wir in seinem Salon das Fest der deutschen Dichtung feierten. Bei Hanna und Karl Wolfskehl hatte sie auch Richard Seewald öfter getroffen. Was war bloß geschehen, daß Arnold Schönberg nach Los Angeles auswandern mußte, daß Max Reinhardt nach Österreich emigrierte, daß sein Deutsches Theater 1933 enteignet wurde. Mein Gott, da könnte er noch manches erzählen und manchen Namen nennen, sagte Seewald. Ob sich Frau Münter noch an die Auftritte mit Else Lasker-Schüler erinnerte? An die Auktion, die sie für die Arme veranstalteten? „Wissen Sie noch, Kandinsky hat damals von mir ein Aquarell ersteigert.“ Nun lebte diese arme Unglückliche in Jerusalem, wie mochte sie dort wohl zurechtkommen. Die beiden tranken schweigend ihren Kaffee aus.

Seewald, der ein paar Minuten so dagesessen hatte, sagte plötzlich. „Auch ich bin hier nur auf der Durchreise. Ich gehe weg.“ „Und wohin?“ fragte Gabriele. „Nach Ronco bei Ascona in mein Haus, meine Frau ist schon da. Aber ich bitte Sie, wahren Sie Stillschweigen.“ Er hätte gern in alter Ungezwungenheit mit ihr geplaudert. Wäre gern noch einmal so frei gewesen wie zu der Zeit, da sie zusammen im Simplicissimus saßen, wo sie sich und die Welt durch den Spiegel der Ironie betrachteten, in der Zeit, als er das Buch des Joachim Ringelnatz illustrierte, die ‚Schnupftabakdose‘. Er sagte beim Abschied: „Ich werde Marianne Werefkin von Ihnen allen hier grüßen.“

Als Gabriele später durch die Schellingstraße ging, an Nummer 23 vorbei, wo Marc sein erstes Atelier gehabt hatte, sah sie die schwarzen Limousinen davor. Männer in Braunhemden und solche mit langen schwarzen Mänteln, das Hakenkreuz am Revers, die aus- und eingingen. Hitlers Hoffotograf hatte dort sein Atelier.

Wenn sie nun auch außer Landes ging? Sie hatte kein Heim in Ascona, und Johannes Eichner würde nie ins Ausland ziehen. Es schien nichts mehr vorwärts zu gehen. Sie verkaufte so gut wie nichts. „Macht Ihnen das keine Angst?" hatte Eichner gefragt. „Ach wissen Sie, mein Lieber, bislang habe ich mich noch ganz gut durchgeschlagen." „Trotzdem", er hatte immer eindringlicher gesprochen, „ich muß Ihnen raten, die Mitgliedschaft in der Reichskammer für bildende Künste zu beantragen. Ist Ihnen klar, daß Sie sonst mit einem Berufsverbot rechnen müssen?" „So was nennt man Opportunismus, bedenkenlos handeln der Nützlichkeit wegen", meuterte sie. „Ich bin eine freie Künstlerin." Schließlich war sie doch Mitglied geworden. Aber bei dem Wettbewerb ‚Die Straßen Adolf Hitlers in der Kunst' konnte sie keine Lorbeeren verdienen. „Es ist nichts bei mir mit Baukränen, Baggern, Betonmischern, Industrieanlagen", sagte sie. „Laßt mich doch in Frieden."

Gabriele war ins Kino gegangen ‚Ein Walzer rund um den Stefansdom' mit Olga Tschechowa, Wolf Albach-Retty, Gustel Huber. Bei dieser Filmkomödie konnte man die Wirklichkeit vergessen. Bei der Wochenschau, die davor gezeigt wurde, standen die Reportagen im Zeichen der Sommerolympiade von Berlin: Fahnen, Fanfarenklänge, sportliche Wettkämpfe, Siegerehrung. Man könnte aus allem das Beste machen, dachte Gabriele, als sie in ihre Wohnung zurückging.

Sie war zermürbt von dem ständigen Umziehen. Die Räume in den Pensionen so klein, daß sie kaum Platz zum Malen fand. Seit beinah sechzehn Jahren hatte sie nie länger als vier Monate an einem Ort gelebt und immer in Pensionen oder bei den Verwandten. „*Wie gern hätte ich nur ein Zimmer, wo ich ganz frei bin und arbeiten kann und die Leute einladen, die ich sehen möchte. Aber das kann man nicht, wenn man zu Besuch ist*", so hatte sie 1925 aus Berlin an Maria Marc geschrieben. All die Jahre hindurch träumte sie von einem eigenen Heim, war froh gewesen, wenigstens manchmal bei der Schwester in Berlin, manchmal beim Bruder in Bonn unterschlüpfen zu können, wo sie das Leben nichts kostete.

Als vor einem halben Jahr Johannes Eichner den Vorschlag gemacht hatte, gemeinsam in ihr Haus in Murnau zu ziehen, war es gerade jener Tag gewesen, an dem sie die Briefe Franz Marcs zusammensuchte, seine Korrespondenz mit Kandinsky, die Maria Marc herausgeben wollte. Gabriele durchmaß ihr Zimmer mit großen Schritten. Sie lachte bitter. Welch ein Glück, einen neuen Partner zu haben, der wie Kandinsky unbedingt in das Haus in Murnau einziehen wollte. Drängte Eichner nicht genauso wie der, als er verkündet hatte, seine Wohnung in Berlin aufgeben zu wollen? Sie selbst wollte am liebsten ein Haus oder eine Wohnung in München. Eichner dagegen war der Ansicht, daß sie unbedingt an dem Haus in Murnau festhalten müßte. „Ja", sagte sie zuletzt. Sie war zermürbt, auch weil sie ihre Bilder nicht mehr los wurde. „Kommen Sie, lieber Eichner, Sie haben recht. Wir verziehen uns nach Murnau. Vielleicht ist es besser, Kohl zu pflanzen, Unkraut zu jäten oder spazieren zu gehen." Ein paar Jahre später wird sie sagen, daß es die richtige Entscheidung gewesen war. Man konnte es auf allen Fotos sehen, die seitdem von ihr geknipst wurden. Gabriele lächelt.

Am 22. Juli 1936 übertrug sie ihr Haus an Johannes Eichner. Keine Angst, er triebe sie nicht in ein primitives Dasein zurück. Wasser, Elektrizität, Heizung, einen Balkon, alles würde sie bekommen. Eichner organisierte den Umbau. Zahlte die Reparaturkosten.

Er hatte für Gabriele das Eckzimmer mit den beiden großen Fenstern als Atelier einrichten lassen, so daß sie im Osten den Kirchhügel liegen sah und im Süden den Blick aufs Wettersteingebirge hatte. Dunkle Vorhänge hielten starke Sonne ab, Tüllgardinen sorgten für gedämpftes Licht. Das ‚Münterhaus' nannte Eichner sein und Gabrieles Heim.

Es war Sonntagmorgen 11 Uhr, der 18. Juli 1937. Gabriele ging langsam den Obermarkt hinauf. Aus den Häusern dröhnten die Radios. In München wurde das Haus der Kunst mit der

Großen Deutschen Kunstausstellung eröffnet. *„Als vor vier Jahren die feierliche Grundsteinlegung dieses Baues stattfand"*, rief Hitler ins Mikrofon, und nach jedem Satz echote das Geschrei der Massen, *„waren wir uns alle bewußt, daß nicht nur der Stein für ein neues Haus gesetzt, sondern der Grund gelegt werden mußte für eine neue und wahre deutsche Kunst. – Kunstwerke, die an sich nicht verstanden werden können, werden von jetzt ab den Weg zum deutschen Volke nicht mehr finden."* Gabrieles Herz klopfte. Was sollte das heißen, wenn sie hören mußte, daß ein neuer Menschentyp jetzt entstehen würde? *„Diesen, den wir erst im vergangenen Jahr in den Olympischen Spielen in seiner strahlenden, stolzen, körperlichen Kraft und Gesundheit sahen"?* Gabriele war nun an der Maria-Hilfs-Kirche vorbei, und aus den geöffneten Fenstern brüllte es: *„Diese Nichtskönner, diese Kunstmißhandler, die grundsätzlich Wiesen blau, Himmel grün, Wolken schwefelgelb empfinden, fabrizieren mißgestaltete Krüppel und Kretins, Frauen, die nur abscheuerregend wirken können. – Wir werden von jetzt ab einen unerbittlichen Säuberungskrieg führen gegen die letzten Elemente unserer Kulturzersetzung."*

„Haben Sie das gehört?" sagte sie zu Eichner, als sie in die Kottmüllerallee zurückgekommen war. „Ist das nicht unglaublich? Was in aller Welt mögen sie in ihrer Gegenausstellung zeigen, in der Ausstellung ‚Entartete Kunst am Pranger'?" Morgen sollte diese in den Hofarkaden in den Räumen der Gipssammlung des Antiken Museums eröffnet werden. Gabriele und Johannes Eichner aßen schweigend ihren Salat. In der nächsten Woche würde Gabriele nach München fahren, was sie jetzt schon sehr aufgeregt machte.

„Erinnern Sie sich, lieber Eichner? Der 4. April in diesem Jahr. Der letzte Tag meiner kleinen Ausstellung im Münchener Kunsthaus. Es ist 16.50 Uhr. Zehn Minuten, bevor geschlossen wird. Gauleiter Wagner stürmt herein. Voller Vorurteile. Sieht sich die Bilder gar nicht an. Schimpft los. Was sollte diese Münter-Kunst hier? War die Malerin nicht ein Mitglied des Blauen Reiters gewesen? Ich schlich mich hinaus. Jetzt, wo ich wieder davon spreche, muß ich staunen. Eine ganze Nacht hatte ich befürchtet, daß man meine Bilder beschlagnahmen würde."

39

Wenn man in einer dichtgedrängten Menge steht, zwischen Menschen aus ganz Deutschland, zwischen Pärchen, die in Bayern auf der Hochzeitsreise sind, und einem Worte um die Ohren knallen wie Wahnsinn, Schund, Dreckskitsch, kommen einem so manche Erinnerungen. Gabriele vorm schäbigen Eingang zum Antiken Museum in der Galeriestraße Nr. 4 mitten in der Menschenschlange. Alles strebt zur Ausstellung ‚Entartete Kunst'. Sie duckt den Kopf, und es fällt ihr ein, daß sie das alles schon einmal gehört hat, und wie man schon immer damit rechnen konnte, daß Kunstwerke verlacht werden, und sie weiß, daß es jetzt ganz anders ist. Da stellt ein Künstler nicht mehr aus und nimmt anschließend seine Sachen wieder fort. Da werden mißliebige Werke entschädigungslos vom Staat eingezogen und oft sofort vernichtet. Da wird den Kunstschaffenden das Recht auf Arbeit abgesprochen. Gabriele kennt so manchen, der seiner Ansicht wegen verfolgt wird, und sie fürchtet sich.

Die schmale Treppe hinauf. Vor ihr schon über 35 000 Besucher an diesem Tag. Der Wärter drängt voran. Oben im Halbdunkel auf schwarzem Grund das Holzkruzifix von Ludwig Gies aus dem Lübecker Dom. Und Emil Noldes ‚Hl. Drei Könige' von 1913 und sein Bild ‚Christus und die Sünderin'. Gabriele denkt daran, wie ihre Bilder einmal mit denen von Nolde beim Sturm in Berlin gezeigt wurden.

Und dann im fünften Raum an der linken Seitenwand, 120 cm mal 140 cm groß, die ‚Improvisation Nr. 10' von Kandinsky. Sehen, zusammenzucken, wissen, als dies gemalt wurde, da war ich unmittelbar dabei. Und im Bruchteil von Sekunden denkt sie zurück und steht neben Wassja in Murnau, und es ist Sommer 1910.

Was hält diese Besucherin da bloß fest? Weiter! Gehen Sie

weiter! Und wenn Gabriele nochmal vor einem Bild länger stehenbleibt, dann wird sie vorangeschubst. Warum hat sie sich nicht vorbereitet? Im Raume sechs Franz Marcs ‚Mandrill', seine ‚Zwei Katzen Blau und Gelb', die sie zuletzt bei Thannhauser sah, 1913, als sie diesen kleinen Auftritt mit Else Lasker-Schüler hatte. Der arme Marc, die arme Lasker-Schüler. Und weiter dahinten das Gemälde ‚Sindelsdorf', unverkennbar die Malerhandschrift von Campendonk. Dann Bilder von Jawlensky, Klee. Im Obergeschoß, im sechsten Raum ein Selbstporträt von Paula Modersohn-Becker. Wer weiß, wem alles sie hier noch begegnen wird. Und dann Marc Chagall, Oskar Kokoschka, Lyonell Feininger, Karl Schmitt-Rottluff, Max Pechstein, Christian Rohlfs. Sie zählt zusammen, ungefähr vierzehn Bilder von Kandinsky, dreizehn von Klee und beinah dreißig von Emil Nolde. Was wird mit ihnen passieren?

Von ihren eigenen Bildern ist keins dabei. Am Abend sagt Eichner, er habe gehört, man sei mit Lastwagen vor den Museen und Galerien vorgefahren, um die sogenannte entartete Kunst abzuholen. Waggonweise habe man die Bilder in Bunkern deponiert, teilweise ins Ausland verkauft der Devisen halber, teilweise zerstört. *Man kann sie als Heizmaterial für öffentliche Gebäude nutzen,* zitiert Eichner aus der Deutschen Kunstkorrespondenz. Bis zu jenem Tag hat Gabriele es manchmal bedauert, daß ihre Bilder keinen Platz in deutschen Museen gefunden hatten bis auf ein unauffälliges Stilleben, das die Bremer Kunsthalle aufkaufte. Nun ist ihre Kunst gerettet.

Trotzdem, sie ist um einige Haarsträhnen grauer geworden vor Kummer. Sie geht tagelang nicht mehr aus. Sie erkältet sich wieder bei der leisesten Zugluft. An die Verfemten muß sie denken. Irgendwann erfährt sie, daß auch Käthe Kollwitz dazugehört.

Gabriele erinnert sich. 1927 in Berlin, im Sommer, ehe sie Johannes Eichner kennenlernte, hatte man ihr die Teilnahme an einer Ausstellung in der Galerie Hinrichsen vermittelt. Das Motto hieß ‚Die schaffende Frau in der bildenden Kunst'. Käthe Kollwitz stellte ebenfalls aus, diese bekannte Berliner Künstlerin. Gabriele hatte an der Tür zur Galerie gezögert. Käthe Kollwitz verabschiedete sich gerade von dem Galeristen und war hinausgegangen. Zehn Jahre älter als Gabriele war sie, und Hinrichsen sagte, daß sie an einem Mahnmal für ihren Sohn Peter arbeitete, der 1914 gefallen war. Kannte Frau Münter den offenen Brief, den Käthe Kollwitz an die Kriegstreiber adressiert hatte? *Es ist genug gestorben. Keiner darf mehr fallen. Saatfrüchte sollen nicht vermahlen werden!* Frau Kollwitz ergriff Partei. *Ich will wirken in dieser Zeit, in der die Menschen so ratlos und hilfsbedürftig sind,* hatte sie als Botschaft über ihre Holzschnittserie ‚Krieg' geschrieben, den Drucken mit hungernden Kindern, mit Müttern, die ihre Kleinen beschützten.

Auch Gabriele hat ein Gespür für die Schattenseiten des Lebens, für die Abgründe der menschlichen Seele. Allerdings, die sozialen Mißstände ihrer Zeit sind kein Thema für sie. Ihr künstlerischer Blick nimmt vor allem Landschaften wahr, deren Farben und Formen.

1938. Ein Sommertag im Münterhaus. Maria Marc ist zu Besuch gekommen. Sie bringt Gabriele die Briefe von Franz und Kandinsky zurück. Sie ist im letzten Jahr ebenfalls in der Ausstellung ‚Entartete Kunst' gewesen. Es ist furchtbar. Der Krieg ist längst zu Ende, aber das Bekämpfen dauert an. Wie soll das weitergehen. „*Wenn ich daran denke*", sagt Maria, „*daß Franz sein Leben hingegeben hat und nun derart beschimpft wird. Was will man machen? Franz würde sagen: ‚Nicht in Haß verfallen, nicht diesen Blödsinn und Irrsinn schmähen, sondern Gegengedanken bilden.' Das ist auch das einzige Mittel, um zu bestehen in dieser Welt, mit der wir im Grunde nicht mitmachen können.*"

Und dann möchte sie gern erfahren, ob Gabriele noch Ausstellungen beschicken darf. „Eigentlich nicht, nur die Buchhandlung Karl Wiegelmann in Murnau zeigt hin und wieder ein paar Bilder. Die einzige große Wanderausstellung nach dem großen Krieg hat Johannes Eichner noch 1933 arrangieren können. Sie startete in Bremen, im Paula-Becker-Modersohn-Haus in der Böttcherstraße." Gabriele, die an der anderen Tischseite sitzt, schweigt jetzt eine Weile, meint dann: „Wenn ich daran denke, daß Paula Becker-Modersohn eine entartete Künstlerin genannt wird, dann frage ich mich, in welch verrückter Zeit wir leben.“

Sie setzt ihre Teetasse ab und schaut Maria Marc an, hört, daß Marcs berühmtes Bild ‚Der Turm der Blauen Pferde‘ in einer Nacht- und Nebelaktion aus der Ausstellung Entartete Kunst entfernt wurde. Auf einen Einspruch von deutschen Offizieren hin. Sie wollten ihren Kameraden, der vor Verdun gefallen war, nicht beschimpfen lassen. Aber seitdem sei dieses Bild, das Franz sehr geliebt hatte, spurlos verschwunden.

„Morgen werde ich nach Paris an Kandinsky schreiben“, sagt Maria. „Er soll mir möglichst bald seine ‚Erinnerungen an Franz Marc‘ schicken für das Gedenkbuch, das zu Ehren Franz Marcs herausgegeben wird.“ Maria Marc hat Kontakt zu allen alten Freunden, und von ihr weiß Gabriele, daß Kandinsky nie mehr den Namen Münter erwähnt. Maria erhebt sich von ihrem Platz, es ist ein schöner Tag in diesem Juni 1938, und sie fragt beiläufig, ob Münterchen schon von dem neuen Gesetz wisse, daß nun auch in Privatwohnungen nach entarteter Kunst gefahndet werde?

„Ich muß Kandinskys Bilder retten“, sagt Gabriele zu Eichner, als Maria Marc gegangen ist. Und schon in den nächsten Tagen machen sie sich an die Arbeit.

Der trockenste Kellerraum wird leergeräumt. Dahinein sollen die Kisten mit dem Frühwerk von Wassily Kandinsky abgestellt werden. Alles an Dokumenten, was Gabriele von ihm besitzt, muß versteckt werden. Gabriele packt die Bilder ein, sorgfältig, wie sie das nun einmal gewohnt ist. Sie gibt Eichner Anweisungen, und er beachtet sie genau. Es ist keine Rede mehr von der schönen und schrecklichen Zeit mit Kandinsky. Als sie das Glasbild ‚Der heilige Gabriel‘ von 1911 verpacken will, hält sie es einen Moment gegen das Licht, so daß das Rot des wehenden Gewandes und das Rot der flatternden Haare tief aufleuchten über dem Blau und Gelb des Grundes. Sichtbarer werden die vierzehn Augen in den grünen, roten und blauen

Feldern am rechten Flügel, die gelbe Posaune, die der Engel in der Hand hält. Gabriel, der Erzengel, der den Menschen Botschaften bringt, der auch als Herr und Hüter des Paradieses gilt. ‚Glasbild/Kandinsky. Hl. Gabriele' liest Eichner auf der Rückseite die Worte, die Gabriele vor siebenundzwanzig Jahren im Spaß dort hingeschrieben hat. Und sie legen dies Bild als letztes in eine der Kisten. Das Haus in Murnau ist gewissermaßen Fluchtburg für Kandinskys Kunst geworden, und Gabriele, die in Sèvres über seinen Schlaf gewacht hat, wacht nun über seine Bilder. Regale werden vor die Tür gestellt, damit der Geheimraum gar nicht ins Auge fällt.

40

Friedliche Spiele hatte man der Jugend der Welt 1936 in Berlin versprochen und zur nächsten völkerverbindenden Olympiade 1940 nach Tokio eingeladen. Da war schon wieder Krieg.

Niemand hätte geglaubt, daß Einmärsche, Einkesselung, daß Angriffe, Kämpfe, Verluste und Verwundungen schließlich unmittelbar auch den letzten Ort heimsuchen würden. Daß Flieger mit todbringenden Bomben allgegenwärtig sein konnten und daß Elend und Not die Menschen zusammentrieb.

Und die Krokusse blühten nach wie vor in jedem Frühjahr, und der Kuckuck rief im Mai. Und der Zug von München half den Menschen aufs sichere Land, bis er eines Tages von Tieffliegern beschossen wurde. Es war grauenhaft, es war schrecklich anzusehen, wie die Opfer geborgen wurden. Mein Gott, der Krieg vor der Haustür.

Eichner und Münter gingen den Burggraben hoch, Frauen mit Kopftüchern verschwanden hinter den Haustüren. Gabriele hatte sich auch ein Tuch umgehängt. Sie hatte so viele Jahre in Murnau gelebt, war so oft diese Straße gegangen, aber trotzdem konnte sie nicht behaupten, daß sie die Leute, die hier wohnten, gut kannte, oder daß sie selbst den Leuten bekannt war.

Besonders in diesen Kriegsjahren ging man sich möglichst

aus dem Weg. Verkriechen, irgendwo einen Unterschlupf finden, wenn möglich auf dem Lande, das war wichtig. Eichner hatte recht gehabt.

1940 waren die ersten Bomben auf Münchener Stadtgebiet gefallen. 1943 Bomben bei Tag und bei Nacht. München in Flammen. Dreieinhalb Millionen Bomben fielen dort bis Ende 1944. Die Bevölkerung wurde evakuiert aufs Land. Auch ins Münterhaus kam Einquartierung in die untere Etage.

Jetzt hing soviel von den Menschen ab. Man brauchte einander. Man war auf die Gefälligkeit der Nachbarn angewiesen. Unwichtig geworden war das Geld. Wichtiger das Tauschgeschäft von Hand zu Hand, das persönliche Vorsprechen, das Bitten.

Gabriele legte ihre Ölskizze auf den Ladentisch. Der Bäcker hinterm Tisch musterte sie, dann betrachtete er die weißhaarige, schmächtige Person mit den großen hellblauen Augen im müden Gesicht. Das wäre ja wohl nichts besonders Wertvolles, was sie da brächte. Was sollte er damit. Er schaute noch einmal auf das kleine farbige Bild. „Ich gebe Ihnen dafür ein Brot, damit ist es wohl gut bezahlt." „Danke", sagte Gabriele, „vielen Dank!" Das warme Brot unterm Arm ging sie hinaus und hörte durchs offene Fenster die Stimme der Bäckersfrau: „Was sollen wir nur mit diesen Bildern anfangen, die sie uns dauernd bringt?" „Ach, häng es zu den andern über den Rinnstein in der Küche, meinetwegen auch ins Klo."

Und dann amerikanische Truppen in Murnau. 29. April 1945.

Ein Jeep fährt vorm Münterhaus vor. Die vier amerikanischen Soldaten springen heraus, Stiefel knirschen auf dem Weg zur Haustür. Klopfen. Gabriele macht auf. Sie wird mit vorgehaltener Pistole von Raum zu Raum vorangeschickt. Man ist überzeugt, in diesem Haus Wehrmachtsangehörige zu finden.

Gabriele und Johannes Eichner bangen um das Bilderversteck. Am 3. Mai erwirkt Gabriele beim Militärgouvernement in Murnau, daß man ihr Haus nicht weiter durchsucht und daß es nicht beschlagnahmt wird. Sie kann mit dem amerikanischen

Gouverneur in perfektem Englisch verhandeln. Sie verweist darauf, daß ihre Eltern lange Zeit in Amerika gelebt haben, und daß sie in engem Kontakt mit den Künstlern gestanden hat, deren Bilder im Dritten Reich beschlagnahmt wurden.

Nichts wird erwähnt von dem Schatz, den sie in ihrem Keller aufbewahrt. Den muß sie in diesen wirren Zeiten behüten. Sie muß sich um seinen Erhalt sorgen, um Kandinskys Erbe, denn Wassily Kandinsky ist am 13. Dezember 1944 in Neuilly-sur-Seine bei Paris gestorben. So viele Sorgen in dieser Zeit. Auch um ihre Verwandten.

Aber keine Briefe mehr nach Bonn. Schwägerin Mary starb am 26. November 1931, war gerade zweiundsechzig Jahre alt. Im Nachruf in der Bonner Zeitung hieß es: „Ihr ungewöhnlich großes Wissen und ihre reiche praktische Erfahrung befähigten sie in besonderem Maße zur Pädagogin. Die strenge und heilige Auffassung, die sie selbst von der Kunst hatte, übertrug sie auch auf ihre Schüler. Die Worte Schumanns ‚Es ist des Lernens kein Ende' lebten in ihr." Carl Münter starb am 3. April 1939. Ein Heimkehrer ins Land der Vorfahren, ließ er sich wie auch schon seine Frau Mary in Herford begraben neben Vater, Mutter und Bruder August. Charly, ihr liebes Brüderchen, ihr windiger Bruder, alles mußte schnell bei ihm gehen, auch das Geldausgeben. Vom Fabrikanten zum Kaufmann, zum Privatier, Charlys Talfahrt. Ein Großteil des Münterschen Erbvermögens, das den Geschwistern gemeinsam gehört hatte, war dabei verloren gegangen. Kann ich nicht in der Münchener Kunsthandlung Goltz als Verkäufer arbeiten, bis ich wieder Fuß gefaßt habe, schrieb er Gabriele 1912 und machte gleichzeitig Vorschläge, wie sie ihre Bilder anpreisen könnte. Gabriele hatte bei Goltz nachgefragt, vergebens. Charly mußte sein Glück allein versuchen. Und mit seinem Grabspruch aus den Oden des Horaz gab er noch über den Tod hinaus einen seiner vielen Ratschläge. „Aequam memento rebus in arduis servare mentem. Bewahre im Unglück ein gelassenes Herz!" Mary, seiner Frau, hatte er einen Violinschlüssel und Noten auf den Stein meißeln lassen, weicher Wesersandstein war es, der nun zu bröckeln anfing.

Und Georg Schroeter war gestorben am 14. Oktober 1943, vierundsiebzigjährig, auf dem Weg zu seinem Institut, das er nach seiner Emeritierung noch täglich aufgesucht hatte. Er, der Ostpreuße aus Passenheim, ruhte nun in Berliner Erde. In dem Nachruf in der Zeitschrift ‚Die Chemie' hieß es: „Seine Mitarbeiter konnten mit Bewunderung und Freude feststellen, wie sich hier unendliche Liebe zur Chemie mit Scharfsinn und Erfahrung, geradezu jugendliche Arbeitsfreude und Arbeitskraft, Gründlichkeit und Beharrlichkeit zusammen mit einem feinen Humor zu einer glücklichen Synthese vereinten." Und Emmy war tot, hatte gerade noch den totalen Zusammenbruch Berlins erleben müssen. Gabriele mußte verstehen lernen, daß sie nun niemals mehr mit Bruder und Schwester, mit Schwägerin und Schwager Erinnerungen austauschen konnte, nicht mehr mit ihnen streiten, nicht mehr mit ihnen lachen. Gabriele dachte an Berlin. Die letzte Wohnung der Schroeters, die Schlüterstraße 28 in Charlottenburg, lag jetzt im britischen Sektor. Berlin war nach Kriegsende in vier Sektoren aufgeteilt worden, die unter der Kontrolle der alliierten Siegermächte standen. Verbindungen rissen ab, auch weil Eisenbahnlinien vielerorts zerstört waren. So war es Gabriele nicht möglich, nach Herford zu kommen, die schwerkranke Kusine zu besuchen.

1948, als man Julie in Herford zum Friedhof trug und sie unter dem großen Kreuz neben ihrem Mann beerdigte, wurden in Mainz, in der Kunsthalle am Dom, fünf Bilder von Gabriele Münter gezeigt. Es war die Ausstellung ‚Neue Deutsche Kunst'.

41

Gabriele hatte nicht geglaubt, daß sie je wieder zu einer Ausstellung käme, und daß man sich je wieder für den Blauen Reiter interessieren würde.

Ihr Leben in Murnau im Münterhaus verlief in festen Bahnen, sie erwartete keine Veränderungen mehr. Morgens, wenn Johannes Eichner zum gemeinsamen Frühstück aus seiner

Wohnung im oberen Stockwerk hinunterkam, besprachen sie kurz die Weltnachrichten, und hin und wieder übertönte dann ein Geräusch von draußen das Gespräch, weil Züge unter- und oberhalb ihres Grundstücks vorbeifuhren. Die beiden störte das nicht. Für sie war das Rattern, der Pfeifton ein ähnliches Signal wie der Stundenschlag der Uhr. Es zeigte ihnen an, wann sie Harke und Hacke beiseite stellen und aus dem Garten ins Haus gehen mußten, um das Mittagsmahl einzunehmen. Es zeigte an, wann sie zur Jausenzeit Pinsel und Bleistift weglegen konnten. Denn Gabriele malte wieder täglich, arbeitete alte Skizzen aus, malte Blumen und Obst, alles, was sie im Garten vorfand. Und Eichner schrieb.

Gabriele konnte sich nichts Wohltuenderes vorstellen, als mit ihm zusammen zu leben. Er störte nie. Seit ein paar Jahren hatte er angefangen, sich mit der Kunst des Blauen Reiters zu befassen. Und wenn er vor lauter Arbeit den Termin fürs Abendessen verpaßte, fand sie ihn meistens über den Briefen Kandinskys sitzen, aus denen er Textstellen herausschrieb. Und wenn sie spätabends zu ihm gegangen war, wenn er unterm Lampenschirm am Schreibtisch saß, hatte sie oft abgekürzte Worte, unleserliche Stellen für ihn entschlüsselt, und bei dieser gemeinsamen Arbeit waren sie einander vertraut geworden. Dann konnte es sein, daß er zu ihr aufschaute und fragte: „Diesen Satz werde ich wohl verschweigen müssen?" Einmal hatte sie gemeint: *„Diese Gedanken sind noch wichtig für Ihr Buch. Kandinsky wollte nicht unehrlich sein, aber als ihm klar wurde, daß wir eigentlich nicht zusammenpassen, wurde er böse und ungerecht. Er hatte keine Überlegenheit, keinen Humor. Er hat versagt, ich habe versagt, darum ging es schlecht aus."*

Wenn es überhaupt möglich war, das demütigende Verhalten Kandinskys darzustellen, so mußte Eichner das Leben des Malers und auch das von Gabriele Münter genau kennen. „Sehen Sie, liebe Freundin", sagte er oft, „ich werde mich nicht nur mit der Malerei des Blauen Reiters beschäftigen, mein Buch wird nicht nur heißen ‚Von Ursprüngen moderner Kunst', ich werde eine Biografie über Sie und Kandinsky dahinein verweben. Der

Haupttitel wird lauten ‚Kandinsky und Gabriele Münter'.“ Eichner wird als erster eine Biografie dieses Paares schreiben.

Aber nicht nur er beschäftigte sich nun mit den Künstlern, die um 1912 in Deutschland den Ton angegeben hatten. Im Jahr 1949 sollte es zur ersten öffentlichen Ausstellung nach dem Krieg von Werken aus dem Kreis des Blauen Reiters kommen. Die Geächteten, Verurteilten wurden rehabilitiert. Gabriele lächelte Eichner an, als sie die Einladung von Dr. Ludwig Grote aus München bekam, als man sie in den Ehrenausschuß wählte.

Öfter konnte man die beiden Bewohner des Münterhauses wieder auf dem Bahnhof in Murnau sehen, eine kleine unscheinbare Frau in dunklem Mantel, gefolgt von einem ernsten Herrn, wie sie in den Zug nach München einstiegen. Dieses München nach Kriegsende hatte sie zutiefst erschreckt. Auch wenn Gabriele in der Tageszeitung von den Hungerdemonstrationen gelesen hatte, als sich zehntausend Frauen vor der Feldherrnhalle versammelten, auch wenn sie gelesen hatte, daß ganz München ein stinkender Schutthaufen war, dies unmittelbar zu erleben, war grauenvoll. Die Hungergestalten, die verbitterten Gesichter der Kinder, es war ein Elend, und man konnte sich nicht vorstellen, daß es irgendwann besser werden würde. Aber dann, unmittelbar nach dem 20. Juni 1948, nach der Währungsreform, begann der Wiederaufbau, das Wiedergutmachen.

Am 3. September 1949 wurde im ‚Haus der Kunst' die Blaue-Reiter-Ausstellung eröffnet. 1937 war dort die Große Deutsche Kunstausstellung eröffnet worden.

Gabriele ging wie entrückt an den Bildern vorbei. Sie ließ sich nicht stören, sie wollte in Ruhe die alten Geschichten beschwören, an die nur sie sich noch erinnern konnte.

Vor den Bildern auf der Galerie standen die Ehrengäste dicht gedrängt. Trotzdem machte man sofort Platz, als eine Dame um die Ecke kam. Einige schienen sie schon zu kennen und nickten ehrerbietig. Gabriele dachte, eine elegante Großstädterin. Ihr schwarzes Kleid mit dem weißen Kragenbesatz zeigte guten Geschmack, ebenso die kleine weiße Kappe, eine sogenannte Toque, mit weißer Tüllgarnitur, schräg aufs dunkle Haar gesetzt. Schwarze durchbrochene Wildlederschuhe, schwarze halblange Handschuhe vervollständigten das Bild. Sie schaute sich um. Ihr Gang, ihre Kopfbewegung, wie sie sich jetzt einem Gemälde zuwandte, zeigten eine Sicherheit, wie man sie nur von Kindesbeinen an gewohnt sein konnte. Ludwig Grote, der Leiter der Ausstellung, der ihr gefolgt war, sprach auf sie ein.

Allen fiel sie auf. Und nun wurde der Name geraunt, Nina Kandinsky. Und dann gefragt: Irgendwo müßte doch auch Gabriele Münter sein? Und dann hörte Gabriele den erstaunten Ausruf, meinen Sie wirklich die ältere Dame im hellen Shantungjäckchenkleid mit dem weißen Filzhut? Gabriele mußte lächeln, nein, eitel war sie nie gewesen, aber die Elfenbeinkette hatte sie heute doch umgelegt.

Sie runzelte die Stirn. Sie hatte zum ersten Mal Nina Kandinsky gesehen und würde gleich mit ihr zu Tisch gebeten werden. Das Problem konnte schnell gelöst werden. Johannes Eichner mußte sich zwischen sie setzen. Einmal hatte sich Nina dann vorgebeugt und zu Gabriele gesagt: „*Wenn Sie nach Paris kommen, würde ich mich freuen, Sie bei mir begrüßen zu können. Es wäre für Sie doch sicherlich interessant, Kandinskys Bilder aus der Pariser Epoche zu sehen.*“ Und mit Bestürzung hörte Gabriele sich darauf antworten: „*Ich reise nie!*“

Außenstehende können sich nicht das richtige Bild machen, wenn sie nur eine einzige Meinung hören, dachte Gabriele, als später beim Aufbruch Gesprächsfetzen zu ihr drangen. Als Nina von den Reportern nach ihrer Beziehung zu Kandinsky gefragt wurde, hatte sie gemeint: „*Ich empfinde es als glückliche Fügung, daß Kandinsky mich geheiratet hat. Münters Charakter, so hat Kandinsky mir gesagt, hätte nicht zu ihm gepaßt, und er wäre nicht bereit gewesen, ihr gegenüber Nachsicht zu üben.*“

Und wie das so ist, noch vor Abfahrt des Zuges hörte Gabriele, was Nina wohl irgend jemandem einmal berichtet haben mußte. „*Lebe mit ihr erst einmal einige Zeit zusammen*“, hätte seine erste Frau Anja ihrem Mann Kandinsky geraten, „*und wenn du dann immer noch glaubst, diese Frau passe zu dir, dann werde ich unserer Scheidung zustimmen.*“

Mein Gott, dachte Gabriele im Zug, als sie hin- und hergerüttelt wurden auf den Holzbänken, Anja hatte sich doch scheiden lassen, und Wassjas Vater und seine Mutter, alle hatten doch längst zugestimmt!

Noch spät in der Nacht notierte Eichner für seine Arbeit: *Kandinsky heiratete 1917 eine andere, eine Dame, weltgewandt, eine junge Russin, hingebend, an der er alles fand, was er brauchte, und mit der er bis zum Lebensende eine glückliche Ehe führte. Gabriele Münter war durch Kandinskys Handlungsweise vernichtet. Er hatte von ihr gefordert, daß sie Vertrauen haben sollte, er werde sie nie allein lassen, er werde ihrer Ehe die gesetzliche Form geben. Ihr Glaube an ihn war zerstört.* Gabriele notierte kurz und bündig: *Frau Grote gab mir rote Nelken. Frau Kandinsky höflich. Eichner von Frau Grote aufgefordert, zwischen Frau K. und mir zu sitzen.*

Aber es gab noch ein anderes Kapitel aus Gabrieles Vergangenheit, und an das wurde sie am folgenden Tag erinnert.

42

„Ist es nicht tröstlich zu wissen, daß es doch auch dies gibt?“ fragte Maria Marc und zeigte auf den Katalog, den sie gestern in der Ausstellung bekommen hatte, *„es ist doch ebenso Realität wie das andere.“* Und sie machte eine leichte Kopfbewegung zum Fenster hin, nach draußen, wo man auf Trümmerberge schaute.

Vor einer halben Stunde waren sie bei Frau Grote eingetroffen. Und nun saßen sie beieinander, die sich jahrelang nicht gesehen hatten, vier Kriegerwitwen und Gabriele Münter. Nina Kandinsky, die fünfte Witwe, war bei dieser Zusammenkunft nicht anwesend. „Stellen Sie sich vor, Nina Kandinskys wegen ist Sonja Delaunay nicht nach München gekommen. Jede der beiden Frauen behauptet nämlich, ihr Mann habe als erster ein abstraktes Bild gemalt.“ Ein ganz und gar unwichtiger und unnötiger Streit. „Früher hätte ich vielleicht mitgestritten“, sagte Elisabeth Macke-Erdmann, „vor mehr als dreißig Jahren, als August noch lebte."

Gabriele schaute zu ihr hin. Alle hier wußten, was Elisabeth hinter sich hatte. August, ihr junger Ehemann, war 1914 gefallen in den ersten Kriegsmonaten. Ihr ältester Sohn Walter als Siebzehnjähriger gestorben an Scharlachfieber. Der zweite Ehemann, Lothar Erdmann, am 1. September 1939 aus ihrem Haus hinaus abgeführt, verschleppt ins Konzentrationslager Sachsenhausen, mißhandelt, gefoltert, bis er am 18. September umkam, gerade fünfzig Jahre alt. August hatte am 20. September 1914, als er das Eiserne Kreuz bekam, an Elisabeth geschrieben: *„Wenn ich das später noch einmal sehen werde, so wird es mir eine Erinnerung an das Grausigste sein, was ein Mensch erleben kann."* Damals konnte er nicht ahnen, daß er nur noch neun Tage leben würde.

Elisabeth saß Margarete Macke gegenüber, der Kriegerwitwe von Helmuth, dem Vetter von August Macke. Gabriele erinnerte sich an den lustigen jungen Maler, der seinerzeit so stürmisch mit Heinrich Campendonk von Sindelsdorf nach Murnau geradelt war. Neben ihr saß Marguerite Niestlé, die Kriegerwitwe des Vogelmalers Niestlé, die damals zusammen mit den Campendonks in Sindelsdorf geheiratet hatte. Sie hatte ihre beiden Töchter mitgebracht.

„Ich hätte auch so gern Lily Klee wiedergesehen", sagte Maria Marc, „so gern Hanna Wolfskehl." Hanna war vor Gram über ihre Ausweisung aus Deutschland gestorben, Lily starb 1946 an einem Schlaganfall. Es war die Aufregung, als ihr Sohn Felix plötzlich aus russischer Gefangenschaft heimkehrte.

Frau Grote schenkte noch einmal Tee ein, reichte das Gebäck herum. So müßte es immer sein. Ein friedliches Beieinandersitzen. Eben noch hätte sie an Jawlensky denken müssen, sagte Maria Marc, und an Marianne Werefkin. Beide waren tot. Also auch die Werefkin. Maria Marc hatte sich mit ihr häufig im Café Maria getroffen, oft noch spät abends, weil Marianne wegen ihrer Rückenschmerzen nicht schlafen konnte. Maria Marc hatte einige Zeit in Ascona gelebt, noch 1937, ein Jahr bevor Marianne starb. Sie erzählte vom Begräbnis der ‚Nonna von Ascona': „Ein russisch-orthodoxer Geistlicher reiste extra aus Mailand an, zwei Nichten der Werefkin haben gesungen, auch viele russische Emigranten kamen. Aber nicht nur sie, sämtliche Bewohner Asconas begleiteten Marianne auf dem letzten Gang, sogar der katholische und der reformierte Pfarrer. Und einmütig gingen die beiden mit ihrem orthodoxen Amtsbruder zurück."

Und nun fiel auch noch der Name Herwarth Walden. Der war 1932 Kommunist geworden, war nach Rußland gegangen, dort seit 1941 verschollen. Und wie war es Hans Heimann ergangen, dem Arzt, Nell Waldens zweitem Mann? „Der war ein Heimattreuer", sagte Gabriele, „wollte nicht aus Deutschland fliehen. Er wurde deportiert und kam nicht zurück. Er hätte mit Nell nach Schweden gehen können. Es gefiel ihm dort doch so gut." Und Gabriele erinnerte die klaren, hellen Sommernächte, die dunklen Wälder, die Seen, die roten Holzhäuser in Småland, das große Herrenhaus der Roslunds in Karlskrona, wo die Eltern von Nell wohnten, und das Gabriele kennengelernt hatte. Nell lebte jetzt mit ihrem dritten Mann Hannes Urech in Schinznach in der Schweiz. Sie wollte Gabriele demnächst besuchen.

Plötzlich machte Maria Marc eine Handbewegung über die Runde, sagte: „Wir Frauen sind die Übriggebliebenen. Hoffentlich läßt man mich nächste Woche aus Deutschland wieder ausreisen." Maria hatte nur eine kurze Aufenthaltsbewilligung für die ersten Tage der Ausstellung bekommen. Seit Monaten lebte sie wieder in der Schweiz. Sie brauchte Erholung, ihre Schwindelanfälle machten ihr schwer zu schaffen. „Vermutlich werde ich nie mehr das ganze Haus in Ried zur Verfügung haben", sagte sie, „die meisten Zimmer sind mit Ausgebombten belegt. Der Plan zu einer Gedenkstätte, die ich für Franz dort einrichten wollte, läßt sich nicht durchführen."

Dieser Septembernachmittag im Wohnzimmer von Frau Grote ist unwirklich, dachte Gabriele. Er war wie ein großes Abschiednehmen. Und nun wurde auch noch die Nachlaßverwaltung das Thema des Tages. Maria Marc und Elisabeth

Macke-Erdmann, zwei Frauen mit dem bedeutenden Werk ihrer Männer. Man muß sich um das Erbe kümmern, dachte Gabriele. So viele kümmerten sich jetzt um die Zeit des Blauen Reiters, und sie dachte an den Brief, den sie am 16. März dieses Jahres nach Schweden an Carl Palme geschickt hatte, weil der Material für seine Kandinsky-Biografie brauchte. „*Ich kann über K.s Leben und Entwicklung zwischen 1902 und 1916 Aufschlüsse geben*", hatte sie geschrieben. „*Auch über die frühe Zeit. Nach seiner Rückreise damals aus Stockholm blieb er in Rußland, schwieg und verheiratete sich mit einer Russin. Damit verletzte er seine oft, noch in Stockholm ausgesprochene Überzeugung und seinen Grundsatz, daß unsere Ehe untrennbar und durch Gewissen fester begründet sei als durch amtliche Urkunden. Für mich war seine Untreue gegen sich und mich unausdenkbar und ein schwerer Schlag. Dies Trübe in der Person hat aber meine Erinnerung an den großen Künstler nicht getrübt.*" Dann dachte sie an Kandinskys Werk unten in ihrem Keller und dachte an Johannes Eichner, der ihr getreu zur Seite stehen würde.

Beim Abschied sagte Maria Marc zu ihr: „*Liebe Münter, es freut mich sehr, daß Sie endlich wieder mit Ihren Arbeiten hinauskommen, hoffentlich mit allem Erfolg und viel Freude.*"

43

Erfolg. Ein bißchen Wiedergutmachung. Ein bißchen Gerechtigkeit. Die Ausstellung ‚Gabriele Münter, Werke aus fünf Jahrzehnten', sechzig Gemälde und dreißig Blätter, wird 1949 auf die Wanderschaft geschickt. Das ist die Leistung Johannes Eichners. Das ist eine Fürsorge, die man so leicht nicht findet.

Frühjahr 1951. Die Kollektion wird in Hannover gezeigt bei der Kestner-Gesellschaft, ein Experiment. Denn man stellte gleichzeitig Bilder von Paula Modersohn-Becker aus. Aber die Verantwortlichen hatten recht, als sie die Münter-Bilder nicht allein ausstellten, weil zwei bedeutende Frauen nebeneinander Platz haben sollten, weil man der Kunst Gabriele Münters den gleich hohen Rang zumaß wie Paula Modersohn-Beckers. Münter, das wird eine Neuentdeckung, frohlockten die Experten. Würde Gabriele wie damals in Kopenhagen wieder der fremde Vogel sein, der exotische Gast in einer nördlichen Stadt? Aber dann war nur noch das Staunen der Besucher. Man kannte Modersohn-Beckers Bilder. Man kannte dies große norddeutsche Talent, aber Münter? Doch dann ihre Farben erleben, die ganz neu waren, ihre Farben überraschten.

1953 waren beide, Gabriele sowie Johannes Eichner, ernsthaft krank gewesen. Es gab Tage, an denen Eichner schon die Hoffnung aufgegeben hatte, je wieder in den vollen Besitz seiner Kräfte zu kommen. Und wenn Gabriele an sein Bett trat, merkte sie, daß es die Angst war, sein literarisches Werk nicht vollenden zu können.

Eichner war am Jahresanfang schwer gestürzt, es hatte viele Komplikationen gegeben, eine schwere Bronchitis war hinzugekommen. Gabriele war oft mitten in der Nacht aufgewacht, hatte von oben her sein Stöhnen gehört, sie hatte vorsorglich alle Zimmertüren offen gelassen. „Stehen Sie bitte nicht auf meinetwegen", hatte Eichner gebeten, aber sie war in die Küche gegangen, Tee kochen, einen Umschlag vorbereiten, um den Hustenreiz zu lindern, um die geschwollenen Gelenke zu kühlen. „Ich weiß, daß Sie sobald wie möglich wieder gesund werden", sagte sie immer, und es war ihr klar, daß auch er daran glaubte.

Sich selbst hatte sie in diesem Jahr für sehr gesund gehalten. Aber dann war sie im April gestürzt, Lähmungserscheinungen traten auf, machten sie plötzlich pflegebedürftig. Im Juni, als sich das gebessert hatte, merkte sie, daß sie sich nie mehr so rasch und sicher bewegen würde wie früher. Sie litt unter Gleichgewichtsstörungen.

Es war Sonntag, der 30. August 1953, vom Kurpark in Murnau klang schon seit einiger Zeit Musik zum Münterhaus herauf, Gabriele hatte den ganzen Vormittag Bilder repariert und sich dann unter den Sonnenschirm auf den Balkon gesetzt, hatte ein Kornblumenstilleben gemalt. Ein üblicher Tagesablauf. Aber der Nachmittag brachte eine Überraschung. Als sie mit

Eichner vom kleinen Spaziergang durch die Kottmüllerallee zurückkam, erwartete sie in seinem Auto ein junger Mann, der sogleich ausstieg, auf sie zueilte, sie Tante Ella nannte. Es war der Sohn ihres Vetters Fritz aus Herford. „Ein Enkel von Onkel Gustav“, erklärte sie Eichner, „wissen Sie, mein Lieber, dieser Onkel, mit dem mein Vater damals in Amerika war und der in sein Tagebuch alle Taten seines Bruders verzeichnete.“ Gabriele schluckte ein paarmal. „Das ist die Freude, wenn jemand aus der alten Heimat kommt“, sagte sie.

Sie berichteten sich gegenseitig. Gabriele hatte oft an die Verwandten gedacht. Sie hatte an sie geschrieben, zu Weihnachten, zu Neujahr, hatte keinen Geburtstag vergessen. Am meisten Spaß machte es ihr jetzt, von den Briefen nach Amerika zu erzählen, von den Verwandten in Texas, die Care-Pakete schickten. Sie hatten gestaunt, als Tante Ella aus Deutschland ihnen jetzt dafür die Zeichnungen schenkte, die sie 1900 auf der Farm von den Kindern gemacht hatte. Wie natürlich, wie echt! hatten alle damals gesagt, aber mit einer Kamera ginge es doch viel schneller! Gabriele erzählte von der großen weitverzweigten Familie. Und dann sprachen sie von der Wanderausstellung ‚Gabriele Münter‘, die seit zwei Jahren in vielen Museen Deutschlands gezeigt wurde. Die Kollektion sollte in diesem Jahr auch nach Herford ins Heimatmuseum kommen. „Vielleicht hängt man auch das Stilleben dazu, das ich 1914 deinem Vater zur Hochzeit schenkte“, sagte Gabriele zu ihrem Neffen. „Vielleicht wird es der Vater dem Museum als Leihgabe zur Ausstellung anbieten.“ Sie bat beim Abschied, doch ab und zu auf den Friedhof zu gehen, nach den Gräbern zu schauen. Gelt? „Ja, Tante Ella, und weißt Du, die Kastanie über der Gruft Deiner Eltern hat in diesem Jahr geblüht wie schon lange nicht mehr.“

Vielleicht war es gut, an die Zukunft zu denken. Gabriele und Johannes Eichner entschlossen sich, Kandinskys Bilder, seine Zeichnungen, seine Skizzen, seine Briefe als Gesamtwerk der Allgemeinheit zur Verfügung zu stellen. Sie würden das Werk nicht zerstückeln und an einzelne Museen verteilen. Sie würden so lange warten und suchen, bis sie einen geeigneten

Ort dafür gefunden hätten, und danach wollten sie sich zur Ruhe setzen.

Das Gesamtwerk in einer würdigen Umgebung. Das war die Bedingung, die sie sich stellten. 1951 war Dr. Hans Konrad Roethel, Konservator an der Bayerischen Staatsgemäldesammlung bei ihnen in Murnau zu Gast gewesen. Er hatte an Gabriele geschrieben, um von ihr Daten für eine Kandinsky-Biografie zu erhalten. 1954 verfaßte er das Katalogvorwort zu einer Ausstellung in München, in der auch Bilder von Gabriele Münter gezeigt wurden. Roethel, der junge dynamische Doktor, korrekt, unbescholten, unbestechlich. Gabriele und Johannes Eichner dachten an ihre Aufgabe. Niemand konnte besser dafür geeignet sein.

Jetzt mußte nur noch der geeignete Ort gefunden werden. Die Bayerischen Staatsgemäldesammlungen wurden ausgeschlossen, denn Um- und Ausbauten darin würden sich länger als zehn Jahre hinziehen. Wieviel Zeit aber blieb Gabriele noch? 1956 wurde Dr. Roethel zum Direktor der neuausgebauten Städtischen Galerie im Lenbachhaus bestimmt. Die Nachricht hören und Hans Konrad Roethel in ihr Projekt einweihen war eins für Gabriele Münter und Johannes Eichner.

Eine Schenkung wäre das Allerbeste. 88 Gemälde von Kandinsky, 24 Hinterglasbilder, 116 Aquarelle und Temperablätter, 160 Handzeichnungen, 28 Skizzen- und Notizbücher und seine frühen Druckgrafiken sollte sie umfassen. Wie sich herausstellte, hatte Gabriele den größten Teil von Kandinskys Frühwerk verwahrt.

1956, als Dr. Roethel und seine Mitarbeiter in den Keller gingen, um den Schatz zu heben, wie Eichner scherzhaft bemerkte, blieb Gabriele oben im Haus. Und während sie aus dem Fenster hinaussah, den Kirchhügel im Mittagslicht betrachtete, konnte sie die Männer die Treppe hinunter- und heraufgehen hören, zwischen den zur Seite geschobenen Regalen, zwischen den Kisten her mit den Werken Kandinskys. Gabriele zog ein Foto aus einem Karton. Ainmillerstraße 1911 stand auf der Rückseite. Die Fotografie zeigte eine Gruppe von Leuten, die eine sitzende

Person umstanden. Maria Marc stand ganz links, die Hände im Muff wegen der Kälte, daneben ihr Mann, der Franz, als nächster Bernhard Koehler, der Kunstmäzen aus Berlin, dann Heinrich Campendonk und ganz rechts mit Hut der Komponist Thomas von Hartmann. Auch wenn er auf einem umgestülpten Eimer vor ihnen saß, Kandinsky wirkte, als säße ein Herrscher auf seinem Thron. Strahlte Unnahbarkeit aus.

Als alle das Haus verlassen hatten und sie das Foto längst wieder zurückgelegt hatte, fragte Gabriele sich, ob dies alles wirklich ihr passiert war. Ob Kandinsky ihr das wirklich angetan hatte, dies schreckliche Schweigen, ihr, die es bei ihm ausgehalten hatte. Dabei hatten sie an eine gemeinsame Zukunft geglaubt, an ein gemeinsames Altwerden in diesem Haus. An diesem Tag, als sie nach soviel Jahren dies Foto wiedersah, war es ihr, als wäre Wassja anwesend. Sie sagte: „*Ich verzichtete auf das, was in meinen Augen Leben, Heim gewesen wäre. Unser anfängliches Reiseleben war zu provisorisch, um befriedigend zu sein. Ich konnte es nicht ändern und beschied mich damit ihm zuliebe, weil er litt.*" Sie war voll Trauer, aber auch voller Stolz, daß sein Werk gerettet war. Und so war jene Zeit, wenn man sie als das Zusammenleben zweier Künstler betrachtete, eine gute Zeit in Gabrieles Leben gewesen. Sie wußte das nie so deutlich wie in diesem Moment.

Im Februar des Jahres 1957, aus Anlaß ihres 80. Geburtstages, schenkte Gabriele Münter das Werk Kandinskys, das sie verwahrt hatte, dazu 25 von ihren eigenen Gemälden sowie zahlreiche Aquarelle, Zeichnungen, Hinterglasbilder und ihr gesamtes druckgrafisches Werk der Städtischen Galerie im Lenbachhaus zu München.

44

Johannes Eichner saß am Kopfende des Eßtisches und schmunzelte. Alles war gut verlaufen, die Schenkung perfekt, die Doppelausstellung ‚Kandinsky und Gabriele Münter, Werke aus fünf Jahrzehnten' im Lenbachhaus von Dr. Roethel eröffnet. Eichner lächelte. Soeben hatte er die Zeitungen dieser Woche zusammengefaltet. Endlich einmal erfreuliche Berichte. Gabriele setzte die Teetasse langsam ab. Sie fand es ein bißchen viel, was die Presse in den letzten Tagen berichtete. Jeden Tag ein neuer Artikel über die großartige Gabriele Münter. ‚Bedeutendste Schenkung der jüngsten Museumsgeschichte'. Gabriele Münter erhält als Dank die ‚Goldene Ehrenmünze' der Stadt München. Gabriele Münter mit dem ‚Großen Bundesverdienstkreuz' ausgezeichnet. Vier Spalten Lob. Zwei Spalten Staunen. Würden Sie mit sowenig eigenem Geld einen Schatz hüten, ohne ihn zu versilbern? Ein solches Vermögen verleite normalerweise zu skrupellosen Verkäufen. Verkauft hatte Frau Münter aber nur so viele Bilder, um mit dem Erlös über hundert Werke von achtzehn Künstlern aus dem Kreis des Blauen Reiters zu erwerben, Bilder von ihren alten Freunden. Und auch die bekam das Lenbachhaus. Im Münterhaus, so wurde seitdem erzählt, gab es einmal einen Millionenkeller.

Dies war tatsächlich eine Festwoche. Johannes Eichner hatte sein Buch beendet ‚Kandinsky und Gabriele Münter. Von Ursprüngen Moderner Kunst'. Er war erschöpft, aber sehr glücklich. Und Gabriele hielt das erste Exemplar in der Hand. Über tausend Briefe von Kandinsky, an Kandinsky, von Gabriele, an Gabriele. Eichner hatte sie gelesen, auf wichtige Aussagen hin geprüft. Fast unzählige Notizen, die Gabriele seit Jugendjahren in ihre Tageskalender eintrug, hatte er studiert, viel Belangloses darin gefunden, wie zum Beispiel am Christihimmelfahrtstag 1936, am 21. Mai, das Wetter war, daß man die Heizung nachsehen mußte. Abgeheftete Eintrittskarten, Kritiken, Zeitungsberichte hatte Eichner durchforstet. Eine Fleißarbeit.

Was für ein Werk! „Soviel Ehre für mich, mein Lieber! Meine Geschwister würden die Augen aufreißen. An so vielen Ausstellungen war ich beteiligt?" Eichner hatte alle aufgelistet, von 1907 bis 1956. Über sechzig Sonderausstellungen, über hundert Beteiligungen an Ausstellungen in fast allen großen Städten Deutschlands. Ausstellungen im Ausland, in Moskau,

Stockholm, Oslo, Zürich, New York, Cambridge! Und wo hatte Eichner Murnau verzeichnet? „Wenn ich daran denke, daß ich hier bei Karl Wiegelmann ein paar Bilder ausstellen konnte, als niemand sonst sie haben wollte!" „Bei der zweiten Auflage werde ich dafür sorgen, daß das erwähnt wird", betonte Eichner. Aber dazu wird es nicht mehr kommen. *„Vieles einzelne kann hier zurückgestellt werden"*, sagte er, *„es ist darum nicht verloren. Ich habe es aufgeschrieben und werde es einem öffentlichen Archiv übergeben, damit es künftiger Auswertung durch andere Forscher zugänglich werde."*

Die Aufnahme von Eichners Buch war durchweg positiv.

„Erkennen Sie sich darin?" fragte die Journalistin, die Gabriele interviewte. Und dann stellte sich heraus, daß die Journalistin ihren Artikel längst fertig geschrieben hatte, und daß sie ihn nun umformulieren mußte. So ist das nun mal, wenn man sein Augenmerk nur auf eine oder zwei Vokabeln richtet. Man überliest zu leicht das, was zwischen den Zeilen steht oder nur am Rande erwähnt wird.

Einfachheit, Herzhaftigkeit, hatte die Journalistin als Haupteigenschaften Münters aus Eichners Buch herausgeschrieben. Als Markenzeichen Münterscher Kunst dies: *einfache Formen, unbeholfen, die dem Ganzen ein primitives Gepräge geben. – Münter konstruiert nichts. – Ihre glücklich hingeschütteten Werke erscheinen wahrhaft als unbegreifliche Geschenke einer unbekannten Macht. – Bloß das Unwesentliche fortlassen. – Das Bild ergibt sich ganz von selbst. – Versuchen, Herumprobieren, Korrigieren, Studieren, Sichdurchquälen bis zu einem befriedigenden Erfolg gibt es nicht. – Die Malerin weiß nicht einmal, was sie tut.*

Das Bild einer schlichten, unkomplizierten Frau hatte der Journalistin vor Augen gestanden. Sie hatte die Künstlerin gänzlich verkannt. Nein, wer ihr nicht gegenüber gestanden hatte, wer nicht mit ihr gesprochen hatte, der konnte einfach nicht wissen, was für eine eigenwillige Persönlichkeit Frau Münter war. Bescheiden wohl, aber nicht simpel.

Sie hatte der Journalistin das Atelier gezeigt, die vielen Skizzen, die zu einem Bild nötig waren. Sie hatte ihr Einblick gegeben in ihr zeichnerisches Werk. Die Journalistin war fasziniert. Wie die Münter zeichnen konnte! Sie betrachtete lange ‚Die Nachdenkliche', eine Zeichnung, die nur das Allernotwendigste, und das mit äußerst sicherem Strich, aufs Papier brachte. Lediglich Hände wie Kelchblätter, in denen ein Augenpaar, Mund und Nase ruhten. Merkwürdig, die Münter schien nichts Besonderes darauf zu geben. Erzählte der verblüfften Journalistin: *„Ich bin von Kindheit auf so ans Zeichnen gewöhnt, daß ich später, als ich zum Malen kam, den Eindruck hatte, es sei mir angeboren, während ich das Malen erst lernen mußte. Was ich im Zeichnen vermochte, darauf bildete ich mir gar nichts ein, weil ich es mühelos tat. Einmal, vor über fünfzig Jahren, in meinem ersten Studienjahr, ging ich mit einer Kollegin aus der Schule des Münchener Künstlerinnenvereins auf Motivsuche hinaus, und wir sahen am Nymphenburger Kanal unten am Wasser eine Frau knien und Wäsche spülen. Das mußte natürlich gezeichnet werden. Die andere tastete mit dem Stift vorsichtig auf dem Blatt herum, versuchte den Umriß mit vielen kleinen Strichen, radierte das meiste wieder aus, und das Resultat war flau und ungefähr. Das verfolgte ich mit Verwunderung. Dann zog ich auf meinem Blatt ein paar Striche, und die Sache saß und war fertig."*

Mit derselben Treffsicherheit hatte Frau Münter Hintergrund und Blickwinkel bestimmt, als die Journalistin das übliche Foto von ihr machen wollte. Vor dem Bild ‚Kandinsky am Teetisch', das sie 1910 in diesem Hause malte, wollte sie es haben und so, daß sie den Kopf nach rechts dreht, während Kandinsky auf dem Bild nach links schaut.

Die Journalistin war beeindruckt. Sie mußte von Frau Münter ein ganz neues Bild zeichnen. Sie wird das Buch noch einmal und gründlich lesen müssen. „Vielleicht findet sie dann auch diese Stelle", sagte Gabriele abends zu Johannes Eichner und schmunzelte: *„Eher gelingen Gabriele Münter Bilder, die nach verfehltem Versuch mit Ärger, mit Wut hingehauen sind."* Eichner stimmte zu, man sollte ihr auch Seite 22 empfehlen. Dort hatte er geschrieben: *Bei Kunstfragen überrascht Gabriele Münter manchmal mit sehr entschiedenen Urteilen. Sie hat scharfen Blick und scharfes Wort, wenn sie Wichtigtuereien eines hohlen angequälten Modernismus begegnet.*

Dieses entsetzliche Einordnen! Immer werden Charakteristiken unvollständig bleiben, dachte Gabriele. Was hatte Eichner von ihr gesagt? *Zu Einklang mit der Welt geboren.* „Ja", dachte Gabriele, „*meine Idee von Glück ist Harmonie.*" Das hatte sie schon 1902 an Kandinsky geschrieben. Ließ sie sich deshalb von Motiven inspirieren, die Ruhe ausstrahlten?

45

In der Nacht lag Gabriele nun öfter lange wach, hörte beim Sommersturm das Rauschen der Eichbäume, meinte, wieder durch die Kottmüllerallee zu gehen. Aber sie wird nicht mehr ins Murnauer Moos kommen, nicht mehr den stengellosen Enzian sehen, nicht die vielen Orchideen, die im Mai und Juni dort blühen. Sie wird nicht mehr im Staffelsee baden, nicht mehr mit dem Boot zwischen den sieben Inseln herrudern. Und den See nicht mehr umwandern, auch wenn ihr der Weg einmal so kurz erschien.

Auch in den Ort kommt sie fast nicht mehr. Was hatte das Hausmädchen erzählt? Eine Kunstkommission käme nach Murnau, man wollte die Fassadenmalereien erneuern. Murnau wollte seinen Kurbetrieb wieder ankurbeln, der um die Jahrhundertwende entstanden war. Wo blieben die Jahre, wo blieben die Menschen?

Johannes Eichner war am 11. Februar 1958 an einem Hirnschlag gestorben. Das Münterhaus war sein Zuhause gewesen. Gabriele mußte sich nun um seine letzte Ruhestatt sorgen. Auf dem Friedhof neben der Gruft der Verwandten von Ödön Horváth war ein Platz frei. Und von diesem Platz aus ging der Blick geradewegs aufs Münterhaus. „Hier ist gut ruhen, mein Lieber", sagte sie. „Hierhin möchte auch ich meine Urne gesetzt bekommen. Und unser beider Name soll auf demselben Stein vereinigt werden."

Gleich wird sie in ihr Haus zurückkehren. Sie hat ihren besten Partner verloren. Jeden Weg hier in Murnau ist sie mit ihm gegangen, sommertags und im Winter. Sie hat ihren lieben Johannes Eichner gemalt, wie er mit Baskenmütze und kurzem Mantel zwischen den weiß beschneiten Strahdrischen, diesen aufgeschichteten Riedgrashaufen, durchs Murnauer Moos von weit her auf sie zukommt. Nun läßt sie das Taxi ein Stück unterhalb des Hauses halten, geht die letzten Meter zu Fuß. „*Wie werden wir nur diese Anhöhe schaffen, wenn wir alt sind?*" hatte Kandinsky 1909 gescherzt. Gabriele steht eine Weile still vor ihrem Haus. Sie schaut es an. Wie soll sie das große Schweigen, die Einsamkeit ertragen? Dann schließt sie die Tür auf.

Sie sitzt allein am Tisch vor ihrer leeren Tasse. Sie fühlt sich als eine Übriggebliebene, nur noch dazu da, der Vergangenheit zu leben, aber vielleicht auch, um noch ein paar letzte Bilder zu malen. Dann geht sie durchs Haus. Haftet nicht an all diesen Gegenständen Erinnerung? Die Treppe mit dem Pferdefries, den Kandinsky malte, ist noch da. Das helle Holz des Handlaufs ist blankgescheuert, strahlt Wärme aus, selbst an diesem trüben Tag. Am Toilettenschränkchen mit dem Reiterpaar betrachtet Gabriele die unterste Schublade, den Berg mit der Burg. Und der Nachttisch ist noch da aus ihrer ersten Murnauer Zeit und der Stuhl mit dem Sitz aus Rohrgeflecht und der Schreibtisch. Die Möbel sind immer noch rot grundiert und mit gelben und blauweißen Blüten verziert. Nur das Bücherregal hatte schon damals eine andere Zeichnung. Kandinsky hatte das Russenhaus draufgemalt, im Vordergrund eine seiner Reifrockdamen. Gabriele rückt Eichners letztes großes Werk ‚Von Ursprüngen moderner Kunst' im Regal zurecht. Ein Museum ist das Haus nicht, wohl ein Gang durch die Vergangenheit.

Im Herbst 1959 suchte Gabriele das Bild ‚Weg zur Fürstalm' heraus. Sie sah den Weg von Murnau aus wieder vor sich, den sie im Oktober 1931 ging, Ahornbäume rechts und links und die Hütte am Ende, und es war ein Nachmittag gewesen nach einem regnerischen Morgen. Und nun setzte sie das Bild um, malte es in ganz neuen Farben neu, leuchtender, intensiver. ‚Weg im bunten Oktober' nannte sie es jetzt. Unwirklich wurde das helle Rot der herbstlichen Blätter im grünen Laub. Glasklar und scharf abgegrenzt wurden die Wegkanten, die Bäume, die Hütte, das dreigezackte Bergmassiv im Hintergrund vor dem Blau des Himmels. Alles mündete in einem strahlenden Weiß. Eine leuchtende Vision!

Gabriele dachte an die vielen Stationen ihres Lebens. Zurück zu den Ursprüngen. In Siglingen an der Jagst war sie auch einmal gewesen, 1937. In dem winzigen Ort, von dem der tüchtige Großvater fortging, in eine neue Welt auswanderte, dort ein geachteter, reicher Mann wurde.

Weltweite Ehrungen hatte seine Enkelin schließlich erfahren. 1960 gab es eine Münter-Ausstellung in Los Angeles, 1961 in New York. *„Es werde ihre Anerkennung spät, doch sicher kommen"*, hatte Kandinsky gesagt. Aber es war nicht mehr wichtig. Es war nicht mehr wichtig, was draußen in der Welt geschah. Sie konnte sich freuen, alles Testamentarische mit Johannes Eichner geregelt zu haben. Neben der Schenkung hatten sie eine Stiftung gegründet zur Förderung moderner Kunst. Gabrieles gesamtes Archiv und noch zahlreiche Werke sollten in die Gabriele Münter- und Johannes Eichner-Stiftung in München eingehen.

46

Vier Jahre waren nach Eichners Tod vergangen. Und nun, eines Morgens erwachte sie, vielleicht vom Gezwitscher der Vögel, vielleicht von irgendeinem Ruf, der von weither aus der Allee durchs geöffnete Fenster hereinkam. Es war Samstag, der 19. Mai 1962. Und die Äste und Zweige der Eichbäume warfen Lichtbahnen auf die Tapete ihres Schlafzimmers.

Wäre sie aufgestanden und hätte sich ans Fenster gestellt, so hätte sie vor sich die Dächer von Murnau gesehen, rot zwischen dem ersten zarten Grün der Bäume, darüber den mächtigen Zinnengiebel des Schlosses, daneben und höher den schlanken Kirchturm von St. Nikolaus mit der zum Himmel strebenden Spitze seiner Haube und auf der anderen Seite ihres Hauses, entfernt, in mattem Glanz die Hügel und Berge.

Sie hätte nach unten blicken müssen, um die weißen Narzissen zu sehen, die gelben Tulpen in den Rabatten und rechts hinter ihrem Garten die Brücke, die über das Bahngleis führt.

Aber sie erhob sich nicht. Sie mußte die Bilder nicht mehr in sich aufnehmen. Sie hatte sie längst für sich und andere entdeckt und bewahrt. Sie konnte die Augen schließen.

Und nun hörte sie ein letztes Mal das Geräusch des herannahenden Zuges.

Anmerkungen

Als Grundlage für diesen Roman dienten mir:

Johannes Eichner, *Kandinsky und Gabriele Münter. Von Ursprüngen moderner Kunst,* München 1957 [A]

Gabriele Münter, *Menschenbilder in Zeichnungen,* mit einer Einführung von G. F. Hartlaub und mit Erinnerungen der Künstlerin, Berlin 1952 [B]

die Briefveröffentlichungen:

Annegret Hoberg, *Wassily Kandinsky und Gabriele Münter in Murnau und Kochel 1902 -1914,* Briefe und Erinnerungen, München 1994 [C]

Klaus Lankheit (Hrsg.), *Wassily Kandinsky – Franz Marc,* München 1983 [D]

Wolfgang Macke (Hrsg.), *August Macke – Franz Marc,* Köln 1964 [E]

Werner Frese und Ernst Gerhard Güse (Hrsg.), *August Macke. Briefe an Elisabeth und die Freunde,* München 1987 [F]

Jelena Hahl-Koch (Hrsg.), *Arnold Schönberg – Wassily Kandinsky. Briefe, Bilder und Dokumente einer außergewöhnlichen Begegnung,* Wien 1980 [G]

Peter-Klaus Schuster (Hrsg.), *Franz Marc – Else Lasker-Schüler,* München 1989 [H]

die Kataloge zu Ausstellungen:

Gabriele Münter 1877–1962. Retrospektive, Städtische Galerie im Lenbachhaus, München vom 29. Juli – 1. November 1992, hrsg. von Annegret Hoberg und Helmut Friedel, München 1993 [I]

Kandinsky and Sweden, Konsthall Malmö 1989, weitere Station im Moderna Museet Stockholm, Text von Vivian Endicott Barnett, Malmö 1989 [K]

Das bunte Leben. Wassily Kandinsky im Lenbachhaus, München, 29.11.1995 bis 10.3.1996, Hrsg. Helmut Friedel. Texte v. Vivian Endicott Barnett und ein Beitrag von Rudolf H. Wackernagel, Köln 1995 [L]

Alexej Jawlensky. 1864–1941. Städtische Galerie im Lenbachhaus München, 23.2.–17.4.1983. Hrsg. Arnim Zweite, München 1983

Gabriele Münter malt Murnau, Schloßmuseum Murnau, 26. 7.– 3.11.1996, Text: Brigitte Salmen, Murnau 1996

Franz Marc 1880–1916, Städtische Galerie im Lenbachhaus München, 27.8.–26.10.1980, Hrsg. Rosel Gollek, München 1980 [U]

die Biographien:

Gisela Kleine, *Gabriele Münter und Wassily Kandinsky, Biographie eines Paares,* Überarbeitete Neuauflage, Frankfurt a. M. 1994, [M]

Nina Kandinsky, *Kandinsky und ich*, München 1976 [N]

Bernd Fäthke, *Marianne Werefkin. Leben und Werk,* München 1988 [O]
Marianne von Werefkin, *Briefe an einen Unbekannten,* hrsg. von Clemens Weiler, Köln 1960 [P]
Jelena Hahl-Koch, *Kandinsky,* Stuttgart 1993
Carola Giedion-Welcker, *Paul Klee.* Hamburg 1982
Klaus Lankheit, *Franz Marc.* Köln 1978
Nell Walden, *Herwarth Walden, ein Lebensbild,* Berlin 1963
Hans Kollwitz (Hrsg.), *Käthe Kollwitz, Ein Leben in Selbstzeugnissen,* Wiesbaden 1985 [Q]

die Dokumentationen:
Wassily Kandinsky und Franz Marc (Herausgeber), *Der Blaue Reiter,* Neuausgabe von Klaus Lankheit, München 1994 [R]
Andreas Hüneke (Hrsg.), *Der blaue Reiter. Dokumente einer geistigen Bewegung,* Leipzig 1991
Sabine Windecker, *Gabriele Münter. Eine Künstlerin aus dem Kreis des Blauen Reiters,* Dissertation, Berlin 1991
Rosel Gollek, *Das Münter-Haus in Murnau,* München 1984
Peter-Klaus Schuster (Hrsg.), *Die Kunststadt München 1937,* München 1987 [S]
Reinhard Bauer, Ernst Piper, *München, die Geschichte einer Stadt,* München 1993
Marlis Gerhardt (Hrsg), *Deutsche Essays, Von Frauen des 20. Jahrhunderts,* Frankfurt a. M. 1987 [T]

Informationen zur Familiengeschichte Münter bekam ich dankenswerterweise von Herrn Dr. Gisbert und Frau Heidrun Münter, Herford, vom Stadtarchiv Bonn sowie vom Stadtarchiv und vom Landeshauptarchiv Koblenz.
In Kursivschrift gesetzte Äußerungen sind Zitate aus den Briefen, Tagebüchern und biographischen Darstellungen. In der folgenden Aufstellung werden sie, nach Kapiteln geordnet, in der jeweiligen Reihenfolge angegeben. Die Großbuchstaben bedeuten die Kennzeichnungen in der Literaturliste.

Kapitel 1: A, Seite 98, 7
Kapitel 2: C, Seite 73
Kapitel 3: C, Seite 38; A, Seite 29; T, Seite 12; A, Seite 35
Kapitel 4: A, Seite 27, 32
Kapitel 5: C, Seite 41 f, 43–40, 40, 38, 37 f, 42; A, Seite 163; C, Seite 38 f, 37, 43
Kapitel 6: A, Seite 164
Kapitel 7: C, Seite 38
Kapitel 8: C, Seite 40; L, Seite 81; A, Seite 38, 164, 165, 68

Kapitel 9: A, Seite 65, 165, 165; C, Seite 80–92–94; A, Seite 165 f,

Kapitel 10: A, Seite 65, 65, 165, 164, 63; C, Seite 42; A, Seite 168, 167, 176, 62, 120, 168; C, Seite 37 f

Kapitel 11: A, Seite 121

Kapitel 12: A, Seite 54, 127, 164

Kapitel 13: C, Seite 45, 74 f; P, Seite 7 f; O, Seite 34; P, Seite 24, 25 f; C, Seite 51 f; A, Seite 89; C, Seite 53, 89; P, Seite 13–20; A, Seite 166, 56; P, Seite 19; A, Seite 89, 164

Kapitel 14: C, Seite 54, 56; L, Seite 257; B, o.S.; A, Seite 164; C, Seite 94, 95; A, Seite 31; I, Seite 273; L; Seite 595; O, Seite 40

Kapitel 15: I, Seite 36, 268; A, Seite 164; C, Seite 84

Kapitel 16: C, Seite 100, 78, 95, 96

Kapitel 17: A, Seite 132; P, Seite 14, 26–29–30–27

Kapitel 18: A, Seite 54, 145, 166, 67; C, Seite 73–80, 96–70; A, Seite 169

Kapitel 19: C, Seite 112; I, Seite 290; C, Seite 105, 106, 73

Kapitel 20: C, Seite 108, 117; A, Seite 120; C, Seite 118, 118 – 121 – 118 – 121 – 122 – 120, 122; E, Seite 25; U, Seite 29 – E, Seite 65

Kapitel 21: E, Seite 63, 63; F, Seite 319 f; E, Seite 69–67, 69; A, Seite 121; E, Seite 51, 71; C, Seite 124

Kapitel 22: R, Seite 318; C, Seite 88; G, Seite 41, 23, 27 f

Kapitel 23: C, Seite 88; A, Seite 113, 155

Kapitel 24: E, Seite 149, 28; A, Seite 148; E, Seite 75, 76; C, Seite 97; E, Seite 111

Kapitel 25: C, Seite 88, 86, 140–102–80; G, Seite 21 f, 30

Kapitel 26: A, Seite 147; D, Seite 98; C, Seite 98

Kapitel 27: F, Seite 69; E, Seite 98; D, Seite 98; E, Seite 97; F, Seite 283; D, Seite 147; G, Seite 49; R, Seite 74; D, Seite 97 – E, Seite 99; F, Seite 278; E, Seite 88, 103; F, Seite 314; C, Seite 102

Kapitel 28: E, Seite 111; D, Seite 148–143 f, 149; E, Seite 110, 114, 111–113–114; D, Seite 154 f; E, Seite 80

Kapitel 29: H, Seite 85; C, Seite 136; H, Seite 87; E, Seite 147 f; D, Seite 209; E, Seite 148; D, Seite 225; A, Seite 171

Kapitel 30: D, Seite 234; I, Seite 43; C, Seite 151 f

Kapitel 31: D, Seite 207; A, Seite 167; C, Seite 148; A, Seite 164, 105, 167, 167, 164; D, Seite 273 f, 277

Kapitel 32: A, Seite 178; I, Seite 70; K, Seite 40, 82 (Übersetzungen von Stefanie Schröder); A, Seite 146, 174 f, 145; I, Seite 88

Kapitel 33: K, Seite 80, 89 (Übersetzungen von Stefanie Schröder); I, Seite 73

Kapitel 34: I, Seite 79; D, Seite 281 f–284–286 f

Kapitel 35: K, Seite 89, 86 (Übersetzung von Stefanie Schröder), 62–58; M, Seite 506; L, Seite 21, 22; A, Seite 171–178; L, Seite 27, 27

Kapitel 36: O, Seite 135, 41, 138; B, o.S.; O, Seite 139, 137; I, Seite 285

Kapitel 37: A, Seite 183, 37; M, Seite 546; A, Seite 29, 29, 38, 183, 183, 184; C, Seite 52; A, Seite 184, 185

Kapitel 38: D, Seite 292; S, Seite 242–249, 250–252

Kapitel 39: S, Seite 93; Q, Seite 190; D, Seite 300

Kapitel 41: C, Seite 28; N, Seite 221, 221, 46, 47; A, Seite 178 f; I, Seite 23

Kapitel 42: D, Seite 303; F, Seite 334; I, Seite 69; D, Seite 308

Kapitel 43: C, Seite 12

Kapitel 44: A, Seite 11, 194, 141–184–126–186–184–46–156; B, o. S.; A, Seite 145, 22, 28; C, Seite 37

Kapitel 45: A, Seite 98, 190